Karl-Heinz Schumann
Grundriß des Polizei- und Ordnungsrechts

Grundriß des Polizei- und Ordnungsrechts

Eingriffsmaßnahmen und ihre Vollstreckung, dargestellt nach dem Berliner ASOG, VwVG und UZwG unter Berücksichtigung des ME PolG

von
Karl-Heinz Schumann

W DE G

1978

Walter de Gruyter · Berlin · New York

Erklärung der im Untertitel verwendeten Abkürzungen:

ASOG	=	Allgemeines Gesetz zum Schutz der öffentlichen Sicherheit und Ordnung in Berlin
VwVG	=	Verwaltungsvollstreckungsgesetz
UZwG	=	Gesetz über die Anwendung unmittelbaren Zwanges bei der Ausübung öffentlicher Gewalt durch Vollzugsbeamte des Landes Berlin
ME PolG	=	Musterentwurf eines einheitlichen Polizeigesetzes der Ständigen Konferenz der Innenminister/-senatoren des Bundes und der Länder

CIP-Kurztitelaufnahme der Deutschen Bibliothek

Schumann, Karl-Heinz:
Grundriß des Polizei- und Ordnungsrechts : Eingriffsmaßnahmen u. ihre Vollstreckung, dargest. nach d. Berliner ASOG, VwVG u. UZwG unter Berücks. d. ME PolG. – 1. Aufl. – Berlin, New York : de Gruyter, 1978.
ISBN 3-11-007729-9

Printed in Germany

Satz und Druck: Saladruck, 1000 Berlin 36
Buchbindearbeiten: Wübben & Co., 1000 Berlin 42

Vorwort

Dieses Buch soll das Grundwissen für die Beurteilung von Eingriffs- und Vollstreckungsmaßnahmen der Ordnungsbehörden und der Polizei vermitteln. Es spricht die Praxis und den Lernenden an. Der Aufbau dieses Buches entspricht dem Gang der Prüfung eines praktischen Falles, was insbesondere die Übersicht über die unterschiedlichen Rechtmäßigkeitsanforderungen bei den Maßnahmen des unmittelbaren Zwanges erleichtert. Zugrundegelegt ist das in Berlin geltende Recht (insbesondere ASOG Bln, VwVG und UZwG Bln). Da das ASOG Bln und das UZwG Bln weitgehend dem Musterentwurf eines einheitlichen Polizeigesetzes entsprechen, liegt zugleich eine Kommentierung des Musterentwurfs vor. Auf Abweichungen ist jedoch hingewiesen.
Das Buch soll die Grundlagen des Polizei- und Ordnungsrechts aufzeigen und die herrschende Ansicht darstellen; gleichzeitig werden Hinweise auf weiterführende Literatur gegeben. Besonderer Wert wird auf die Darstellung systematischer Zusammenhänge gelegt. Rechtsprechung und Schrifttum werden in der Regel nur zu Problemen zitiert, zu denen sich eine eindeutig herrschende Meinung nicht feststellen läßt. Zur besseren Übersicht sind die jeweils behandelten Themen am Rand, der auch Raum für persönliche Notizen läßt, schlagwortartig gekennzeichnet.

Berlin, im Juni 1978

Karl-Heinz Schumann

Inhaltsverzeichnis

Literaturhinweise

1. Gesamtdarstellungen des allgemeinen Polizei- und Ordnungsrechts:

Drews/Wacke/Vogel/Martens, Gefahrenabwehr Bd. I und II, 8. Auflage 1975 und 1977
Friauf, Polizei- und Ordnungsrecht, in: Besonderes Verwaltungsrecht (Hrsg. v. Münch), 2. Aufl. 1970, S. 139 bis 209
Götz, Allgemeines Polizei- und Ordnungsrecht, 4. Aufl. 1977
Kirchhof, Grundfälle zum Polizeirecht, JuS 1974, 648 ff.
Scholler/Broß, Grundzüge des Polizei- und Ordnungsrechts in der Bundesrepublik Deutschland, 1975
Wolff, Verwaltungsrecht III (Ordnungs- und Leistungsrecht, Verfahrens- und Prozeßrecht) 2. Aufl. 1967 (§§ 121 bis 136)

2. Zum Berliner Recht wird verwiesen auf:

Berg/Hein, Allgemeines Polizei- und Ordnungsrecht für Berlin (Komm. z. ASOG), 1976

3. Zu Gesamtdarstellungen der Rechtsprechung wird verwiesen auf:

Württemberger, Polizei- und Ordnungsrecht, Höchstrichterliche Entscheidungen im Rahmen der Juristischen Arbeitsblätter (Rengaw-Sammlung) 1974
Rösler, Das Polizeirecht in der neueren verwaltungsgerichtlichen Rechtsprechung, in: Aktuelle Probleme des Polizeirechts, Bd. 64 der Schriftenreihe der Hochschule Speyer, 1976

4. Gesamtdarstellungen des Verwaltungsvollstreckungsrechts:

Sadler, Das Verwaltungszwangsverfahren nach dem Verwaltungs-Vollstreckungsgesetz mit 50 Musterbescheiden, Arbeitshilfen der Verwaltungsakademie Berlin, 2. Aufl. 1977.
Engelhardt, Kommentar zum Verwaltungsvollstreckungsgesetz, 1970
v. Rosen/v. Hoewel, Verwaltungsvollstreckungsgesetz und Verwaltungszustellungsgesetz, 1953.

5. Gesamtdarstellungen des unmittelbaren Zwanges

Grommek/Herrgesell, Der unmittelbare Zwang, Komm. 1970/74.
Krüger, Polizeilicher Schußwaffengebrauch, 3. Aufl. 1977.
Pioch, Gesetz über den unmittelbaren Zwang bei Ausübung öffentlicher Gewalt durch Vollzugsbeamte des Bundes (UZwG), Komm., 1963.
Die Polizeirechtslehrbücher enthalten meist nur kurze Abhandlungen, z. B. *Götz*, S. 163 ff.

6. Weiterführende Literatur

Zu Einzelproblemen ist teilweise im Text, im übrigen am Ende der Kapitel jeweils weiterführende Literatur angegeben.

Abkürzungsverzeichnis

a.A.	anderer Ansicht
aaO	am angegebenen Ort
ABl.	Amtsblatt für Berlin
AbgH-Ds	Drucksache des Abgeordnetenhauses von Berlin
AGVwGO	Gesetz zur Ausführung der Verwaltungsgerichtsordnung i.d.F. v. 22. 2. 1977, GVBl. 558
a. M.	anderer Meinung
AöR	Archiv des öffentlichen Rechts
Art.	Artikel
ASOG	Allgemeines Gesetz zum Schutz der öffentlichen Sicherheit und Ordnung in Berlin v. 11. 2. 1975, GVBl. 688
Aufl.	Auflage
AuslG	Ausländerges. v. 28. 4. 1965, BGBl. I 353
AVPolUZwG Bln	Ausführungsvorschriften für Vollzugsbeamte der Polizeibehörde zum UZwG v. 21. 9. 1973, ABl. 1242, zuletzt geändert durch VV v. 16. 7. 1976, ABl. 1110
Bay.ObLG	Bayerisches Oberstes Landesgericht
BayVBl.	Bayerische Verwaltungsblätter
BauO Bln	Bauordnung für Berlin v. 29. 7. 1966, GVBl. 1175
Bd.	Band
Berl.VerwVerfG	Gesetz über das Verfahren der Berliner Verwaltung v. 8. 12. 1976, GVBl. 273 S
BGB	Bürgerliches Gesetzbuch v. 18. 8. 1896
BGBl.	Bundesgesetzblatt
BGH	Bundesgerichtshof
BGHZ	Entscheidungen des Bundesgerichtshofes in Zivilsachen
BGSG	Gesetz über den Bundesgrenzschutz (Bundesgrenzschutzgesetz) v. 18. 8. 1972, BGBl. I 1834

BImSchG	Gesetz zum Schutz vor schädlichen Umwelteinwirkungen durch Luftverunreinigungen, Geräusche, Erschütterungen und ähnliche Vorgänge (Bundes-Immissionsschutzgesetz) v. 15. 3. 1974, BGBl. I 721
BK/O	Berlin Kommandantura Order
BSeuchenG	Gesetz zur Verhütung und Bekämpfung übertragbarer Krankheiten beim Menschen (Bundes-Seuchengesetz) v. 18.7.1961, BGBl. I 1012
Buchst.	Buchstabe
BVerfG	Bundesverfassungsgericht
BVerwG	Bundesverwaltungsgericht
DAR	Deutsches Autorecht, Zeitschrift
DÖV	Die öffentliche Verwaltung, Zeitschrift
DVBl.	Deutsches Verwaltungsblatt, Zeitschrift
DVO	Durchführungsverordnung
DVO-ASOG	Verordnung über die Zuständigkeit der Ordnungsbehörden(DVO–ASOG)
DVO-AZG	Verordnung zur Durchführung des Allgemeinen Zuständigkeitsgesetzes v. 7. 10. 1958, GVBl. 974
E	amtliche Sammlung der Entscheidungen des (jeweils) vorstehend genannten Gerichts
EGStPO	Einführungsgesetz zur Strafprozeßordnung v. 1. 2. 1877, RGBl. 346
FGG	Gesetz über die Angelegenheiten der freiwilligen Gerichtsbarkeit i.d.F. v. 20. 5. 1898, RGBl. I 771
FwG	Gesetz über den Brandschutz und die Hilfeleistung bei Notlagen (Feuerwehrgesetz) i. d. F. v. 26. 9. 1975, GVBl. 2522
GastG	Gaststättengesetz v. 5. 5. 1970, BGBl. I 465
GeschlKrG	Gesetz zur Bekämpfung der Geschlechtskrankheiten v. 23. 7. 1953, BGBl. I 700
GewO	Gewerbeordnung für das Deutsche Reich i. d. F. v. 26. 7. 1900, RGBl. 871
GG	Grundgesetz für die Bundesrepublik Deutschland v. 23. 5. 1949
Götz	Allgemeines Polizei- und Ordnungsrecht, 4. Aufl., Göttingen 1977
GVBl.	Gesetz- und Verordnungsblatt für Berlin

GVG	Gerichtsverfassungsgesetz i. d. F. v. 9.5.1975, BGBl. I 1077
h. M.	herrschende Meinung
i. d. F.	in der Fassung
IMK	Ständige Konferenz der Innenminister/-senatoren des Bundes und der Länder
i. V. m.	in Verbindung mit
JGG	Jugendgerichtsgesetz i. d. F. v. 11. 12. 1974, BGBl. I 3427
JR	Juristische Rundschau, Zeitschrift
JuS	Juristische Schulung, Zeitschrift
JWG	Gesetz für Jugendwohlfahrt i. d. F. v. 6. 8. 1970, BGBl. I 1197
JZ	Juristen-Zeitung
KG	Kammergericht
Krüger	Polizeilicher Schußwaffengebrauch, 3. Aufl. 1977
MDR	Monatsschrift für deutsches Recht
ME PolG	Musterentwurf eines einheitlichen Polizeigesetzes der IMK (Stand 25. 11. 1977)
NJW	Neue Juristische Wochenschrift
OLG	Oberlandesgericht
OVG	Oberverwaltungsgericht
OWiG	Gesetz über Ordnungswidrigkeiten i. d. F. v. 2. 1. 1975, BGBl. I 80
PolG NRW	(NW) Polizeigesetz i. d. F. v. 28. 10. 1969, GVBl. 740
PrOVG	Preußisches Oberverwaltungsgericht, Entscheidungssammlung
PrPVG	(Pr.) Polizeiverwaltungsgesetz v. 1. 6. 1931, GS 77
RGBl.	Reichsgesetzblatt
Rspr.	Rechtsprechung
RVO	Reichsversicherungsordnung i. d. F. v. 15. 12. 1924, RGBl. I 779
S.	Seite
sog.	sogenannt
StGB	Strafgesetzbuch i. d. F. v. 2. 1. 1975, BGBl I 1
StPO	Strafprozeßordnung i. d. F. v. 7. 1. 1975, BGBl. I 129
str.	strittig

StRG	Gesetz über die Stadtreinigung (Stadtreinigungsgesetz) v. 24. 6. 1969, GVBl. 768
StVO	Straßenverkehrs-Ordnung v. 16. 11. 1970, BGBl. I 1565
StVollzG	Gesetz über den Vollzug der Freiheitsstrafe und der freiheitsentziehenden Maßregeln der Besserung und Sicherung (Strafvollzugsgesetz) v. 16. 3. 1976, BGBl. I 581, 2088
StVZO	Straßenverkehrs-Zulassungs-Ordnung i. d. F. v. 15. 11. 1974, BGBl. I 3193
u. a.	unter anderem
UntG	Gesetz über die Unterbringung von Geisteskranken und Süchtigen v. 5. 6. 1958, GVBl. 521
u. U.	unter Umständen
UZwG Bln	Gesetz über die Anwendung unmittelbaren Zwanges bei der Ausübung öffentlicher Gewalt durch Vollzugsbeamte des Landes Berlin v. 22. 6. 1970, GVBl. 921
VA	Verwaltungsakt
VereinsG	Gesetz zur Regelung des öffentlichen Vereinsrechts (Vereinsgesetz) v. 5. 8. 1964, BGBl. I 593
VersG	Gesetz über Versammlungen und Aufzüge (Versammlungsgesetz) v. 24. 7. 1953, BGBl. I 684
VerwA	Verwaltungsarchiv
VGH	Verwaltungsgerichtshof
vgl.	vergleiche
VO	Verordnung
VRS	Verkehrsrechtssammlung
VwGO	Verwaltungsgerichtsordnung v. 21. 1. 1960, BGBl. I 17
VwVG	Verwaltungsvollstreckungsgesetz v. 27. 4. 1953, BGBl. I 157, GVBl. 361
VwVfG	Verwaltungsverfahrensgesetz v. 25. 5. 1976, BGBl. I 1253, GVBl. 1173
VwZustG	Verwaltungszustellungsgesetz v. 3. 7. 1952, BGBl. I 379, GVBl. 648
ZPO	Zivilprozeßordnung i. d. F. v. 12. 9. 1950, BGBl. 533
ZRP	Zeitschrift für Rechtspolitik

Einleitung

1. Entwicklung des Polizeibegriffs

1.1 Polizeiverwaltung als umfassende Staatsverwaltung

Der Begriff „Polizei“ bezeichnete im 15. bis 17. Jahrhundert einen Zustand „guter Ordnung des Gemeinwesens“. Im absoluten Fürstenstaat des 18. Jahrhunderts übertrug man diesen Begriff mit Einschränkungen auf die gesamte staatliche (innere) Verwaltung. Der ursprünglich materiell-rechtliche Begriff erhielt damit auch eine organisatorisch-institutionelle Bedeutung. Unter der „Polizeigewalt“ verstand man die absolute Herrschaft des Fürsten über die Untertanen ohne Bindung an Verfassung, Gewaltenteilung, Grundrechte und ohne ausreichenden Rechtschutz für den Bürger. Einen solchen Staat bezeichnet man auch heute noch als Polizeistaat. Das Recht der Polizei reicht darin soweit wie ihre Macht.

1.2 Beschränkung der Polizeiverwaltung auf die Gefahrenabwehr

Vom Zeitalter des aufgeklärten Absolutismus ab rechnet nur noch der Schutz des Staates und jedes Untertanen (Gefahrenabwehr) zu den eigentlichen Aufgaben der Polizei. Aufgrund der Ideen der Aufklärungsphilosophien sollte die Herstellung politischer und sozialer Zustände (Wohlfahrtspflege) grundsätzlich nicht mehr wie bisher zu ihren Aufgaben gehören. So formulierte § 10 II 17 des Allgemeinen Landrechtes für die Preußischen Staaten im Jahre 1794: „Die nöthigen Anstalten zur Erhaltung der öffentlichen Ruhe, Sicherheit und Ordnung und zur Abwehr der dem Publico oder einzelnen Mitgliedern desselben bevorstehenden Gefahren zu treffen, ist das Amt der Policey“. Doch erst die vom Vorbehalt und Vorrang des Gesetzes ausgehende Rechtsprechung des Preußischen Oberverwaltungsgerichtes (vgl. die sog. Kreuzberg-Entscheidung aus dem Jahre 1882 in OVG 9/353) setzte diese Beschränkung des Polizeibegriffs in Preußen durch. Danach durfte die Polizei außerhalb der Gefahrenabwehr andere Aufgaben nur aufgrund besonderer Rechtsgrundlagen wahrnehmen.

Die süddeutschen Staaten erließen zwischen 1847 und 1871 sog. Polizeistrafgesetzbücher, die teils unmittelbar strafbewährte Verbotsvorschriften oder Ermächtigungen zu entsprechenden Verordnungen enthielten. Die Polizei durfte nur in den dort enumerativ umschriebenen Gefahrensituationen eingreifen.

materieller Polizeibegriff

Der neue Polizeibegriff (Polizei im eigentlichen „materiellen" Sinn) war identisch mit der Funktion der öffentlichen Verwaltung, Gefahren für die öffentliche Sicherheit oder Ordnung abzuwehren (Gefahrenabwehr). Diese Funktion (Aufgabe) war der Polizeibehörde (Fach- und Vollzugspolizei) übertragen. Wohlfahrtsaufgaben nahm die allgemeine Verwaltung wahr.

Die Weimarer Republik übernahm diese Vorstellungen. § 14 Abs. 1 des Preußischen Polizeiverwaltungsgesetzes aus dem Jahre 1931 lautete: „Die Polizeibehörden haben im Rahmen der geltenden Gesetze die nach pflichtmäßigem Ermessen notwendigen Maßnahmen zu treffen, um von der Allgemeinheit oder dem einzelnen Gefahren abzuwehren, durch die die öffentliche Sicherheit oder Ordnung bedroht wird." Gleichzeitig wurde die gesetzliche Möglichkeit geschaffen, der Polizei auch andere Aufgaben zu übertragen.

formeller Polizeibegriff

Damit verstärkte sich die Notwendigkeit, neben dem materiellen Polizeibegriff den formellen Polizeibegriff zu unterscheiden. Darunter versteht man die Summe der sachlichen Zuständigkeiten der Polizeibehörde (Polizei als Teil der Verwaltungsorganisation).

Unter der Herrschaft des Nationalsozialismus wurde die Entwicklung des rechtsstaatlichen Polizeirechts unterbrochen. Zwar wurde das PrPVG nicht aufgehoben, aber in der Praxis wurden dessen rechtsstaatliche Sicherungen durchbrochen. Nach der Aufhebung der verfassungsmäßig garantierten Grundrechte durch die Verordnung zum Schutz von Volk und Staat vom 28. 2. 1933 (RGBl. I S. 83) hielt sich die später durch Gesetz vom 30. 1. 1934 (RGBl. I S. 75) einheitlich im ganzen Reich zusammengefaßte Polizei für berechtigt, unter Mißachtung der einschränkenden Vorschriften ohne Schranken und Kontrollen in die Rechtsphäre des Bürgers einzugreifen. Rechtschutz gab es kaum, gegen Maßnahmen der Gestapo überhaupt nicht. Dies war ein Rückfall in den totalen Polizeistaat.

1.3 Trennung von Ordnungsbehörden und Polizei (Entpolizeilichung)

alliierter Einfluß

Nach 1945 lösten die Besatzungsmächte die bestehende Polizeiorganisation auf und erließen in den einzelnen Besatzungszonen unterschiedliche Richtlinien für den Aufbau und die Tätigkeit der Polizei. Erst mit den sog. Polizeibriefen der Alliierten Hohen Kommission vom 21. 9. 1949, 3. 6. 1950 und 13. 11. 1950 wurde den Ländern der westlichen Besatzungszone die Befugnis zur Organisation und Verwaltung ihrer Polizei übertragen. In Berlin stimmten die Alliierten erst 1958 der Eingliederung des Polizeipräsidenten in Berlin in die Berliner Verwaltung unter bestimmten zum Teil noch heute geltenden Vorbehalten zu (vgl. zB BK/O (58) 3 v. 14. 3. 1958 (GVBl. S. 304) über die Überwachung der Berliner Polizei).

organisatorische Trennung

Bei der Neuordnung der Gefahrenabwehr nach 1945 ist die Entwicklung des sachlichen Aufgabenbereichs der Polizei und des dieser Aufgabe gewidmeten organisatorischen Apparates in den Ländern nicht übereinstimmend verlaufen. Der materielle Polizeibegriff und die Regeln des materiellen Rechts sind im wesentlichen gleich geblieben. Organisatorisch wurde die Gefahrenabwehr in 7 Ländern aber neben den Polizeibehörden auch anderen Behörden übertragen (Ordnungsbehörden, allgemeine Verwaltungsbehörden, allgemeine Sicherheitsbehörden). Andererseits übertrug man den Polizeibehörden auch Funktionen außerhalb der Gefahrenabwehr. So ist nunmehr verstärkt zwischen dem materiellen und formellen Polizeibegriff zu unterscheiden. Lediglich in Baden-Württemberg, Bremen, Rheinland-Pfalz und Saarland wurde diese Trennung nicht vollzogen. In Berlin hat sich die im Jahre 1958 durch das PolZG vorgenommene Aufteilung der Aufgaben der Gefahrenabwehr auf die Ordnungsverwaltung und die Polizei bewährt; sie wurde mit Erlaß des ASOG im Jahre 1975 beibehalten.

Gründe

Die bereits in der amerikanischen und britischen Besatzungszone eingeleitete Übertragung vieler bisher von der Polizeibehörde wahrgenommener Aufgaben der Gefahrenabwehr auf Behörden der allgemeinen Verwaltung hat ihre Berechtigung vor allem unter 2 Gesichtspunkten:

1. Viele Aufgaben der Gefahrenabwehr stehen im Zusammenhang mit Aufgaben der Daseinsvorsorge und können nur als annex dieser Aufgabe betrachtet werden. Sie können daher sinnvoll nur zusammen von einer Behörde erfüllt werden (Verzahnung).
2. Die Gefahrenabwehr wird in speziellen Lebensbereichen mit anderen Mitteln (bürokratische Arbeitsweise) als die nicht spezialisierte, rein exekutivische Arbeit der Vollzugspolizei durchgeführt und erfordert eine andere Organisation und anders ausgebildete Mitarbeiter (unterschiedliche Lebensbereiche und Qualität der Gefahrenabwehrtätigkeit).

„Notzuständigkeit“

Mit der Herauslösung dieser Aufgaben aus der Polizeiverwaltung (Entpolizeilichung) mußte gleichwohl Sorge dafür getragen werden, daß in Eilfällen auch in diesen Bereichen Gefahren abgewehrt werden, denn der allgemeinen Verwaltung wurde kein der Polizei vergleichbarer Exekutivapparat zur Verfügung gestellt. Deshalb beließ man der Polizeibehörde eine „Notzuständigkeit“ für alle diese Bereiche (subsidiäre Zuständigkeit) und verpflichtete sie im übrigen zur Vollzugshilfe. Ihr verblieb damit als Sicherheitspolizei die nicht spezialisierte Gefahrenabwehr sowie die unaufschiebbare, im normalen Verwaltungsgang nicht mögliche Abwehr aller auftretenden Gefahren. Vgl. näher A 4.1.2.1.

1.4 Moderner Polizeibegriff

Institutioneller Polizeibegriff

In dieser Begrenzung der Polizei auf das unaufschiebbar Notwendige sieht *Knemeyer* (DÖV 1975/34) einen neuen materiellen Polizeibegriff. Hierbei wird jedoch nicht bedacht, daß die Polizei nur bei Eingriffsmaßnahmen, nicht aber im schlicht-hoheitlichen Bereich in dieser Weise beschränkt ist. Der materielle Polizeibegriff (Polizei als Aufgabe der Gefahrenabwehr) erscheint heute vielmehr entbehrlich. ASOG und ME verwenden den Begriff Polizei daher auch nur noch im formell-institutionellen Sinn (vgl. § 1 Abs. 4 ASOG, § 1 a ME: Polizei als Bezeichnung für eine bestimmte Behörde). Im übrigen sollte man von der Aufgabe der Gefahrenabwehr sprechen, wenn der bisher übliche Polizeibegriff im materiellen Sinne gemeint ist.

1.5 Literatur

v. Unruh, Polizei als Tätigkeit der leistenden Verwaltung, DVBl. 1972/469

Foerster, Abschied vom PVG, Staats- und Kommunalverwaltung 1976/44.

2. Quellen des Polizei- und Ordnungsrechts

2.1 Allgemeines Polizei- und Ordnungsrecht

Landeskompetenz

Eine Kompetenz zum Erlaß eines Gesetzes mit dem alleinigen Zweck der Aufrechterhaltung der öffentlichen Sicherheit und Ordnung ist dem Bund im Grundgesetz nicht eingeräumt. Nach Art. 30, 70 GG ist daher die Zuständigkeit der Länder gegeben.

Jedes Land hat von dieser Kompetenz Gebrauch gemacht. Die Folge ist, daß die gesetzlichen Grundlagen in den Ländern zumindest in der Formulierung, teilweise aber auch inhaltlich voneinander abweichen. Dies bedeutet für die Polizei bei länderübergreifenden Einsätzen erhebliche Schwierigkeiten, da stets das Recht des Landes anzuwenden ist, in dem der Eingriff erfolgt. Zur Überwindung dieser Schwierigkeiten hat die Ständige Konferenz der Innenminister der Länder und des Bundes im Jahre 1977 einen Musterentwurf eines einheitlichen Polizeigesetzes vorgeschlagen, der von den Länderparlamenten übernommen werden soll. Bisher haben jedoch nur Berlin einen Vorentwurf und Baden-Württemberg einzelne Bestimmungen des Musterentwurfs übernommen. In Berlin gilt das Allgemeine Gesetz zum Schutz der öffentlichen Sicherheit und Ordnung in Berlin (Allgemeines Sicherheits- und Ordnungsgesetz – ASOG Bln) vom 11. Februar 1975 (GVBl. S. 688). ME

2.2 Besonderes Polizei- und Ordnungsrecht

Bestimmte Bereiche der Gefahrenabwehr sind stets durch besondere Gesetze geregelt worden. Je nach Kompetenz gibt es eine Vielzahl von Bundes- oder Landesgesetzen, die besondere Bereiche der Gefahrenabwehr regeln.

Der Bund hat die Gesetzgebungskompetenz auf folgenden Gebieten: Bund

1. Ausschließliche Gesetzgebungskompetenz: Nach Art. 73 GG kann der Bund z. B. ausschließlich regeln: Paßwesen, Luftverkehr, Bundeseisenbahnen, Zusammenarbeit zwischen Bund und Ländern in Angelegenheiten der Kriminalpolizei, des Verfassungsschutzes und der Gefährdung auswärtiger Belange durch Gewalt. Ferner hat er die ausschließliche Gesetzgebungskompetenz, soweit er insbesondere nach Art. 87, 87 d GG die Befugnis besitzt, selbst als Verwaltungsträger Polizeibehörden zu unterhalten.
2. Konkurrierende Gesetzgebungskompetenz: Nach Art. 74 GG besitzt der Bund z. B. die Kompetenz für Vereins- und Versammlungsrecht, Waffenrecht, Wirtschaftsrecht, Gesundheitsrecht, Straßenverkehrsrecht und Lärmbekämpfung.
3. Rahmengesetzgebungskompetenz: Nach Art. 75 GG hat der Bund insbesondere Kompetenzen auf dem Gebiet des Jagdwesens und des Melde- und Ausweiswesens.

Soweit sich die genannten Kompetenzen nicht unmittelbar auf die Gefahrenabwehr beziehen, wird die Gesetzgebungskompetenz des Bundes in den genannten Bereichen als sog. Annex-Kompetenz hergeleitet, d. h. als Befugnis, im Zusammenhang mit der Regelung einzelner Sachfragen auch Vorschriften über die Gefahrenabwehr in dem jeweiligen Sachbereich zu erlassen, soweit die jeweiligen Interessen untrennbar miteinander vermischt sind (BVerfGE 8/143).

Länder Die Länder haben die Gesetzgebungskompetenz, soweit keine ausschließliche Kompetenz des Bundes besteht oder dieser von seiner konkurrierenden oder Rahmengesetzgebung keinen Gebrauch gemacht hat. Demzufolge gibt es in den Ländern Spezialbestimmungen zur Gefahrenabwehr insbesondere auf folgenden Gebieten: Bauaufsicht, Brandschutz, Leichenbestattung, Unterbringung Geisteskranker, Spielbankenrecht.

2.3 Polizei- und Ordnungsbehörden des Bundes

Der Bund unterhält folgende Behörden der Gefahrenabwehr:

1. Bundesgrenzschutzbehörden
2. Bundeskriminalamt
3. Präsident des Deutschen Bundestages
4. Bahnpolizei
5. Bundesanstalt für den Güterfernverkehr
6. Bundesanstalt für Flugsicherung und Luftfahrt-Bundesamt
7. Wasser- und Schiffahrtsdirektionen und -ämter
8. Seeberufsgenossenschaft
9. Bundesfinanzbehörden (Zollgrenzdienst).

Für diese Behörden sind Aufgaben und Befugnisse in den einschlägigen Gesetzen festgelegt. Ein einheitliches Gesetz, das allgemein die Befugnisse dieser Behörden regelt, hat der Bund bisher nicht erlassen.

Unterstützende Aufgaben auf dem Gebiet der Gefahrenabwehr, aber in der Regel ohne polizeiliche Befugnisse, obliegen dem Kraftfahrbundesamt, der Bundesanstalt Deutscher Wetterdienst, dem Bundesgesundheitsamt, dem Bundesamt für zivilen Bevölkerungsschutz und dem Bundesamt für Verfassungsschutz.

2.4 Gesetzesinitiativen

Aufgrund der dargestellten Gesetzgebungskompetenz gibt es eine Vielzahl von Gesetzen zur Gefahrenabwehr. Bund und Länder haben jeweils eigene Polizeigesetze. Diese stimmen inhaltlich in vielen, aber nicht in allen Punkten überein und sind in Formulierungen und Gesetzessystematik sehr unterschiedlich. Das erschwert die zunehmend enger werdende Zusammenarbeit der Polizeien ganz erheblich, denn bei länderübergreifenden Einsätzen richtet sich der polizeiliche Eingriff nach dem Recht des Landes, in dem er erfolgt. Wegen dieser Schwierigkeiten hat die ständige Konferenz der Innenminister/-senatoren der Länder und des Bundes einen Musterentwurf für ein einheitliches Polizeigesetz (Stand 25. 11. 1977) erarbeitet. Er enthält Formulierungsvorschläge für Aufgaben, Befugnisse, Vollzugshilfe, Zwang (einschließlich Schußwaffengebrauch) und Schadensausgleich. Nach Erlaß des geplanten Bundesgesetzes über die Befugnisse der Bundesbehörden zur Gefahrenabwehr dürfte auch in Berlin eine Anpassung von ASOG, VwVG und UZwG Bln an den ME zu erwarten sein. Die Änderungen werden sich jedoch in Grenzen halten, da das Berliner Recht bereits jetzt weitgehend dem ME entspricht.

2.5 Literatur

Zum ME vgl.

Heise-Riegel, Musterentwurf eines einheitlichen Polizeigesetzes, mit Begründung und Anmerkungen, 2. Aufl., 1978.

Riegel, Bemerkungen zum Musterentwurf eines einheitlichen Polizeigesetzes des Bundes und der Länder, BayVBl. 1977/682 ff.

Knemeyer, Deutsches Polizeirecht, DÖV 1975/34 ff.

Becker, Organisation und Umfang des Zugriffs des Bundes auf bundes- und landeseigene Polizeien, DVBl. 1977/945 ff.

Teil A: Maßnahmen der Gefahrenabwehr

1. Systematik des ASOG

1.1 Aufgaben und Befugnisse

Zur Gefahrenabwehr kann die Behörde durch eigenes Handeln und mit eigenen Mitteln tätig werden ohne in Freiheit oder Eigentum von Bürgern einzugreifen (schlicht-hoheitliches Handeln). Rechtsgrundlage dafür ist die Aufgabengeneralklausel in § 1 Abs. 1 ASOG.

Ist die Gefahr nur durch Eingriffe in subjektive Rechte von Personen abzuwehren, bedarf es dazu im Hinblick auf den „Vorbehalt des Gesetzes" einer besonderen gesetzlichen Grundlage. Das ASOG nennt diese Eingriffe „Eingriffsmaßnahmen" oder nur einfach „Maßnahmen" (vgl. A 6.2 der Begründung zum ASOG, AbgH. Ds 6/1569); die rechtlichen Grundlagen regelt das ASOG im 2. Abschnitt.

Das ASOG trennt scharf zwischen Aufgaben/Zuständigkeiten im ersten Abschnitt und Befugnissen im zweiten Abschnitt. Vor allem im Hinblick auf den verfassungsrechtlichen Grundsatz der Verhältnismäßigkeit gewährt der Gesetzgeber den Behörden der Gefahrenabwehr zur Erfüllung ihrer Aufgaben nicht die Befugnis zu jeder denkbaren Maßnahme, mit der diese Aufgabe erfüllt werden könnte; sie erhalten nur die Ermächtigung zu solchen Maßnahmen, die im zweiten Abschnitt im einzelnen genannt sind. Das sind nur die notwendigen und angemessenen Maßnahmen.

Hierbei ist zwischen ermächtigenden „Eingriffsbefugnissen" (§§ 14 bis 29 ASOG) und ergänzenden „allgemeinen Vorschriften" (§§ 8 bis 13 ASOG) zu unterscheiden. Zusätzlich zur Ermächtigungsnorm sind bei jedem Eingriff auch die allgemeinen Vorschriften zu beachten.

Zur zwangsweisen Durchsetzung der im zweiten Abschnitt bezeichneten Maßnahmen sind wiederum nicht alle denkbaren Mittel zugelassen. Die Anwendung von Zwang ist nur zulässig, soweit das Verwaltungsvollstreckungsgesetz dies vorsieht (Zwangsgeld, Ersatzvornahme, unmittelbarer Zwang). Nach § 12 VwVG zulässige

Maßnahmen des unmittelbaren Zwanges sind darüber hinaus nur in dem weiter eingeschränkten Rahmen des UZwG Bln zugelassen, das die Art und Weise der Ausübung unmittelbaren Zwanges regelt.

1.2 Subsidiaritätsgrundsatz

Gefahrenabwehr

Die Eingriffsermächtigungen des ASOG gelten nach § 14 Abs. 2 ASOG nur subsidiär. Soweit die Befugnisse bereits in Spezialgesetzen, z. B. VersammlungsG, StraßenverkehrsO, abschließend geregelt sind, ist ein Rückgriff auf das ASOG nicht statthaft. Doch ist gerade diese Frage besonders sorgfältig zu prüfen (z. B. BVerfG DVBl. 1972/495). Bisweilen enthalten Spezialgesetze nur eine teilweise abschließende Regelung. Oft ist die Anwendung der allgemeinen Vorschriften des ASOG zulässig, da die Spezialgesetze meist keine Vorschriften über den Adressaten oder die in den §§ 8, 9 ASOG geregelten Grundsätze enthalten (z. B. BSeuchG).

außerhalb Gefahrenabwehr

Darüber hinaus findet das ASOG für die Polizei nach § 14 Abs. 2 Satz 2 ergänzende Anwendung auch außerhalb der Gefahrenabwehr, wenn andere Rechtsvorschriften die Befugnisse der Polizei nicht oder nur teilweise regeln und diese Regelung nicht abschließend ist (z. B. die gegenwärtig noch unvollkommene Regelung der StPO über die Vorladung).

1.3 Spezialermächtigungen und Generalermächtigungen

Subsidiarität innerhalb ASOG

Innerhalb des ASOG sind bestimmte typische Eingriffe (Standardmaßnahmen) abschließend geregelt. Für alle anderen notwendigen Maßnahmen besteht in § 14 Abs. 1 ASOG eine Befugnisgeneralklausel. Die im ASOG geregelten Standardmaßnahmen können aber nur auf die Spezialermächtigungen der §§ 15 bis 29 ASOG gestützt werden, nicht hilfsweise auch auf die Auffangnorm des § 14 Abs. 1 ASOG. Kommt z. B. die Sicherstellung einer Sache in Betracht, sind aber die Voraussetzungen des § 26 ASOG nicht erfüllt, dann kann die Wegnahme der Sache nicht (hilfsweise) auf § 14 Abs. 1 ASOG gestützt werden, weil die Sicherstellung von Sachen abschließend in § 26 ASOG geregelt ist; in diesem Falle müßte eine andere Maßnahme erwogen werden.

Das ASOG regelt nicht alle typischen Eingriffe. Standardmaßnahmen wie das Auskunftsverlangen und die Platzverweisung sind nicht speziell geregelt. Ihre Zuverlässigkeit beurteilt sich daher nach der Befugnisgeneralklausel (§ 14 Abs. 1 ASOG). Das ASOG regelt – von dem die Befugnisgeneralklausel wiederholenden § 15 Abs. 1 Nr. 1 ASOG abgesehen – Standardmaßnahmen nur, um tatbestandliche Voraussetzungen festzulegen, die von denen der Generalklausel („einfache" konkrete Gefahr) abweichen. Sie lassen sich in zwei Gruppen einteilen:

1. Einschränkung: Im Tatbestand wird eine qualitativ höhere Gefahr vorausgesetzt (z. B. gegenwärtige oder gegenwärtige erhebliche Gefahr in den §§ 18, 24, 26 ASOG).
2. Erweiterung: Im Tatbestand wird auf das Merkmal der konkreten Gefahr verzichtet (z. B. §§ 15 Abs. 1 Nrn. 3 und 4; 24 Abs. 3 und 4 ASOG).

1.4 Allgemeine Voraussetzungen

Adressat

Spezialnormen und auch die Eingriffsbefugnisse im ASOG selbst regeln nur selten, gegen welche Person diese Maßnahmen gerichtet werden dürfen (z. B. § 36 Abs. 5 StVO gegen Verkehrsteilnehmer, Identitätsfeststellung nach § 15 Abs. 1 Nr. 3 ASOG gegen jede Person, die sich an einem „gefährlichen" Ort aufhält).

Soweit die Befugnisnorm die Adressatenfrage offenläßt (z. B. § 29 Luftverkehrsgesetz, § 14 Abs. 1 ASOG), sind ergänzend die §§ 10 bis 13 ASOG zu prüfen. Danach hat sich die Behörde möglichst an den Verantwortlichen (§§ 10, 11 ASOG) zu halten.

Kann durch eine an ihn gerichtete Anordnung, die ihn selbst zur Gefahrenbeseitigung durch Tun oder Unterlassen verpflichtet (Gebot oder Verbot), die Gefahr nicht oder nicht rechtzeitig beseitigt werden, darf die Behörde ihn ohne vorausgehende Anordnung durch den sofortigen Einsatz eigener Mittel in Anspruch nehmen (unmittelbare Ausführung, § 12 ASOG). Die unmittelbare Ausführung als Maßnahme der Gefahrenabwehr ist zugleich eine Vollstreckungsmaßnahme (Sofortvollzug nach § 6 Abs. 2 VwVG), denn sie wird mit vollstreckungsrechtlichen Zwangsmitteln (Ersatzvornahme oder unmittelbarer Zwang) ausgeführt; für sie gelten daher auch zusätzlich die Sondervorschriften des VwVG und UZwG Bln.

Ist auch die unmittelbare Ausführung durch die Behörde selbst oder durch Beauftragte nicht oder nicht rechtzeitig möglich, darf die Behörde als letztes Mittel auch Nichtverantwortliche in Anspruch nehmen (polizeilicher oder ordnungsbehördlicher Notstand, § 13 ASOG).

Verhältnismäßigkeit

Ferner regeln die Eingriffsbefugnisse innerhalb und außerhalb des ASOG den verfassungsrechtlichen Grundsatz der Verhältnismäßigkeit nicht umfassend. Meist schreiben sie nur vor, daß „notwendige" oder „erforderliche" Maßnahmen zu treffen sind. Daher waren ergänzende Regelungen in § 8 ASOG erforderlich. Danach ist jede

Maßnahme, soweit dies nicht bereits der Tatbestand vorschreibt, an folgenden Einzelgrundsätzen zu messen:

- Grundsatz der Geeignetheit (§ 8 Abs. 1 ASOG)
- Grundsatz des mildesten Mittels (§ 8 Abs. 1 ASOG)
- Grundsatz der Angemessenheit (§ 8 Abs. 2 ASOG)
- Verbot des zeitlichen Übermaßes (§ 8 Abs. 3 ASOG).

Ferner muß dem Betroffenen unter den Voraussetzungen des § 9 Abs. 2 ASOG ein Austauschmittel gestattet werden.

1.5 Opportunitätsprinzip

Grundsatz

Die Behörden sind dazu da, die ihnen gestellten Aufgaben zu erfüllen. Bei auftretenden Gefahren wird daher regelmäßig ein Einschreiten erwartet. Gleichwohl sind Maßnahmen nicht immer zweckmäßig. Trotz Vorliegens der gesetzlichen Voraussetzungen für Eingriffe wird daher ein Einschreiten nicht in jedem Fall zur Pflicht gemacht (so aber i. d. R. bei Strafverfolgung: Legalitätsprinzip), sondern in das pflichtgemäße Ermessen der Behörde gestellt (§ 9 Abs. 1 ASOG: Opportunitätsprinzip). Im Ergebnis wird jedoch ein Untätigbleiben der Behörde nur unter besonderen Umständen pflichtgemäß sein, z. B. in Bagatellfällen, wenn die verfügbaren Mittel nicht ausreichen oder wenn andere Möglichkeiten zur Abwehr der Gefahr bestehen. Kommt ein Einschreiten in Betracht, kann die Behörde nach pflichtgemäßem Ermessen unter den zulässigen Mitteln das zweckmäßigste auswählen; gleiches gilt für die Auswahl unter mehreren Verantwortlichen.

Pflicht zum Einschreiten

Je nach der Gefahrensituation kann sich umgekehrt jedoch das Ermessen so verdichten, daß ein Untätigbleiben rechtswidrig wäre (Pflicht zum Einschreiten). In besonderen Fällen kann sogar ein Rechtsanspruch des Bürgers auf Einschreiten entstehen (subjektives Recht auf fehlerfreie Ausübung des Ermessens). Ein rechtswidriges Untätigbleiben kann Amtshaftungsansprüche oder Entschädigungsansprüche auslösen.

Ermessensfehler

Im übrigen gelten die allgemeinen zum Ermessen der Verwaltung entwickelten Rechtssätze (d. h. Ermessensfehler führen zur Rechtswidrigkeit des Eingriffs).

1.6 Prüfschema

Das ASOG enthält daher eine Vielzahl von Anforderungen an die Rechtmäßigkeit von Eingriffsmaßnahmen. Der sog. Vorbehalt des Gesetzes ist in mehrere „Teilvorbehalte“ aufgeteilt. Soll eine Maßnahme getroffen oder eine bereits getroffene Maßnahme auf ihre

Rechtmäßigkeit überprüft werden, müssen vor allem folgende Stationen einer Rechtmäßigkeitsprüfung bedacht werden:

1. Formelle Rechtmäßigkeitsvoraussetzungen
   1.1 Sachliche Zuständigkeit
   1.2 Örtliche Zuständigkeit
2. Materielle Rechtmäßigkeitsvoraussetzungen
   2.1 Ermächtigungsgrundlage
   2.2 Adressat
   2.3 Allgemeine Rechtmäßigkeitsvoraussetzungen
      2.3.1 Grundsatz der Verhältnismäßigkeit
      2.3.2 Fehlen von Ermessensfehlern.

1.7 Systematik des ME

Die vorstehenden Ausführungen zum ASOG gelten für den ME entsprechend. Er weicht im Aufbau nur insofern vom ASOG ab, als er nur für die Polizei nicht aber für die Ordnungsbehörden gedacht ist. Ferner regelt er im 4. Abschnitt auch den Verwaltungszwang, der in Berlin durch das VwVG und das UZwG Bln geregelt ist. Infolgedessen enthält bereits der 1. Abschnitt des ME die den §§ 8 bis 13 ASOG entsprechenden allgemeinen Vorschriften, die somit auch für die Zwangsvorschriften des ME gelten.

2. Zuständigkeit

2.1 Sachliche Zuständigkeit

gemeinsame Aufgabe

Den Ordnungsbehörden und der Polizei obliegt nach § 1 Abs. 1 ASOG die Aufgabe der Gefahrenabwehr. Der Inhalt dieser Aufgabe ist unter A3 und A4 dargestellt. Die den Ordnungsbehörden und der Polizei gemeinsam übertragene Aufgabe der Gefahrenabwehr wird wie folgt unter ihnen aufgeteilt:

2.1.1 Ordnungsbehörden

Ordnungsaufgabe

Grundsätzlich obliegt die Aufgabe der Gefahrenabwehr nach § 2 Abs. 1 ASOG den fachlich spezialisierten Ordnungsbehörden als „Ordnungsaufgabe" (primäre Zuständigkeit).

Ordnungsbehörden

Ordnungsbehörden sind nach § 1 Abs. 3 ASOG die Mitglieder des Senats und die nachgeordneten Ordnungsbehörden; diese sind entweder dezentral (12 Bezirksämter) oder zentral organisiert (Berliner Feuerwehr, Berliner Forsten, Fischereiamt, Landesamt für Arbeitsschutz und technische Sicherheit, Landesamt für das Meß- und Eichwesen, Pflanzenschutzamt und Preisamt).

Zuständigkeit

Untereinander wird die Zuständigkeit der Ordnungsbehörden durch die nach § 2 Abs. 2 ASOG erlassene Verordnung über die Zuständigkeit der Ordnungsbehörden (DVO-ASOG) bestimmt. Sie enthält einen Katalog sämtlicher Ordnungsaufgaben, die auf die Ordnungsbehörden verteilt sind. Nicht benannte Ordnungsaufgaben obliegen nach § 23 DVO-ASOG den Bezirksämtern.

Werden in Gesetzen oder Verordnungen die Polizei oder Polizeibehörden zur Durchführung von Aufgaben, die nach Inkrafttreten dieses Gesetzes den Ordnungsbehörden obliegen, als zuständig bezeichnet, so nehmen die Ordnungsbehörden im Rahmen ihres jeweiligen Aufgabenbereiches diese Aufgaben nach § 45 ASOG wahr.

Polizei als Ordnungsbehörde

Wegen der besonderen Nähe zu den polizeilichen Aufgaben werden durch § 15 DVO-ASOG auch der Polizeibehörde einige Ordnungsaufgaben übertragen (z. B. Straßenverkehrsbehörde, Vereins- und Versammlungsaufsicht, Gewerbekontrolle, Paß-, Melde- und Ausweiswesen). Ermächtigungsgrundlage für diese Regelung ist § 2 Abs. 2 Satz 2 ASOG. Insoweit hat der Polizeipräsident in Berlin die Stellung einer Ordnungsbehörde, ohne durch § 4 ASOG auf Unaufschiebbares beschränkt zu sein.

Senat als Ordnungsbehörde

Neben den Ordnungsbehörden ist auch der Senat von Berlin für Ordnungsaufgaben zuständig. Gegenwärtig ist ihm durch § 2 Abs. 3 ASOG die Gestattung von Umzügen und Versammlungen unter freiem Himmel innerhalb der Bannmeile des Abgeordnetenhauses von Berlin vorbehalten.

Umfang der sachlichen Zuständigkeit

Die Übertragung von Ordnungsaufgaben bedeutet, daß die Ordnungsbehörden für sämtliche Befugnisse sachlich zuständig sind, die ihnen das Spezialgesetz (z. B. BauO Bln) oder hilfsweise das ASOG gewährt. Sie sind nicht etwa im Hinblick auf die Zuständigkeit der Polizei auf langfristige und aufschiebbare Maßnahmen beschränkt. Es gibt Ordnungsbehörden wie die Berliner Feuerwehr, die in erster Linie unaufschiebbar notwendige Maßnahmen durchführen. Stets darf auch die Ordnungsbehörde die von der Polizei angeordneten vorläufigen Maßnahmen ändern oder aufheben.

Hilfszuständigkeit der Feuerwehr

Im Gegensatz zu fast allen anderen Ländern hat die Berliner Feuerwehr den Status einer Ordnungsbehörde. Sie hat die Aufgabe, Gefahren für die öffentliche Sicherheit oder Ordnung abzuwehren, die durch Brände, Explosionen, Überschwemmungen, Unfälle u. ä. Ereignisse entstehen. Diese Zuständigkeit überschneidet sich bei unaufschiebbaren Eilmaßnahmen oft mit der Zuständigkeit anderer Behörden. Um in jedem Fall die rechtzeitige Abwehr der Gefahr sicherzustellen, eröffnet § 3 Abs. 1 ASOG eine zusätzliche Hilfszuständigkeit der Feuerwehr, wenn die „an sich" zuständige Behörde nicht rechtzeitig tätig wird, soweit die Maßnahme im Zusammenhang mit den ihr obliegenden Aufgaben steht; sie ist also keine allgemeine Hilfspolizei.

ME Der ME schlägt nur Regelungen für die Polizei, nicht dagegen für Ordnungsbehörden vor.

2.1.2 Polizeibehörde

2.1.2.1 Notzuständigkeit (§ 4 Abs. 1)

Bedeutung Im Gegensatz zu den Ordnungsbehörden ist die Polizei fachlich nicht spezialisiert und grundsätzlich nur subsidiär auf Notmaßnahmen beschränkt. Nach § 4 Abs. 1 ASOG ist sie bei der Gefahrenabwehr (§ 1 Abs. 1) für Maßnahmen zuständig, die unaufschiebbar notwendig erscheinen. Diese bereits durch das Polizeizuständigkeitsgesetz im Jahre 1958 vollzogene Beschränkung ist durch das ASOG nicht verändert worden. Danach soll sie alle Gefahren abwehren, die im normalen Verwaltungsgang nicht abgewehrt werden können (vgl. oben Einl. 1.3).

„Bei der Gefahrenabwehr" § 4 Abs. 1 ASOG regelt die Zuständigkeit, wenn Maßnahmen „bei der Gefahrenabwehr (§ 1 Abs. 1)" getroffen werden, d. h. Maßnahmen, deren Ziel und Zweck die Abwehr von Gefahren für die öffentliche Sicherheit oder Ordnung ist (Näheres zu diesen Begriffen unter A 3 und 4). Gefahr im Sinne von § 1 Abs. 1 ASOG ist die abstrakte und die konkrete Gefahr (vgl. zu diesen Begriffen unter A 4). Ob tatsächlich eine Gefahr für die öffentliche Sicherheit oder Ordnung besteht, ist für § 4 ASOG nicht erheblich, gewinnt aber bei der Prüfung der Befugnis Bedeutung (vgl. A 4.4.1).

„unaufschiebbar notwendig" Eine Maßnahme erscheint unaufschiebbar notwendig, wenn zu erwarten ist, daß die Abwehr einer Gefahr durch eine andere Behörde überhaupt nicht oder nicht rechtzeitig möglich erscheint. „Unaufschiebbar" bedeutet daher nicht nur, daß eine Zuständigkeit unter dem Gesichtspunkt der Dringlichkeit (Schadenseinwirkung steht nach vernünftiger Einschätzung unmittelbar bevor; so aber *Krüger,* Privatrechtschutz als Polizeiaufgabe, 1976/26) sondern auch unter dem der Rechtzeitigkeit der zu treffenden Maßnahme (Tätigkeit der zuständigen Behörde kommt nach vernünftiger Einschätzung zu spät) besteht. Entscheidend ist der Gesichtspunkt der Rechtzeitigkeit (so jetzt ausdrücklich § 1 a ME). Aus welchen Gründen die zuständige Ordnungsbehörde nicht tätig werden kann, ist unerheblich (vgl. auch *Götz,* S. 135).

Die formal rechtliche Möglichkeit der Ordnungsbehörde, ein Vollzugshilfeersuchen zu stellen, ist i. d. R. keine Abwehr der Gefahr durch diese Behörde im Sinne von § 4 Abs. 1 ASOG. Diese Auslegung des Begriffes „unaufschiebbar" ergibt sich aus dem Sinn der Notzuständigkeit der Polizei und dem Grundsatz der Subsidiarität, dessen Ausdruck § 4 Abs. 1 ASOG ist; sie wird auch durch die Begründung zum ASOG bestätigt, die ausdrücklich hervorhebt, daß der Polizei die im normalen Verwaltungsgang nicht mögliche Abwehr aller Gefahren zufallen soll (Allg. Begr. A 2, 3 zum ASOG, Begr. zu § 1 a ME; ähnlich auch schon die Begr. zu den §§ 2 und 3 PolZG, deren Inhalt durch § 4 Abs. 1 ASOG unverändert übernommen wurde; die formale Möglichkeit eines Vollzugshilfeersuchens ist dort nirgends erwähnt). Die Polizei braucht daher zur Durchführung von Razzien (oder Verhütung von Straftaten oder Ordnungswidrigkeiten) nicht vorher die zuständige Ordnungsbehörde um Stellung eines Amtshilfeersuchens zu bitten, denn Razzien werden in der Regel nicht von Ordnungsbehörden durchgeführt. Die Polizei kann sie daher regelmäßig in eigener Zuständigkeit nach § 4 Abs. 1 ASOG durchführen. Umgekehrt kann natürlich die zuständige Ordnungsbehörde von sich aus die Polizei zur Durchführung einer Razzia in Amtshilfe ersuchen.

„erscheint"

Es kommt auch nicht darauf an, ob die Gefahrenabwehr tatsächlich unaufschiebbar notwendig ist. Wie ganz allgemein im Recht der Gefahrenabwehr, ist im Interesse eines lückenlosen Schutzes der öffentlichen Sicherheit und Ordnung entscheidend, ob die Maßnahme aus der Sicht der Polizei bei objektiver verständiger Würdigung unaufschiebbar notwendig erscheint. Die Polizei ist zuständig, wenn aus ihrer Sicht bei verständiger Würdigung der üblichen Verwaltungspraxis der anderen Behörden nicht zu erwarten ist, daß die Gefahr durch eine andere Behörde (rechtzeitig) abgewehrt wird.

Maßnahmen und schlicht hoheitliches Handeln

§ 4 Abs. 1 ASOG bezieht sich nur auf Maßnahmen, d. h. Eingriffe im Sinne der §§ 14 bis 29 ASOG. Nur insoweit ist die Polizei auf unaufschiebbar Notwendiges beschränkt. Diese Beschränkung besteht nicht bei schlicht-hoheitlichen Handlungen (z. B. Beratungen, Streifenfahrten, Vorbereitung von Veranstaltungen usw.). Hierfür ergibt sich die Zuständigkeit der Polizei aus § 1 Abs. 1 ASOG. Insoweit steht die Zuständigkeit der Polizei gleichberechtigt neben der der Ordnungsbehörden. Überschneidungen sind durch verständnisvolles Zusammenwirken von Ordnungsbehörden und Polizei zu vermeiden. Die Benachrichtigungspflicht in § 4 Abs. 1 Satz 2 ASOG soll sicherstellen, daß die zuständige Ordnungsbehörde in jedem Fall die notwendigen Maßnahmen einleiten kann.

Kritik

§ 4 Abs. 1 ASOG entspricht der auch in § 1 a ME und allen Ländergesetzen getroffenen Abgrenzung der polizeilichen Zuständigkeit gegenüber den Ordnungsbehörden. Gleichwohl befriedigt diese Formulierung nicht, weil sie das eigentlich „polizeispezifische" der Polizeiaufgabe nur zum Teil herausarbeitet. Abgesehen von den ad hoc auftretenden Eilfällen (der eigentlichen Notzuständigkeit) gibt es Gefahrensituationen, die nur die Polizei abwehren kann, weil die Ordnungsbehörden mangels persönlicher oder sächlicher Mittel nicht eingreifen können (Verhütung rechtswidriger Taten, Durchführung von Razzien usw.). Es wurde und wird von der Polizei erwartet, daß sie in diesem Bereich tätig wird; sie hat sich auch organisatorisch darauf eingestellt. *Götz* (S. 135) bezeichnet diese Gefahrenabwehr als ihrer Natur nach immer unaufschiebbar. Hier geht es jedoch nicht um die Dringlichkeit der Gefahrenabwehr. Es ist aber bisher nicht gelungen, die tatsächlich von der Polizei erwartete Tätigkeit befriedigend zu umschreiben. Die Verhütung rechtwidriger Taten originär der Polizei zu übertragen, ist nicht möglich, da die Ordnungsbehörden selbstverständlich mit den ihnen zur Verfügung stehenden Mitteln ebenfalls rechtswidrige Taten abwehren sollen. Letztlich hängt es daher von den tatsächlichen Gegebenheiten (u. U. nach Grundsatzabsprache zwischen den beteiligten Verwaltungen, z. B. bei der Drogenbekämpfung) ab, wieweit die Polizei tatsächlich zuständig ist. Das hat in der Praxis auch nie zu Schwierigkeiten geführt. Rechtlich wird – wie dargelegt – die Zuständigkeit der Polizei in diesen Bereichen durch die überkommene gesetzliche Formulierung der §§ 4 Abs. 1 ASOG und § 1 a ME gedeckt.

2.1.2.2 Spezialzuständigkeit im ASOG

Für Maßnahmen nach den §§ 15 Abs. 2 Satz 3, 16, 17 Abs. 3 und 18 ASOG ergibt sich die Zuständigkeit der Polizei über § 4 ASOG hinaus unmittelbar aus diesen Vorschriften. Insoweit ist eine Abgrenzung zu den Ordnungsbehörden nicht nötig, da sie im Hinblick auf ihren Zwangscharakter allein der Polizei vorbehalten sind. Im übrigen ersetzen ihre engen tatbestandlichen Voraussetzungen die Einschränkungen der „Notzuständigkeit" des § 4 Abs. 1 ASOG.

2.1.2.3 Andere Spezialzuweisungen

Neben der subsidiären Zuständigkeit nach § 4 Abs. 1 und 2 ASOG obliegt der Polizei als Ordnungsbehörde die Erfüllung der in § 15 DVO-ASOG genannten Ordnungsaufgaben; insoweit ist sie nicht auf Unaufschiebbares beschränkt.

Die Polizei hat darüber hinaus die Aufgaben zu erfüllen, die ihr durch Spezialgesetze zugewiesen sind. Diesen an sich selbstverständlichen Hinweis enthält § 4 Abs. 4 ASOG und nennt als wichtigste Beispiele für Aufgabenzuweisungen außerhalb der Gefahrenabwehr die Verfolgung von Straftaten nach § 163 StPO und die Verfolgung von Ordnungswidrigkeiten nach den §§ 46 und 53 OWiG. Eine weitere Zuständigkeit ergibt sich z. B. aus § 1 Beglaubigungs-Zuständigkeitsverordnung.

2.1.2.4 Vollzugshilfe (§ 4 Abs. 3)

Der Polizei obliegt ferner die Leistung von Vollzugshilfe nach § 4 Abs. 3 ASOG. Darunter versteht man die nach außen wirkende (in die Rechte von Bürgern eingreifende) Leistung von Amtshilfe durch unmittelbaren Zwang. Durch die ausdrückliche Benennung als Aufgabe ist die Polizei gehalten, sich auch organisatorisch darauf einzurichten. Die Bestimmung als Aufgabe ist ferner erforderlich, weil die normale Zuständigkeitsregelung geändert wird, wonach grundsätzlich jede Behörde ihre Maßnahmen selbst vollstreckt.

2.1.3 Schutz privater Rechte

2.1.3.1 Systematik

Der Begriff öffentliche Sicherheit umfaßt nach herkömmlicher Ansicht auch den Schutz privater Rechte und Rechtsnormen, d. h. solcher Rechtspositionen, die ihre Grundlage allein in der Privatrechtsordnung finden (vgl. unter A 3). Dazu gehören z. B. die Ansprüche des Gläubigers gegen den Schuldner aus Vertrag oder unerlaubter Handlung (z. B. § 559 BGB). Weitergehend rechnet *Krüger* (Privatrechtsschutz als Polizeiaufgabe, 1976/12) hierunter den Schutz aller Rechte des Bürgers, wobei es gleichgültig sein soll, ob sie ihren Rechtsgrund im privaten oder öffentlichen Recht haben. Damit zählt auch das „private Recht" zum Begriff des Individualgutes und ist von Ordnungsbehörden und Polizei nach § 1 Abs. 1 und § 4 Abs. 1 ASOG als Bestandteil der öffentlichen Sicherheit zu schützen (vgl. *Frotscher*, Der Schutz der Allgemeinheit und der individuellen Rechte im Polizei- und Ordnungsrecht, DVBl. 1976/699). An sich hätte es daher einer Sonderregelung für die Polizei nicht bedurft. Um aber jeden Zweifel auszuschließen, hebt § 4 Abs. 2 ASOG die Zuständigkeit der Polizei auch zum Schutz privater Rechte besonders hervor (identisch mit § 1 Abs. 2 ME). Das ergibt sich aus der Begründung zu § 4 ASOG.

2.1.3.2 Voraussetzung

Die Ordnungsbehörden sind subsidiär zuständig, wenn gerichtlicher Schutz (z. B. eine einstweilige Verfügung) nicht rechtzeitig zu erlangen ist und ohne polizeiliche Hilfe die Verwirklichung des Ordnungsbehörden

Rechts vereitelt oder wesentlich erschwert werden würde. Das ist auch dann der Fall, wenn der Berechtigte einen Schadensersatzanspruch erlangt. Ein Antrag ist im Gegensatz zu einigen Ländergesetzen nicht vorgesehen, da es Fälle gibt, in denen der zu Schützende nicht mehr in der Lage ist, diesen Antrag zu stellen (z. B. Sicherstellung von Sachen nach einem Unfall oder Einbruch). Das ergibt sich aus dem grundsätzlich dem Recht der Gefahrenabwehr innewohnenden Subsidiaritätsprinzip, wie es für die Polizei ausdrücklich in § 4 Abs. 2 ASOG verdeutlicht wurde.

Polizei

Ist die zuständige Ordnungsbehörde nicht rechtzeitig erreichbar (vgl. § 4 Abs. 1 ASOG), ist auch die Polizei unter den dargestellten zusätzlichen Voraussetzungen des § 4 Abs. 2 ASOG zum Schutz privater Rechte zuständig (doppelte Subsidiarität; vgl. *Krüger* a. a. O. S. 35). In der Praxis wird allerdings nur die Polizei tätig werden, da es sich in der Regel um Eilfälle handeln wird. Das dürfte auch der Grund dafür sein, daß das ASOG dies nur für die Polizei und nicht auch allgemein für alle Behörden der Gefahrenabwehr ausdrücklich regelt. Der ME konnte dies nicht, weil er nur für die Polizei gedacht ist.

2.1.3.3 Glaubhaftmachung

§ 4 Abs. 2 ASOG ist ein Unterfall der Gefahrenabwehr. Wie bei anderen Rechtsgütern der öffentlichen Sicherheit oder Ordnung kann es vorkommen, daß zweifelhaft ist, ob eine Gefahr vorliegt. Auch für die Gefährdung privater Rechte muß daher ihre Verletzung hinreichend wahrscheinlich sein; das bedeutet, daß die Verletzung notfalls glaubhaft gemacht werden muß; dies kann auch in anderer Weise geschehen, als es die ZPO vorschreibt.

2.1.3.4 Wegfall der Subsidiarität

Fällt die Gefährdung privater Rechte mit der Gefährdung anderer Schutzgüter der öffentlichen Sicherheit oder Ordnung zusammen, gilt keine Subsidiarität gegenüber den Gerichten. In diesem Kollisionsfall haben die Behörden der Gefahrenabwehr (z. B. die Polizei nach § 4 Abs. 1 ASOG) eine eigene parallele Zuständigkeit. Das kommt in Betracht,

1. wenn neben einer Norm des Privatrechts zugleich eine Norm des öffentlichen Rechts verletzt ist (z. B. bei einer Hausbesetzung, die sich neben einer Verletzung des Eigentumsrechts zugleich als Hausfriedensbruch darstellt). Anderer Meinung ist wohl nur *Baur* (Der polizeiliche Schutz privater Rechte, JZ 1962/244), soweit die öffentliche Norm (z. B. § 170 d StGB) die Verletzung privaten Rechts lediglich pönalisieren soll (ähn-

lich *Ule/Rasch*, Rdz. 21 zu § 14 PrPVG; wie hier *Götz*, 1977/35; *Mertens*, DÖV 1976/459; *Frotscher*, DVBl. 1976/699; OVG Lüneburg E 11/44);

2. wenn sonst neben dem Schutz privater Rechte der Schutz der Allgemeinheit zu besorgen ist, z. B. wenn die privaten Rechte eines größeren oder unbestimmten Personenkreises berührt sind (vgl. *Frotscher*, DVBl. 1976/699; im Ergebnis auch *Mertens*, DÖV 1976/459).

Die Subsidiaritätsregelung gegenüber den Gerichten und insbesondere § 4 Abs. 2 ASOG finden also nur Anwendung, wenn allein private Rechte gefährdet werden (z. B. wenn sich ein Kind dem Aufenthaltsbestimmungsrecht der Eltern entzieht).

2.1.3.5 Befugnisse

Ist die Behörde zuständig, stehen ihr sämtliche Befugnisse des ASOG zur Verfügung. Praktisch werden jedoch nur die §§ 14, 15 Abs. 1 Nr. 1, 18 Nr. 2 und 26 Nr. 3 ASOG in Betracht kommen. Als Begleiteingriff können ferner Befugnisse nach den §§ 22 bis 24 ASOG praktisch werden. Dem Grundsatz der Verhältnismäßigkeit (§ 8 ASOG) ist besondere Aufmerksamkeit zu schenken. Eine Maßnahme ist z. B. nicht mehr erforderlich, wenn der Gefährdete seinen Anspruch vor Gericht geltend machen kann. Die Maßnahmen zum Schutz privater Rechte dürfen nur soweit und solange getroffen werden, als es der vorläufige Rechtsschutz unabdingbar erforderlich erscheinen läßt.

2.2 Örtliche Zuständigkeit

Eine besondere Regelung fehlt im ASOG und im ME; es gilt deshalb § 3 VwVfG, das nach dem Berl. VerwVerfG auch für die Berliner Behörden gilt.

Ordnungsbehörden

Bei den Ordnungsbehörden ist zu unterscheiden zwischen den dezentralen Behörden (12 Bezirksämter) und den zentralen Behörden (Senatsverwaltungen, übrige nachgeordnete Ordnungsbehörden). Die zentralen Ordnungsbehörden sind für das gesamte Gebiet des Landes Berlin örtlich zuständig. Dies ist selbstverständlich und deshalb im ASOG nicht besonders geregelt. Die subtile Regelung des § 3 VwVfG ist jedoch für die Bezirksämter von Bedeutung. Danach wird insbesondere unterschieden, ob die Gefahr von einem Grundstück, einem Unternehmen oder einer Person ausgeht. Dementsprechend ist zuständig das Bezirksamt, in dessen Amtsbezirk das Grundstück liegt, das Unternehmen betrieben wird oder die Person ihren Wohnsitz hat. In anderen Fällen und bei Gefahr im

Verzuge ist das Bezirksamt zuständig, in dessen Amtsbezirk der Anlaß für die Amtshandlung hervortritt.

Polizei Auch die Polizei ist als nachgeordnete zentrale Behörde für das gesamte Gebiet des Landes Berlin örtlich zuständig. Ihre behördeninternen Untergliederungen (Direktionen, Abschnitte, Kontaktbereiche) haben nur innerbetriebliche Bedeutung. Nach außen handelt stets die Behörde „Der Polizeipräsident in Berlin".

2.3 Länderübergreifender Einsatz

Ein Tätigwerden der Ordnungsbehörden und der Polizei über die Grenzen des Landes Berlin hinaus (z. B. im Wege der sog. Nacheile) kommt gegenwärtig nicht in Betracht. Das ASOG hat daher auf die sonst in Landespolizeigesetzen übliche Regelung dieser Fälle verzichtet.

Denkbar wäre aber ein Tätigwerden von Berliner Polizeibeamten in einem anderen Bundesland oder ein Tätigwerden von fremden Polizeibeamten in Berlin z. B. aufgrund einer Anforderung bei Naturkatastrophen oder Großeinsätzen (z. B. zum Schutz von Atomkraftwerken) oder bei Gefangenentransporten. Das ASOG hat derartige Einsätze im Gegensatz zum ME nicht geregelt (vgl. §§ 52, 53 ME). Teilregelungen für länderübergreifende Einsätze im Personenschutz und auf dem Gebiet der Strafverfolgung enthalten jedoch § 9 BKAG und das Länderabkommen über die erweiterte Zuständigkeit der Polizei der Bundesländer bei der Strafverfolgung vom 6. November 1969, das für Berlin durch Gesetz vom 15. Juni 1972 (GVBl. S. 1042) übernommen wurde. Die für den Bereich der Gefahrenabwehr bestehende Lücke kann in der Regel jedoch durch förmliche dienstrechtliche Abordnung von Beamten geschlossen werden. Soweit dies nicht möglich ist und dem im fremden Land tätigen Beamten keine hoheitlichen Befugnisse zustehen, kann sich ein Beamter nur auf die Jedermannrechte berufen.

2.4 Literatur

Krüger, Privatrechtsschutz als Polizeiaufgabe 1976, vgl. im übrigen die Literaturangaben unter A 3.

3. Öffentliche Sicherheit und Ordnung

3.1 Allgemeines

Die Begriffe „öffentliche Sicherheit" und „öffentliche Ordnung" sind die zentralen Begriffe der Gefahrenabwehr. Sie bezeichnen die

Rechtsgüter, von denen drohender Schaden abzuwenden ist. Das ASOG verwendet beide Begriffe nicht synonym. Es handelt sich um unbestimmte Gesetzesbegriffe, die jeweils andere Schutzgüter umschreiben. Wie schon das PrPVG haben sich auch ASOG und ME einer Definition enthalten. Die Begründung des ASOG läßt jedoch eindeutig den Schluß zu, daß die beiden Begriffe in dem gesicherten herkömmlichen Sinn auszulegen sind, der von Rechtsprechung und Lehre seit Jahrzehnten fest umrissen und geprägt wurde. Im folgenden wird diese Auslegung wiedergegeben. Hierbei wird deutlich gemacht, daß das ASOG diese Begriffe in unterschiedlichem Zusammenhang benutzt und damit auch unterschiedliche Rechtsfolgen festlegt, so daß die Einordnung als Schutzgut der öffentlichen Sicherheit oder Ordnung noch nichts darüber besagt, welchen Schutz dieses Rechtsgut schließlich im Einzelfall nach dem Willen des ASOG genießen soll (vgl. unten 3.4).

3.2 Öffentliche Sicherheit

Der Schutz der öffentlichen Sicherheit umfaßt den Schutz von Individual- und Gemeinschaftsgütern einschließlich der gesamten Rechtsordnung. Sie sind vor Schäden zu bewahren, die durch Naturgewalten oder menschliches Verhalten drohen oder vom Zustand von Sachen ausgehen.

Individualgüter

Individuelle Güter sind insbesondere Leben, Gesundheit, Freiheit und das allgemeine Persönlichkeitsrecht (Ehre, Namensrecht, Recht am eigenen Bild, usw.) des einzelnen sowie das Vermögen natürlicher und juristischer Personen. Der Schutz der Freiheit umfaßt auch die ungestörte Ausübung der Grundrechte (ungestörte Religionsausübung, Versammlungsfreiheit, allgemeines Wahlrecht). Zum Vermögen rechnen alle geldwerten Güter und Ansprüche.

Gemeinschaftsgüter

Zu den kollektiven Schutzgütern der öffentlichen Sicherheit gehören die verfassungsmäßige Ordnung, insbesondere die Verfassung, der Bestand des Staates und der verfassungs- und gesetzmäßig bestehenden Einrichtungen des Staates und sonstiger Träger der Hoheitsgewalt einschließlich des rechtmäßigen Funktionierens dieser Einrichtungen sowie die gesamte Rechtsordnung. Damit sind z. B. zu schützen: gesetzgebende Körperschaften, Regierungen, Behörden, Gerichte, Gerichtsvollzieher, Universitäten, staatliche und kommunale Einrichtungen (z. B. Bibliotheken, Museen, Theater, Wasserwerke, Atomkraftwerke). Schutzobjekt sind ferner Veranstaltungen (z. B. Staatsbesuche, Kundgebungen) und die gesamte Tätigkeit des staatlichen und kommunalen Apparates (z. B. Schutz bei

Vollstreckungshandlungen, bei kriminalpolizeilichen Ermittlungen, bei der Überwachung des Verkehrs und generell der ordnungsmäßige Dienstbetrieb). Zum Schutz von Radarmessungen vgl. unten A 18.2.

Rechtsordnung

Jeder Bruch einer Rechtsnorm negiert den demokratisch gebildeten Staatswillen und stellt damit die staatlich gewünschten Prinzipien des Miteinanderlebens im staatlichen Gemeinwesen in Frage (vgl. *Mertens*, Öffentlich als Rechtsbegriff, 1969 S. 179 ff.). Der Schutz der Rechtsordnung wird daher vom Begriff der öffentlichen Sicherheit mit umfaßt. Das klingt bereits in der Begründung zu § 14 PrPVG an und ist heute gesicherte Erkenntnis (aM *Klein*, DVBl. 1971, 233 ff.). Soweit man den Schutz der Rechtsordnung nicht eigenständig neben die Individual- und Gemeinschaftsgüter stellt (z. B. *Drews/Wacke/Vogel/Martens*, Gefahrenabwehr Bd. II, S. 121), wird er unter die Gemeinschaftsgüter einzuordnen sein, weil die Gemeinschaft der Mitbürger an der Einhaltung der Rechtsordnung als solcher ein elementares Interesse hat.

Zur Rechtsordnung zählen vor allem die Normen des öffentlichen Rechts (insbesondere Straf- und Ordnungswidrigkeitentatbestände, aber auch andere verwaltungsrechtliche Normen, die zwingend ein bestimmtes Handeln vorschreiben oder verbieten); so ist die Verhütung von Straftaten und Ordnungswidrigkeiten eine der Hauptaufgaben der Gefahrenabwehr.

Zur Rechtsordnung zählen aber auch die Normen des Privatrechts. Das verdeutlicht § 4 Abs. 2 ASOG für die Polizei. Aus seiner Formulierung ergibt sich, daß das ASOG den Schutz privater Rechte, der ja durch die Privatrechtsordnung verwirklicht wird, und damit auch die Normen des Privatrechts zum Begriff der öffentlichen Sicherheit zählt (vgl. oben A 2.1.3).

nicht erschöpfende Aufzählung

Die dargestellte herkömmliche Umschreibung der vom Begriff öffentliche Sicherheit umfaßten Rechtsgüter enthält nur die wichtigsten Gruppen und Beispiele, sie schöpft jedoch die Reichweite dieses Begriffs nicht völlig aus (BVerwG MDR 1974/338 ff.). Nach der genannten Entscheidung gehört z. B. auch die öffentliche Wasserversorgung als Ganzes zu den Schutzgütern der öffentlichen Sicherheit; deshalb wird man heute auch den Landschafts-, Natur- und Immissionsschutz als Ganzes hinzurechnen müssen. Eine umfassende Definition ist somit nicht möglich. Sie ist vom Gesetzgeber und der Rechtsprechung offensichtlich um der Einzelfallgerechtigkeit willen nicht gegeben worden. Die bisher beschriebenen Schutzgüter bestimmen jedoch den Rahmen des Begriffs hinreichend deutlich.

3.3 Öffentliche Ordnung

Der Begriff der öffentlichen Ordnung umfaßt die Gesamtheit jener ungeschriebenen Regeln für das Verhalten des einzelnen in der Öffentlichkeit, deren Beobachtung nach der jeweils herrschenden Anschauung als unerläßliche Voraussetzung eines geordneten staatsbürgerlichen Gemeinschaftslebens betrachtet wird (PrOVG 91/139).

ungeschriebene Regeln

Schutzobjekt der öffentlichen Ordnung sind nicht Rechtsnormen sondern gesellschaftliche Regeln. Die wesentlichen Wertvorstellungen der Gesellschaft sind allerdings fast vollständig durch Rechtsvorschriften abgedeckt und damit bereits über den Begriff der öffentlichen Sicherheit geschützt. Mit dem Begriff der öffentlichen Ordnung werden daher nur gewisse sonstige schutzwürdige ungeschriebene Regeln der Gesellschaft (nicht des Staates) für das Verhalten des einzelnen erfaßt, die auf sozialethischen Wertvorstellungen beruhen. Auf die Einhaltung derartiger Wertvorstellungen haben die Bürger untereinander nur selten einen Rechtsanspruch (z. B. wenn sie durch Generalklauseln des Zivilrechts, wie den Begriff der guten Sitten, geschützt sind). Nach herrschender Anschauung hat jedoch der Staat derartige Wertvorstellungen über das Verhalten des einzelnen zu schützen. Schutzwürdig ist eine ungeschriebene Regel aber nur, wenn sie nicht geltenden Rechtsnormen widerspricht und nur, wenn sie das Verhalten des einzelnen in der Öffentlichkeit betrifft, nicht dagegen wenn sie sich auf seine Privatsphäre bezieht.

herrschende Anschauung

Schutzwürdig sind ungeschriebene Verhaltensregeln der Gesellschaft auch nur, wenn sie von einer eindeutigen Mehrheit in der Bevölkerung anerkannt sind. Es erscheint heute sehr zweifelhaft, ob man hierbei auch auf lokale Mehrheiten abstellen kann, so daß der Schutz unterschiedlicher Verhaltensregeln z. B. für Kreuzberg und Dahlem oder Berlin und ländlichen Gegenden abzulehnen ist (vgl. dazu *Götz* S. 46). Maßgeblich kann nur die herrschende Auffassung des gesamten Staates sein. Schwierigkeiten kann allerdings die Feststellung bereiten, ob bestimmte Wertvorstellungen herrschend sind. Hierbei dürfen Verwaltung und Gerichte nicht ihre Anschauung als die allgemein verbindliche ansehen. Überwiegend wird daher angenommen, die Beurteilung, ob eine Verhaltensregel herrschend sei, müsse empirisch festgestellt werden. Demoskopische Umfragen werden allerdings weder für erforderlich noch für angemessen gehalten (*Drews/Wacke/Vogel/Martens*, Gefahrenabwehr Bd. II S. 135). Für eine andere Ansicht kommt es nicht auf die mathematische Beweisbarkeit an; die öffentliche Ordnung steht danach den Einschätzungsbegriffen näher, die es erlauben, die Feststellung der allgemeinen oder mehrheitlichen Geltung einer Verhaltensregel durch Ausschöpfung aller verfügbaren sozialen Indizien mittels der zu Gebote stehenden Erkenntnismethoden zu bewerten (*Erbel*, DVBl. 1972/475). Sind Zweifel, ob eine Regel herrschend ist, von der Behörde nicht auszuräumen, wird sie ein Tätigwerden zu unterlassen haben.

unabdingbar

Schutzwürdig sind schließlich nur wesentliche Wertvorstellungen über Verhaltensregeln, deren Einhaltung für das menschliche Zusammenleben im Staat unerläßlich, d. h. unabdingbar ist. Von der jeweiligen Zeitepoche hängt es ab, welche Verhaltensregel als unabdingbar einzustufen ist; die Beurteilung unterliegt Schwankungen (z. B. Rauchen durch Frauen in der Öffentlichkeit).

Bedeutung und Beispiele

Nach den dargelegten Kriterien kommt dem Begriff der öffentlichen Ordnung kaum noch eine Bedeutung zu. Die meisten wesentlichen Wertvorstellungen sind bereits durch Rechtsnormen geschützt. Der Anwendungsbereich im Polizei- und Ordnungsrecht wird noch enger, wenn sogar Rechtsvorschriften im Tatbestand den Begriff der öffentlichen Ordnung verwenden (z. B. § 118 OWiG); bei drohendem Verstoß gegen diese Rechtsnorm ist dann die öffentliche Sicherheit im Sinne von § 14 ASOG gefährdet. Ähnlich verhält es sich bei Gefährdung der Leichtigkeit des Verkehrs (§ 1 StVO). Übrig bleiben einige wenige Verhaltensregeln im Bereich des äußeren Anstandes und des religiösen Empfindens; hierzu zählen – soweit nicht bereits durch Rechtsnormen wie z. B. § 118 OWiG verboten – u. a. unbekleidetes Auftreten oder sexuelle Betätigung in der Öffentlichkeit, Zeigen von Emblemen der Gewaltherrschaft, Leidenlassen von Tieren, Diskriminierung von Minderheiten („für Ausländer oder Juden verboten"), Verbot der Selbstbeschädigung und des Selbstmordes (vgl. im einzelnen *Götz*, S. 46 ff., *Drews/Wacke/Vogel/Martens*, Gefahrenabwehr Bd. II S. 135 ff.).

3.4 Grenzen des Schutzes der öffentlichen Sicherheit und Ordnung

Die Begriffe öffentliche Sicherheit und öffentliche Ordnung bezeichnen die Rechtsgüter, von denen Schaden abzuwehren ist. Die Begriffe werden als Tatbestandsmerkmale meist neben anderen Merkmalen in den Bestimmungen des ASOG verwendet und müssen bisweilen zu Rechtsvorschriften außerhalb des ASOG in Beziehung gesetzt werden. Deshalb besagt die Zuordnung eines Gutes unter die Begriffe der öffentlichen Sicherheit oder Ordnung allein noch nichts darüber, wie weit es nach dem Willen des ASOG tatsächlich im Einzelfall zu schützen ist. Sowohl hinsichtlich der Zuständigkeit als auch hinsichtlich der Befugnisse zum Schutz dieser Güter macht das Gesetz Einschränkungen, die im folgenden erörtert werden.

3.4.1 Subsidiarität

Das ASOG kennt mehrere Subsidiaritätsregelungen:

1. Der Verwaltung ist durch § 1 Abs. 1 ASOG ein umfassender Schutzauftrag erteilt. Dieser umfaßt an sich auch den Schutz privater Rechte und Normen der Privatrechtsordnung. Im Ergebnis sind aber Polizei und Ordnungsbehörden gegenüber den Gerichten auf Notfälle beschränkt; das ergibt sich aus § 4 Abs. 2 ASOG für die Polizei, muß aber generell auch für die Ordnungsbehörden gelten. Primär haben die Gerichte und ihre Vollstreckungsorgane (z. B. Gerichtsvollzieher) die Privatrechtsordnung zu schützen. Das Subsidiaritätsprinzip gilt jedoch nur, soweit private Rechte und Rechtsgüter allein gefährdet sind, nicht dagegen, wenn zugleich Interessen der Allgemeinheit oder auch eine Norm des öffentlichen Rechts gefährdet sind (vgl. oben A 2.1.3.4). Verwaltung und Gericht
2. Innerhalb der Verwaltung verweist § 4 Abs. 1 ASOG (§ 1a ME) die Polizei bei der Zuständigkeit zum Schutz der öffentlichen Sicherheit und Ordnung gegenüber den Ordnungsbehörden auf unaufschiebbar notwendige Maßnahmen, nicht hingegen für schlicht-hoheitliche Handlungen (vgl. oben A 2.1.2.1). Polizei und andere Behörden
3. Die Befugnisse sind ebenfalls nicht ohne weiteres zum Schutz der Rechtsgüter der öffentlichen Sicherheit und Ordnung gegeben. Auch wenn sie gefährdet sind, stehen die Befugnisse des ASOG der zuständigen Behörde nach § 14 Abs. 2 ASOG (§ 8 Abs. 2 ME) nur subsidiär zu, wenn und soweit die Eingriffsbefugnisse durch eine andere Rechtsvorschrift außerhalb des ASOG ganz oder teilweise nicht geregelt sind. Ebenso ist die Anwendung der Generalbefugnisklausel durch § 14 Abs. 1 ASOG (§ 8 Abs. 1 ME) nur gestattet, soweit die §§ 9 bis 29 die Befugnisse der zuständigen Behörde nicht besonders regeln. Befugnisse

3.4.2 Individualgüter

Der vom Begriff der öffentlichen Sicherheit erfaßte Schutz von Individualgütern auch bei Selbstgefährdung ist begrenzt durch Art. 2 Abs. 1 GG, der dem einzelnen ein Recht zur Selbstgefährdung gibt. Diese Rechtsnorm überlagert die Zuständigkeits- und Befugnisnormen des ASOG und verbietet ein Tätigwerden zum Schutz erlaubte Selbstgefährdung von Individualgütern bei Selbstgefährdung z. B. bei gefährlichen Bergtouren, Experimenten, Hungerstreiks usw. Dies kann jedoch nur soweit gehen, wie der Normzweck des Art. 2 Abs. 1 GG reicht.

verbotene Selbstvernichtung

In folgenden Fällen wird daher ein Recht auf Selbstgefährdung verneint und der Schutz der öffentlichen Sicherheit zugelassen, wenn

1. eine Selbstgefährdung zugleich eine Fremdgefährdung bedeutet (z. B. gefährliche Experimente mit Chemikalien in einem Mietshaus);
2. dem Betroffenen Lebens- oder schwere Gesundheitsgefahren (z. B. bei Selbstmordversuchen, Selbstverstümmelungen) drohen, denn Art. 2 Abs. 1 GG gewährleistet die Entfaltung aber nicht die Zerstörung der eigenen Persönlichkeit;
3. der Betroffene sich in einem die freie Willensbestimmung ausschließenden Zustand befindet und nicht in der Lage ist, die Risiken einer Selbstgefährdung zu übersehen (Kinder, Volltrunkene, meist auch Selbstmordwillige).

Gegenüber dieser Begrenzung des Individualgüterschutzes im ASOG gibt es Spezialgesetze, die diesen Schutz auch erweitern (z. B. die Unterbringungsgesetze).

3.4.3 Ausschluß des Schutzes

bei Unverhältnismäßigkeit

Das ASOG schützt die Güter der öffentlichen Sicherheit und Ordnung nur im Rahmen des Grundsatzes der Verhältnismäßigkeit. Während schlicht-hoheitliche Schutzhandlungen im Rahmen der dargestellten Zuständigkeit allgemein erlaubt sind, werden Eingriffsmaßnahmen durch zusätzliche Tatbestandsmerkmale von besonderen Gefahrenlagen abhängig gemacht (z. B. in § 14 Abs. 1: von einer im Einzelfall bestehende Gefahr; in § 26 Nr. 1: von einer gegenwärtigen Gefahr; in § 18 Nr. 1: von einer gegenwärtigen erheblichen Gefahr; in § 17 Abs. 3 Nr. 1: von einer Gefahr für Leib, Leben oder Freiheit) und zusätzlich im Einzelfall unter den Grundsatz der Verhältnismäßigkeit nach § 8 ASOG gestellt. Das kann dazu führen, daß die Gefährdung von Schutzgütern der öffentlichen Sicherheit oder Ordnung, die durch die Eingriffsnorm nicht umfaßt sind, und die auch durch andere Maßnahmen oder schlicht-hoheitliche Tätigkeit nicht verhindert werden kann, hinzunehmen ist. Ähnliches gilt für die weiteren Einschränkungen der Vollstreckung von Verwaltungsakten nach dem ASOG durch das VwVG und das UZwG Bln.

3.4.4 Öffentliches Interesse

Tatbestandsmerkmal?

In dem Bemühen, den Schutz der Individualgüter bei Selbstgefährdung einzuschränken, wurde bisher überwiegend zusätzlich ein öffentliches Interesse an dem Schutz der „öffentlichen" Sicherheit gefordert (vgl. z. B. *Wolff,* Verwaltungsrecht Bd. III, § 125 II b) und darauf abgestellt, ob der einzelne als „Mitglied des Publikums" gefährdet ist oder die gefährdende Handlung „in die Öffentlichkeit ausstrahlt." Für das ASOG kann ein solches ungeschriebenes Tatbestandsmerkmal nicht angenommen werden. Es ist auch nicht nötig. Es ist zwar richtig, daß ein Interesse des Staates an der Erhaltung der Individualgüter und der Aufrechterhaltung der Privatrechtsordnung durch Polizei und Ordnungsbehörden nur in beschränktem Umfang besteht. Die Begrenzung dieses Schutzes auf die Fälle, in denen ein öffentliches Interesse besteht, wird jedoch bereits durch das Subsidiaritätsprinzip, namentlich § 4 Abs. 2 ASOG, sowie durch Art. 2 Abs. 1 GG gewährleistet. Das öffentliche Interesse braucht also nicht gesondert als Tatbestandsmerkmal geprüft zu werden (vgl. *Frotscher* DVBl. 1976/698; *Götz* S. 35, 37; differenzierend *Martens*, DÖV 1976/458).

3.5 Verfassungsrechtliche Bedenken

Bedenken gegen die Generalklausel der öffentlichen Sicherheit unter dem Gesichtspunkt der Unbestimmtheit ihres Inhalts bestehen nicht; insoweit ist ihr Inhalt durch jahrzehntelange Rechtsprechung und Lehre fest geprägt. Auch gegen die Generalklausel der öffentlichen Ordnung greifen Bedenken nicht durch (vgl. hierzu die unten angegebene Literatur). Der Berliner Gesetzgeber hat sich wie auch der ME für die wenigen verbleibenden Fälle darauf berufen, daß der Begriff auch im Grundgesetz (Art. 13 Abs. 3; 35 Abs. 2) und in vielen Bundesgesetzen (z. B. § 6 Abs. 2 AuslG, § 28 LuftverkehrsG) enthalten ist und daß das Bundesverfassungsgericht hieran keinen Anstoß genommen hat (BVerfGE 26/41). Schließlich hat der Bundesgesetzgeber diesen Begriff der öffentlichen Ordnung in Kenntnis dieser Rechtsprechung in § 118 OWiG verwendet (vgl. Allgem. Begr. z. ASOG zu § 1 Abs. 1).

3.6 Literatur

Kirchhof, Sicherungsauftrag und Handlungsvollmachten der Polizei, DÖV 1976/449 ff.

Martens, Der Schutz des einzelnen im Polizei- und Ordnungsrecht, DÖV 1976/457 ff.

Frotscher, Der Schutz der Allgemeinheit und der individuellen Rechte im Polizei- und Ordnungsrecht, DVBl. 1976/695 ff.

Achterberg, Öffentliche Ordnung im pluralistischen Staat, in Öffentliches Recht und Politik, Festschrift für Scupin, 1973.

Erbel, Der Streit um die öffentliche Ordnung als polizeiliches Schutzgut, DVBl. 1972/475 ff.

Klein, Zur Auslegung des Rechtsbegriffs öffentliche Sicherheit und Ordnung, DVBl. 1971/233 ff.).

Drews/Wacke/Vogel/Martens, Gefahrenabwehr Bd. II S. 113 bis 144

Götz, Allgemeines Polizei- und Ordnungsrecht, 4. Aufl. 1977, S. 34 bis 53

4. Gefahrbegriffe

4.1 Allgemeines

Neben der „öffentlichen Sicherheit und Ordnung" stehen die Begriffe der „Gefahr" im Mittelpunkt des ASOG. Auch sie sind unbestimmte Gesetzesbegriffe, die der vollen gerichtlichen Überprüfung unterliegen. Sie werden stets zusammen mit den Begriffen der öffentlichen Sicherheit und öffentlichen Ordnung verwendet und sind dazu bestimmt, die Aufgaben und Zuständigkeiten zu beschreiben, aber auch um die Tatbestandsvoraussetzungen der Einzeleingriffe (2. Abschnitt) und der Verordnungen zur Gefahrenabwehr (3. Abschnitt) festzulegen. Leider verwendet das ASOG dennoch den Begriff der Gefahr mit unterschiedlicher Bedeutung. So enthalten die §§ 1 Abs. 1, 2 Abs. 1, 3 Abs. 1, 4 Abs. 1, 24 Abs. 3 und 4, 33 und 37 Abs. 3 ASOG einen weiten Gefahrenbegriff, während allen anderen Bestimmungen, die den Begriff „Gefahr" verwenden, der durch § 14 Abs. 1 ASOG umschriebene enge Gefahrenbegriff zugrunde liegt (ebenso einerseits die §§ 1 Abs. 1, 1 a, 3 Abs. 2, 19 Abs. 3 und 4 sowie § 52 ME und andererseits § 8 Abs. 1 ME).

Im folgenden wird der Begriff der konkreten Gefahr und seine Abgrenzung zur abstrakten Gefahr erläutert und sodann auf den weiten Gefahrenbegriff eingegangen.

4.2 Konkrete Gefahr

Legaldefinition

Für Eingriffsmaßnahmen nach dem 2. Abschnitt des ASOG wird häufig eine „Gefahr" als Tatbestandsvoraussetzung verlangt (vgl. z. B. §§ 15 Abs. 1 Nr. 1, 18 Nr. 1, 26 Nr. 1 ASOG). Nach der Legaldefinition in § 14 Abs. 1 ASOG (§ 8 Abs. 1 ME) besteht eine solche Gefahr, wenn in einem Einzelfall eine Sachlage mit hinreichender Wahrscheinlichkeit zu einem Schaden für die Schutzgüter der öffentlichen Sicherheit oder Ordnung führen würde, falls das Geschehen nicht unterbrochen wird.

4.2.1 Sachlage

Tatsachen

Grundlage muß stets ein Geschehen (Zustand oder Verhalten) sein, d. h. es müssen objektive Anhaltspunkte (Tatsachen) vorliegen. Vermutungen, Mutmaßungen oder Befürchtungen, die keinen Bezug zu einem realen Geschehen aufweisen, reichen nicht aus. Für die Beurteilung, ob eine Gefahr vorliegt, können auch zeitlich oder örtlich entfernte Tatsachen eine Rolle spielen (z. B. bisherige Straffälligkeit des Verantwortlichen).

4.2.2 Schaden

Bestandsminderung

Gemeint ist eine Verletzung der unter den Begriff öffentliche Sicherheit und Ordnung fallenden Rechtsgüter. Unter Verletzung ist eine objektive Minderung des normalen Bestandes vorhandener Güter zu verstehen. Entgangener Gewinn ist keine Minderung des vorhandenen Bestandes und deshalb kein Schaden im Sinne des Polizei- und Ordnungsrechts.

Belästigung

Ein Schaden in diesem Sinn wird auch nur angenommen, wenn die Verletzung ein bestimmtes Gewicht hat. Das kann nach Zeit und Ort verschieden sein (z. B. Musik am Tage und in der Nacht). Beeinträchtigungen minderen Grades (Belästigungen, Unbequemlichkeiten, Geschmacklosigkeiten oder sonstige Nachteile) verletzen nicht die öffentliche Sicherheit oder Ordnung (z. B. Teppichklopfen zu erlaubten Zeiten, Herumstehen von Prostituierten, soweit nicht durch Rechtsnorm verboten). In Einzelfällen verbieten allerdings Spezialgesetze ausdrücklich auch Belästigungen (z. B. § 1 StVO, § 3 BImSchG). In diesen Fällen stellt eine Belästigung bereits die Verletzung einer Rechtsnorm und damit der öffentlichen Sicherheit dar, so daß z. B. Maßnahmen nach § 14 Abs. 1 ASOG zulässig sind.

Maßstab

Im übrigen ist für die Beurteilung, ob ein Schaden eintreten würde, unbeachtlich, wenn der Betroffene besonders empfindlich oder unempfindlich ist. Es ist vielmehr ein objektiver durchschnittlicher Maßstab anzulegen; der Beamte darf nicht einen eigenen, davon abweichenden Maßstab zugrundelegen.

4.2.3 Störung

Repression

Gefahr bedeutet, daß ein Schaden bevorsteht (präventive Tätigkeit). Ist der Schaden bereits eingetreten (z. B. die Geisel ist getötet; die Geschwindigkeitsüberschreitung ist abgeschlossen), kann er nicht mehr verhindert werden; jetzt kommt nur noch repressive Tätigkeit in Betracht (Strafverfolgung; Bußgeld).

Prävention

Anders liegt es, wenn zwar der Schaden bereits eingetreten ist, aber die öffentliche Sicherheit oder Ordnung weiterhin verletzt wird; dann ist die weitere Verletzung zu verhindern; trotz Eintritts der Störung stellt diese Sachlage weiterhin eine Gefahr dar und rechtfertigt präventive Tätigkeit; daneben kommt repressive Tätigkeit in Betracht (z. B. die Geisel lebt noch; ein Auto parkt unter Verstoß gegen die StVO verkehrsbehindernd in der Busspur).

Oft ist in diesen Fällen die eingetretene Störung, die ursprünglich verhindert werden sollte (aber nun nicht mehr verhindert werden kann und insoweit keine Gefahr mehr ist), zugleich eine Sachlage, die den Eintritt von neuen, aber anderen Schäden wahrscheinlich erscheinen läßt, und stellt insofern eine neue Gefahr dar (z. B. der befürchtete Unfall konnte nicht verhindert werden, nun bilden die auf der Straße herumliegenden Autoteile eine neue Gefahr). Der Begriff der Störung ist daher im Polizei- und Ordnungsrecht entbehrlich und wird deshalb im ASOG und ME nicht mehr verwendet.

4.2.4 *Wahrscheinlichkeitsurteil*

Prognose

Mit dem Erfordernis, daß bei ungehindertem Ablauf des Geschehens mit hinreichender Wahrscheinlichkeit ein Schaden eintritt, wird der Behörde eine Prognose abverlangt. Es ist zu fragen, wie sich der Geschehensablauf hypothetisch entwickeln würde, wenn er nicht unterbrochen wird. Maßstab für diese Prognose ist die Wahrscheinlichkeit. Sie wird nach Erfahrungssätzen (Lebenserfahrung) ermittelt.

Faustregel

Es gibt verschiedene Grade der Wahrscheinlichkeit; sie kann von der entfernten Möglichkeit über die „hinreichende" Wahrscheinlichkeit bis hin zu einer an Sicherheit grenzende Wahrscheinlichkeit reichen. Für die Annahme einer Gefahr für die öffentliche Sicherheit oder Ordnung reicht im allgemeinen eine hinreichende Wahrscheinlichkeit aus (nach der Lebenserfahrung muß ein Schaden zu erwarten sein).

Möglichkeit

Grundsätzlich besteht daher keine Gefahr, wenn der Schadenseintritt lediglich möglich ist (nicht ausgeschlossen werden kann) oder wenn ein Zustand nur geeignet ist, die öffentliche Sicherheit zu stören. Es muß nach der Lebenserfahrung mehr für als gegen den Eintritt des Schadens sprechen. Diese Betrachtungsweise wird jedoch nicht allen Gefahrensituationen gerecht. Oft wird sich nicht rechtzeitig klären lassen, ob tatsächlich ein Schaden droht. Deshalb wird bei besonders wertvollen Rechtsgütern im Hinblick auf die unabsehbaren Folgen aus dem Gesichtspunkt der Verhältnismäßigkeit heraus ausnahmsweise auch ein geringerer Grad von Wahrscheinlichkeit für die Annahme einer Gefahr als ausreichend angesehen (z. B. Bombendrohung gegen Kaufhaus, wenn Ernsthaftigkeit nicht auszuschließen ist; mögliche Gefährdung der Trinkwasserversorgung infolge Ölunfalls; vgl. z. B. BVerwG DÖV 1970/713).

In Einzelfällen hat der Gesetzgeber die Beweisnot der Verwaltung beim Nachweis der hinreichenden Wahrscheinlichkeit für den Eintritt besonders hoher Schäden gelindert und ausdrücklich die Möglichkeit eines Schadens oder die bloße Eignung zu einer Schädigung als ausreichendes Tatbestandsmerkmal eingeführt (z. B. § 26 Nr. 2 ASOG, § 6 Abs. 1 Nr. 3 f StVG, § 21 Nr. 3 ME).

Zeitpunkt des Schadenseintritts

Mit dem einfachen Begriff der Gefahr wird keine besondere Anforderung an die zeitliche Nähe des Schadenseintritts gestellt. Es genügt, wenn er „irgendwann in überschaubarer Zukunft" zu erwarten ist (BVerwG DÖV 1970/713). Eine besondere zeitliche Nähe wird jedoch gefordert, wenn das Gesetz eine „gegenwärtige" Gefahr oder das unmittelbare Bevorstehen des Schadens verlangt (vgl. unten 4.2.10).

Beurteilung ex ante

Ob ein Schaden tatsächlich eintritt, läßt sich – wenn überhaupt – erst bei nachträglicher Betrachtung feststellen. Es geht jedoch nicht an, die Rechtmäßigkeit polizei- und ordnungsrechtlichen Handelns von einer nachträglichen Betrachtung (ex post) abhängig zu machen. Es ist dem Begriff der Gefahr immanent, daß er der Behörde eine Prognose abverlangt. Hierbei können nur die Tatsachen bewertet werden, die der Behörde im Zeitpunkt ihres Handelns bekannt waren oder bei objektiver Betrachtung bekannt sein konnten (Betrachtung ex ante). Es kommt daher nur darauf an, ob im Zeitpunkt des behördlichen Handelns bei objektiver Betrachtung die Wahrscheinlichkeit eines Schadenseintritts nach der Lebenserfahrung bejaht werden kann. Es spielt keine Rolle, wenn später eine andere Entwicklung eintritt als im Zeitpunkt der Prognose erkennbar war. Dadurch wird die Maßnahme nicht nachträglich rechtswidrig.

4.2.5 Putativ-(Schein)gefahr

Gleichwohl ist es nicht unbeachtlich, aus welchen Gründen Prognose und späterer Geschehensablauf auseinanderlaufen. Die Wahrscheinlichkeit des Schadenseintritts muß *objektiv* vorliegen. Nimmt der handelnde Beamte nur subjektiv Tatumstände an, die eine Gefahr darstellen, während jeder andere durchschnittlich ausgebildete Beamte diese Sachlage anders beurteilt hätte, liegt nur eine Schein-(Putativ)gefahr vor. Diese berechtigt nicht zum Eingreifen; es besteht keine Gefahr; auch wenn der Beamte in bester Überzeugung handelt, ist sein Einschreiten rechtswidrig (z. B. falsche Beurteilung eines Sachverhaltes infolge Übermüdung, Überängstlichkeit, Trunkenheit).

4.2.6 *Anscheinsgefahr (Gefahrverdacht)*

obj. Beobachter

Eine Sachlage wird vielmehr nur dann von dem Begriff „Gefahr" in § 14 Abs. 1 ASOG gedeckt, wenn sie auch bei einem objektiven Beobachter (d. h. einem durchschnittlich ausgebildeten Beamten) die Überzeugung weckt, daß ein Schadenseintritt hinreichend wahrscheinlich ist (z. B. Unterbrechung eines Sachverhalts, der sich einem objektiven Beobachter als Raubüberfall darstellt, während in Wirklichkeit eine Filmszene geprobt wird). Bei einer späteren gerichtlichen Überprüfung der Prognose ist also eine objektive ex ante Beurteilung zugrundezulegen.

Gefahrverdacht

Zweifelhaft bei einer Prognose kann nicht nur die weitere Entwicklung des Geschehens sondern bereits das Vorliegen der einzelnen Tatumstände sein. Hier ist eine doppelte Prognose erforderlich:

1. Ist das Vorliegen der zu beurteilenden Tatumstände hinreichend wahrscheinlich?
2. Ist aufgrund dieser mit hinreichender Wahrscheinlichkeit vorliegenden Tatumstände ein Schaden hinreichend wahrscheinlich?

Werden beide Prognosen bejaht, liegt auch in diesem Fall eine Gefahr im Sinne von § 14 Abs. 1 ASOG vor.

„echte" Gefahr

Das Besondere an dem Tatbestandsmerkmal „Gefahr" ist, daß es erfüllt sein kann, auch wenn sich bei nachträglicher Betrachtung (ex post) herausstellt, daß die Sachlage nicht zu einem Schaden geführt hat oder führen konnte. Man hat deshalb eine solche Situation als „Anscheinsgefahr" bezeichnet und sie als „Gefahr" im Sinne von § 14 Abs. 1 ASOG anerkannt. Der Begriff ist nicht sehr hilfreich. Er greift nur, wenn die nachträgliche Entwicklung bekannt ist; das ist oft aber gar nicht der Fall. Er hilt vor allem nicht dem Beamten in der Situation des Handelns. Hier sollte vielleicht eher von Gefahrverdacht gesprochen werden, wenn Zweifel über den Sachverhalt oder den hypothetischen Kausalverlauf bestehen. Man sollte jedoch stets bedenken, daß Anscheinsgefahr und Gefahrverdacht „echte" Gefahren im Sinne von § 14 Abs. 1 ASOG sind.

4.2.7 *Gefahrerforschungseingriff*

Verhältnismäßigkeit als Korrektiv

Jede Prognose ist mehr oder weniger mit Zweifeln behaftet. Dem wird durch Anwendung des Verhältnismäßigkeitsgrundsatzes Rechnung getragen, indem von dem „normalen" Erfordernis der hinreichenden Wahrscheinlichkeit bei drohender Schädigung von besonders wertvollen Rechtsgütern abgegangen wird und in diesen Fällen ein geringerer Grad an Wahrscheinlichkeit verlangt wird. Der Grundsatz der Verhältnismäßigkeit wirkt sich demgegenüber aber auch insbesondere bei Gefahrverdacht auf das Erfordernis der Notwendigkeit der zu treffenden Maßnahme aus:

1. Grundsätzlich sind zunächst Ermittlungen anzustellen, ob tatsächlich eine Gefahr vorliegt.
2. Wenn dies nicht rechtzeitig möglich ist, darf der Geschehensablauf vorläufig unterbrochen werden, um festzustellen, ob eine Gefahr vorliegt.
3. Nur im äußersten Falle sind endgültige Maßnahmen zulässig, wenn der Schaden irreparabel wäre, insbesondere bei besonders wichtigen Rechtsgütern (z. B. Zwangsräumung bei Bombendrohung).

4.2.8 Anscheinsstörer

Maßstab des obj. Beobachters

Die Ausführungen über die Anscheinsgefahr müssen entsprechend gelten, wenn es um die Frage geht, ob eine Person eine Gefahr verursacht hat; oft wird die Frage, ob eine Gefahr vorliegt, von der Frage, ob eine bestimmte Person diese Gefahr verursacht hat, nicht zu trennen sein (z. B. ob es wahrscheinlich ist, daß eine bestimmte Person eine betimmte Straftat begehen wird). Auch bei der Frage nach der Verursachung einer Gefahr ist vom ex ante-Standpunkt auszugehen und auf eine hinreichende Wahrscheinlichkeit abzustellen. Es kommt nicht darauf an, wie sich die Sachlage im nachhinein darstellt.

hinreichende Wahrscheinlichkeit?

Entscheidend ist auch für die Frage der Verursachung, ob bei einem objektiven Beobachter – ex ante betrachtet – die Überzeugung geweckt wird, daß es hinreichend wahrscheinlich ist, daß die betreffende Person die Gefahr verursacht hat. Stellt sich im nachhinein heraus, daß dies nicht der Fall war, bleibt die Rechtmäßigkeit der Maßnahme unberührt; die Person wird dann als Anscheinsstörer bezeichnet. Das Problem ist jedoch noch nicht endgültig geklärt (vgl. hierzu BVerwG NJW 1974/810, wo zwischen Anscheinsgefahr und Anscheinsverursachung ebenfalls nicht unterschieden wird, und die entschädigungsrechtliche Entscheidung BGHZ 5/1944, in der jedenfalls bei schuldhafter Verursachung des Anscheins einer Gefahr die Verantwortlichkeit bejaht wird; vgl. andererseits Hoffmann-Riem, Festschrift für Wacke (1972) S. 336 ff. und Schwan, Identitätsfeststellung, Sistierung und Razzia, AöR 102 (1977) S. 243 ff., die bei Ungewißheit über die Störereigenschaft aus der ex ante-Sicht die Anwendbarkeit der §§ 10, 11 ASOG, 4, 5 ME verneinen und § 13 ASOG, § 6 ME anwenden wollen; differenzierend im Sinne der hier vertretenen Auffassung dagegen Sigrist, Probleme der Identitäsfeststellung und der polizeilichen Razzia nach dem Berliner ASOG, JR 1976/398).

4.2.9 Einzelfall

konkrete Gefahr

§ 14 Abs. 1 ASOG verlangt, daß eine Gefahr im Einzelfall (konkrete Gefahr) besteht. Danach ist eine vorgestellte, vom Einzelfall gelöste Gefahrensituation (z. B. Fahren mit einem Auto) im allgemeinen noch keine „Gefahr", auch wenn sich aus dieser Situation in der Regel konkrete Gefahren zu ergeben pflegen; erst bei Eintreten dieser Gefahr im Einzelfall sind die Voraussetzungen von § 14 Abs. 1 ASOG gegeben. Es wird stets eine konkrete und individuelle Sachlage vorausgesetzt.

Das schließt nicht aus, daß auch zur Abwehr „abstrakter" Gefahren in typischen Gefahrensituationen gehandelt werden muß. Da es sich jedoch um typische, vom Einzelfall losgelöste, gedachte Fälle handelt, wird diese Gefahrensituation nicht von der Behörde durch Verwaltungsakt sondern durch den Senat oder einen zuständigen Minister durch Erlaß von Rechtsnormen geregelt (vgl. z. B. für die Benutzung von Autos die StVO, StVZO sowie allgemein § 33 ASOG und unten 4.3).

Regel

In der Regel wird aber für *Einzeleingriffe* (wie schon in den §§ 14 Abs. 1 und 41 Abs. 1 PVG) als Tatbestandsvoraussetzung eine Gefahr für die öffentliche Sicherheit oder Ordnung im *Einzelfall* verlangt. Um diesen umständlichen Begriff nicht stets wiederholen zu müssen, wurde er in § 14 Abs. 1 ASOG (§ 8 Abs. 1 ME) als Legaldefinition eingeführt und in diesem Sinne durchgehend im ASOG verwendet.

Ausnahme

Das Erfordernis des Einzelfalls fehlt dagegen, wenn auf die Aufgabenumschreibung des §§ 1 Abs. 1 ASOG (§ 1 Abs. 1 ME) hingewiesen wird (vgl. 2 Abs. 1, 3 Abs. 1, 4 Abs. 1, 24 Abs. 3 und 4, 33 und 37 Abs. 3 ASOG; §§ 1, 1 a, 3 Abs. 2, 19 Abs. 3 und 4 sowie 52 ME). Eine konkrete Gefahr wird auch nur dort vorausgesetzt, wo die Ermächtigungsnorm dies durch Verwendung des Begriffs „Gefahr" ausdrücklich verlangt. Das ASOG enthält eine Reihe von Tatbeständen, in denen eine konkrete Gefahr gerade nicht verlangt wird und statt dessen die Situation, die ein Einschreiten erforderlich erscheinen läßt, umschrieben wird (z. B. § 15 Abs. 1 Nrn. 3 und 4, 17 Abs. 1 Nr. 1 ASOG; ebenso §§ 9 und 11 ME).

4.2.10 Gefahrenarten

Einzelne Befugnisnormen stellen erhöhte Anforderungen an den Begriff der Gefahr in zeitlicher Hinsicht oder im Hinblick auf die Art der betroffenen Schutzgüter.

gegenwärtige Gefahr

Bisweilen wird eine „gegenwärtige" Gefahr vorausgesetzt. Diese Voraussetzung ist erfüllt, wenn die Einwirkung des schädigenden Ereignisses bereits begonnen hat oder unmittelbar oder in allernächster Zeit bevorsteht; dieser Begriff entspricht dem Begriff der „gegenwärtigen" Gefahr in den Notwehrbestimmungen und dem bisher gebräuchlichen der „unmittelbar bevorstehenden" Gefahr.

Auch bei der gegenwärtigen Gefahr braucht der Schaden nicht mit an Sicherheit grenzender Wahrscheinlichkeit bevorzustehen (so aber Allgem. Begr. ASOG 7.2, vgl. auch BVerwG NJW 1974/807 ff.). Nach der ständigen Rechtsprechung des BVerwG (DÖV 1970/713) hängt der erforderliche Grad der Wahrscheinlichkeit vielmehr von der Art des zu schützenden Rechtsgutes ab. Es geht nicht an, bei einem zeitlich nahen Schadenseintritt (z. B. Bombendrohung) ein höheres Maß an Wahrscheinlichkeit zu fordern.

erhebliche Gefahr

Bisweilen wird außerdem vorausgesetzt, daß eine Gefahr „erheblich" sein muß. Das ist der Fall, wenn ein Schaden für ein bedeutsames Rechtsgut zu befürchten ist (Leben, schwere Gesundheitsgefahren, Freiheit, Vermögenswerte und Rechte von bedeutendem Wert sowie andere Rechtsgüter in erheblichem Umfang oder der Bestand des Staates und seiner Einrichtungen). Dieser Begriff stellt also nicht etwa besonders hohe Anforderungen an den Grad der Wahrscheinlichkeit für den Schadenseintritt; bei besonders großen Schäden nehmen im Gegenteil die Anforderungen an die Wahrscheinlichkeit ab. Der ME verwendet diesen Begriff nur noch in § 6 ME und § 13 ME.

dringende Gefahr

Der in Art. 13 Abs. 3 GG verwendete Begriff der dringenden Gefahr wird im ASOG vermieden (anders allerdings § 19 Abs. 3 ME). Eine dringende Gefahr besteht nach der Rechtsprechung des BVerwG (NJW 1975/130), wenn ohne das Einschreiten der Polizei oder Ordnungsbehörde mit hinreichender Wahrscheinlichkeit ein wichtiges Rechtsgut gefährdet wird. Bei der Beurteilung der Gefahrenlage ist auch hier der Verhältnismäßigkeitsgrundsatz zu beachten. Damit entspricht dieser Begriff dem der erheblichen Gefahr; die dringende Gefahr braucht entgegen der Begründung zum ASOG (Allgem. Begr. 7.2) nicht gegenwärtig zu sein (vgl. auch jetzt § 19 Abs. 1 und 2 ME).

gemeine Gefahr

Unter einer Gemeingefahr versteht man eine die Allgemeinheit bedrohende Gefahr, die unmittelbar für Leben oder Gesundheit von

Menschen oder bedeutende Sachwerte besteht. Sie ist ebenso wie die Lebensgefahr (vgl. Art. 13 Abs. 3 GG) ein Unterfall der erheblichen Gefahr und deshalb als Tatbestandsvoraussetzung im ASOG und ME nicht besonders verwendet.

drohende Gefahr

Der Begriff der drohenden Gefahr wird im ASOG und ME nicht verwendet. Er wurde im PVG mit der „bevorstehenden" und „bestehenden" Gefahr gleichgesetzt und sollte die Aufgabe der Gefahrenabwehr von den strafprozessualen Aufgaben der Polizei abgrenzen.

latente Gefahr

Eine Gefahr ist latent, wenn die Wahrscheinlichkeit des schädigenden Ereignisses zunächst noch nicht zu Tage tritt, aber unter „der Decke schlummert" und erst später durch das Hinzutreten anderer Umstände wirksam wird (z. B. eine Schweinemästerei, die ursprünglich im freien Gebiet lag, beeinträchtigt später die Bewohner der nachträglich erbauten Häuser, OVGE 11/250). Auch die latente Gefahr ist eine „Gefahr" im Sinne von § 14 Abs. 1 ASOG. Ihre Problematik wird in der Regel im Zusammenhang mit der Unmittelbarkeit der Verursachung einer Gefahr dargestellt, also bei der Verantwortlichkeit behandelt (vgl. z. B. *Drews/Wacke/Vogel/Martens*, Gefahrenabwehr II S. 200, Götz S. 104 ff., jeweils mit weiteren Nachweisen und unten A 5.3.1).

Gefahr im Verzug

In einem ganz anderen Sinn wird der Begriff „Gefahr im Verzug" in den §§ 2 Abs. 4 und 23 Abs. 2 ASOG (§ 20 Abs. 1 ME) gebraucht. Entsprechend seiner normalen Verwendung in der StPO klärt er die Ersatzzuständigkeit, wenn die „an sich" zuständige Behörde nicht rechtzeitig vor Schadenseintritt eingreifen kann. Er entspricht damit dem Begriff „unaufschiebbar notwendig" in § 4 Abs. 1 ASOG.

4.3 Abstrakte Gefahr

typische Gefahrenlage

Betrachtet man eine ganz bestimmte (konkrete und individuelle) Sachlage, so kann die Prognose dazu führen, daß in diesem Einzelfall eine Gefahr für die öffentliche Sicherheit oder Ordnung besteht (konkrete Gefahr, z. B. bei einer bestimmten Fahrstuhlanlage in einem bestimmten Haus). Diese individuelle Gefahr haben § 14 Abs. 1 ASOG und alle weiteren Bestimmungen im Auge, die die Legaldefinition der „Gefahr" verwenden. Es gibt aber Lebenslagen, die losgelöst vom Einzelfall typischerweise gefährlich sind. Diese bezeichnet man herkömmlicherweise als abstrakte Gefahr. Hier wird auf die Gefährlichkeit eines allgemeinen, gedachten Sachverhaltes abgestellt, aus dem sich in der Regel konkret Gefahren zu ergeben pflegen (z. B. Gefährlichkeit von „Paternoster"-aufzügen).

Wahrscheinlichkeit des Schadens

Für beide Begriffe genügt es, daß der Eintritt des Schadens hinreichend wahrscheinlich ist. Es wäre jedoch falsch, zu sagen, daß die abstrakte Gefahr sich mit einem Weniger an Wahrscheinlichkeit begnügt, daß bei einer konkreten Gefahr der Schadenseintritt zeitlich näher liegen muß oder daß es sich um Steigerungsstufen der Gefährlichkeit handelt.

Unterschied zur konkreten Gefahr

Der Unterschied zwischen beiden Gefahrenbegriffen liegt lediglich in der Betrachtungsweise. Bei der konkreten Gefahr wird die Prognose gestellt, ob in dem zu beurteilenden Einzelfall ein Schaden hinreichend wahrscheinlich ist. Bei der abstrakten Gefahr wird generell abstrakt geprüft, ob bestimmte Arten von Verhaltensweisen oder Zuständen (typischer Sachverhalt) gefährlich sind und im Einzelfall (der noch nicht bekannt ist) einen Schaden herbeizuführen pflegen (BVerwG DÖV 1973/13).

Rechtsverordnung

Diese unterschiedlichen Sachlagen erfordern grundsätzlich auch unterschiedliche Arten der Abwehr. Bei konkreten Gefahren hat die Verwaltungsbehörde Verwaltungsakte zu erlassen, bei abstrakten Gefahren erläßt der Senat von Berlin nach §§ 33 ff. ASOG Verordnungen zur Gefahrenabwehr (generell abstrakte Regelungen); nur ausnahmsweise hat der Gesetzgeber die Verwaltungsbehörden ermächtigt, in Fällen abstrakter Gefahr Verwaltungsakte zu erlassen (z. B. § 15 Abs. 1 Nr. 3, 24 Abs. 3 und 4 ASOG). Der ME sieht den Erlaß von Verordnungen zur Gefahrenabwehr durch die Polizei nicht vor, weil dies nicht zur Zuständigkeit der Polizei nach § 1a ME (§ 4 Abs. 1 ASOG) gehört; aus diesem Grunde ist auch in Berlin nicht die Polizei sondern der Senat von Berlin zuständig.

Zusammentreffen mit konkreter Gefahr

Beide Gefahrenarten können auch gleichzeitig vorliegen (BVerwG DVBl. 1973/857). Im übrigen ist der Verstoß gegen eine Verordnung zur Gefahrenabwehr als Verstoß gegen eine Rechtsnorm zugleich eine Verletzung der öffentlichen Sicherheit und stellt, solange sie andauert, auch eine konkrete Gefahr dar (OVG Lüneburg OVGE 10/958), ohne daß geltend gemacht werden kann, über den Rechtsverstoß hinaus werde ein Schaden nicht eintreten (Umkehr der Beweislast).

4.4 Weiter Gefahrbegriff

4.4.1 Gefahrenabwehr

konkete Gefahr bei Eingriff

Der Trennung von Aufgaben und Befugnissen entspricht im Ergebnis auch eine unterschiedliche Verwendung des Begriffes Gefahr.

Aus rechtsstaatlichen Gründen sollen Einzeleingriffe in der Regel nur zulässig sein, wenn im Einzelfall eine Gefahr oder gar eine qualifizierte konkrete Gefahr besteht; anderes gilt nur, wo der Gesetzgeber aus Gründen der Verhältnismäßigkeit eine andere Gefahrenlage umschrieben hat (z. B. § 15 Abs. 1 Nrn. 3 und 4 ASOG).

Gefahr i. w. S. als Aufgabe

Wird demgegenüber die Gefahrenabwehr als Aufgabe angesprochen, kann es auf derart nach Gefahrenarten abgestufte Differenzierungen nicht ankommen. § 1 Abs. 1 ASOG und alle anderen Bestimmungen, die auf diese Grundnorm verweisen (§§ 2 Abs. 1, 3 Abs. 1, 4 Abs. 1, 24 Abs. 3 und 4, 33 und 37 Abs. 3 ASOG) meinen deshalb einen umfassenden allgemeinen Begriff der Gefahr, der die konkrete und abstrakte Gefahr als Unterfälle einschließt; nur so ist der ständige gesetzliche Hinweis auf § 1 Abs. 1 ASOG als Gegensatz zur Legaldefinition des § 14 Abs. 1 ASOG verständlich (ebenso § 1 Abs. 1 ME und die oben genannten Bestimmungen des ME).

Tatbestand

Dieser weite Gefahrenbegriff ist auch nicht einfach mit dem Begriff der abstrakten Gefahr gleichzusetzen (vgl. z. B. die in § 15 Abs. 1 Nr. 4 ASOG und § 9 Abs. 1 Nr. 3 ME umschriebene Gefahrenlage). Die Anforderungen an den weiten Gefahrenbegriff liegen vielmehr unter denen einer abstrakten oder konkreten Gefahr, denn die Zuständigkeit einer Behörde kann nicht vom tatsächlichen Vorliegen einer konkreten oder abstrakten Gefahr abhängen. Deshalb kann es für den weiten Gefahrenbegriff auch nicht auf eine differenzierte Wahrscheinlichkeitsprüfung ankommen. Eine Gefahr im weiten Sinn ist gegeben, wenn eine Sachlage zu einem Schaden für die Güter der öffentlichen Sicherheit oder Ordnung führen könnte. Entscheidend für die Aufgaben- und Zuständigkeitsabgrenzung ist daher der Zweck der behördlichen Handlung (Schutz der öffentlichen Sicherheit und Ordnung) als Abgrenzung zu anderen Aufgaben der Verwaltung (Strafverfolgung, Leistungsverwaltung).

4.4.2 *Vorbeugende Bekämpfung von Straftaten und Ordnungswidrigkeiten*

Aufgabe

Bei der vorbeugenden Bekämpfung von Straftaten und Ordnungswidrigkeiten einschließlich der vorbeugenden Verbrechensbekämpfung geht es im wesentlichen um die Aufklärung von Sachverhalten und das Sammeln von Unterlagen mit dem Ziel, zu klären, ob eine Straftat oder Ordnungswidrigkeit begangen ist oder bevorsteht oder um sie in Zukunft besser aufklären zu können. Darauf gerichtete Maßnahmen sind z. B. Razzien (z. B. § 15 Abs. 1 Nr. 3 ASOG), erkennungsdienstliche Maßnahmen (§ 16 Abs. 1 Nrn. 2 und 3 ASOG, § 81 b, 2. Alt. StPO), Observationen, Überprüfungen und Beobachtungen. Kennzeichnend ist für alle diese Tätigkeiten die Vermischung von Aufgaben der Gefahrenabwehr und Strafverfolgung (vgl. hierzu *v. Sydow,* Verbrechensbekämpfung nach neuem Recht, Kritik am Musterentwurf ZRP 1977/119). Eine Zuständigkeit des Bundesgesetzgebers besteht nach Art. 74 Nr. 1 GG nicht, da diese Art Erforschung von Sachverhalten von einem auf eine bestimmte Straftat oder Ordnungswidrigkeit ausgerichtetem Strafverfahren losgelöst ist. Der gesamte Komplex fällt in die Zuständigkeit des Landesgesetzgebers und sollte, da letztlich auch die Strafverfolgung (general-)präventiven Zwecken dient, unter den weiten Begriff der Gefahrenabwehr gerechnet werden. Auch in diesen Fällen könnte eine Sachlage zu einem Schaden für die Güter der öffentlichen Sicherheit und Ordnung (nämlich die Begehung von neuen Straftaten oder Ordnungswidrigkeiten) führen. Ausgeklammert aus diesem weiten Begriff der Gefahr im Sinne von § 1 Abs. 1 ASOG ist daher lediglich das gerichtliche Verfahren der Strafverfolgung (Art. 74 Nr. 1 GG); nur insoweit enthält § 163 StPO eine gesonderte Aufgabenzuweisung. Von dieser Auslegung geht auch der ME aus. Vgl. zu diesem Ergebnis der „Harmonisierung des ME mit der StPO" *Riegel,* ZRP 1978/14 ff.

Fall der Gefahrenabwehr

Strafverfolgung nach StPO?

4.4.3 Verwendung des Begriffs

Der Begriff der Gefahr im weiten Sinn wird vor allem zur Aufgaben- und Zuständigkeitsabgrenzung in den §§ 1 bis 4 ASOG verwendet. Er wird darüber hinaus aber auch als ein Tatbestandsmerkmal für Eingriffsmaßnahmen in § 24 Abs. 3 und 4 ASOG eingeführt, weil ausdrücklich auf § 1 Abs. 1 Bezug genommen wird. Auch in § 33 ASOG wird auf den weiten Gefahrenbegriff Bezug genommen; hier müssen jedoch alle Voraussetzungen für die abstrakte Gefahr gegeben sein.

4.5 Literatur

Hoffmann-Riem, Festschrift für Wacke 1972, 327 ff.
OVG Lüneburg OVGE 10/341
BVerwG DVBl. 1973/857 mit Anm. *Schneider/Mäder*
BVerwG NJW 1972/458.

5. Verantwortlichkeit

5.1 Allgemeines

5.1.1 Systematik

schlicht-hoheitliche Gefahrenabwehr

Die Aufgabe der Gefahrenabwehr wird auf vielfache Weise erfüllt. Einen sehr breiten Raum nimmt dabei die schlicht-hoheitliche

Tätigkeit ein, also Handlungen, die nicht in subjektive Rechte von Personen eingreifen. So wirkt beispielsweise die bloße Präsens der Polizei auf den Straßen (Streifengang, Funkwagendienst, Sicherheitsposten) gefahrenabwehrend. Derartige Tätigkeiten finden ihre Rechtsgrundlagen in § 1 Abs. 1 ASOG (ähnlich z. B. Beratung, Belehrung, Auskunft, Überwachung usw.). Soweit wie möglich sollen die Behörden auf diese Weise Gefahren abwehren. Das ist jedoch nicht immer möglich. Der Gesetzgeber hat daher die Polizei- und Ordnungsbehörden ermächtigt, zur Erfüllung ihrer gefahrabwehrenden Aufgaben auch in die Rechtssphäre von Einzelpersonen einzugreifen. Diese betroffenen Personen werden in einigen Ermächtigungsnormen genannt (z. B. § 15 Abs. 1 Nr. 3: die Person, die sich dort aufhält; § 26 Nr. 2: die festgehaltene Person); wo das nicht geschieht, legen die §§ 10 bis 13 ASOG fest, gegen welche Person Maßnahmen nach den §§ 14 bis 29 ASOG gerichtet werden dürfen. Der ME enthält die gleiche Systematik (vgl. die §§ 1 Abs. 1, 4 bis 6 und 8 bis 24 ME).

Eingriffe

„Störer"

Dabei unterscheidet das ASOG als Regelfall den Eingriff gegen diejenigen, die für eine Gefahr verantwortlich sind (Verantwortlichkeit nach § 10 und § 11 ASOG für eine konkrete Gefahr), von dem nur ausnahmsweise zulässigen Eingriff gegen unbeteiligte Dritte (Nichtverantwortlichkeit für eine konkrete Gefahr nach § 13 ASOG). Der Verantwortliche wird in seine Pflichten verwiesen, durch sein Verhalten und seine Sachen nicht die öffentliche Sicherheit und Ordnung zu stören; er hat den Eingriff zu dulden und die finanziellen Lasten der Gefahrenabwehr zu tragen. Wer als Nichtverantwortlicher im sog. polizei- oder ordnungsbehördlichen Notstand nach § 13 ASOG in Anspruch genommen wird, muß dies ebenfalls dulden, erhält jedoch einen Schadensausgleich nach § 37 ASOG, weil er ein Sonderopfer erbracht hat. Bevor er in Anspruch genommen werden darf, muß die Behörde jedoch mit ihren Mitteln versuchen, die Gefahr abzuwehren (unmittelbare Ausführung anstelle des Verantwortlichen nach § 12 ASOG).

„Nichtstörer"

Die Verantwortlichkeit (Polizei- oder Ordnungspflichtigkeit) kann entweder auf dem Verhalten von Personen oder auf dem Zustand von Sachen beruhen. Demgemäß wird Verhaltensverantwortlichkeit und Zustandsverantwortlichkeit unterschieden.

5.1.2 Sonderregelungen

außerhalb ASOG

Rechtsvorschriften, die abweichende Verantwortlichkeiten festlegen (z. B. Straßen- und Wegereinigungspflicht, Kfz-Halterpflichten), gehen vor.

Ebenso gehen den §§ 10 bis 13 ASOG die Vorschriften des ASOG vor, die in ihren tatbestandlichen Voraussetzungen nicht wie die §§ 10 bis 13 ASOG eine konkrete Gefahr voraussetzen sondern Maßnahmen gegen alle Personen zulassen, die bestimmte Kriterien erfüllen, auch wenn sie keine konkrete Gefahr verursachen. So ist z. B. Adressat in: innerhalb ASOG

§ 15 Abs. 1 Nrn. 3 und 4 ASOG:
jede Person, die sich an den dort bezeichneten Orten aufhält,

§ 24 Abs. 3 und 4 ASOG:
alle Inhaber der dort bezeichneten Wohnungen.

Solche Vorschriften machen jede der dort besonders bestimmten Personen gleichsam zu Verantwortlichen. Ausgleichsansprüche nach § 37 ASOG sind ausgeschlossen; die Sachlage ist dem Fall vergleichbar, in dem eine Person gegen die Bestimmungen einer Verordnung zur Gefahrenabwehr verstößt.

5.1.3 Subjekt der Polizeipflicht

Eingriffsmaßnahmen richten sich stets gegen Personen. Auch wenn unmittelbar auf eine Sache eingewirkt wird (der tollwütige Hund wird getötet, eine Wohnung wird betreten, ein Reifen wird zerschossen), so ist Adressat des darin liegenden Eingriffs stets eine Person. Personen

Person im Sinne der §§ 10 bis 13 ASOG sind natürliche und juristische Personen (hierzu werden wegen ihrer körperschaftlichen Struktur auch OHG, KG und der nichtrechtsfähige Verein gerechnet).

Bei natürlichen Personen spielt weder das Alter noch die Staatsangehörigkeit eine Rolle. Allerdings genießen Diplomaten und andere bevorrechtigte Personen insbesondere nach den Wiener Übereinkommen über diplomatische und konsularische Beziehungen sowie zusätzlichen alliierten Bestimmungen für Berlin in unterschiedlichem Maße Vorrechte und Befreiungen; sie unterliegen zwar der innerstaatlichen Rechtsordnung, können jedoch außer im Falle der Notwehr im allgemeinen nicht mit Zwangsmaßnahmen zur Beachtung der Gesetze angehalten werden. Vergleichbares gilt auch für die Mitglieder der Ständigen Vertretung der Deutschen Demokratischen Republik und die alliierten Streitkräfte und deren Bedienstete in Berlin. Ausnahmen

5.1.4. Hoheitsträger

Auch Hoheitsträger unterliegen materiell dem Recht der Gefahrenabwehr. Sie dürfen mangels gesetzlicher Ausnahmeregelung materiell

(z. B. § 35 StVO) ebensowenig Gefahren für die öffentliche Sicherheit oder Ordnung herbeiführen wie eine Privatperson.

Verfahren

Gegen hoheitlich handelnde Organe und gegen Behörden desselben Rechtsträgers dürfen jedoch keine Verwaltungsakte erlassen werden (anders, wenn der andere Hoheitsträger in seiner hoheitlichen Funktion nicht gestört wird oder wenn es sich um privatrechtliche Tätigkeit des Staates als Fiskus handelt; Zwang ist allerdings i. d. R. gemäß § 17 VwVG auch dann ausgeschlossen). Vielmehr ist dieser Fall durch die vorgesetzte Behörde (Senatsverwaltung oder notfalls Senat), gegebenenfalls durch Verhandlungen zwischen Bundes- und Landesregierung zu lösen.

5.2 Verhaltensverantwortlichkeit

5.2.1 Grundsatz

§ 10 ASOG

Wird die öffentliche Sicherheit oder Ordnung durch das Verhalten von (natürlichen oder juristischen) Personen gefährdet, so sind die zur Gefahrenabwehr erforderlichen Maßnahmen grundsätzlich gegen diejenigen Personen zu richten, die die Gefahr *verursacht* haben (zum Problem der Anscheinsverursachung, vgl. oben A 4.2.8). Die Heranziehung ergibt sich als Folge des eigenen Verhaltens, das die Grenze der Gemeinverträglichkeit überschreitet. Durch Gebote oder Verbote darf dem Verantwortlichen aufgegeben werden, die Gefahr durch eigenes Tun, Dulden oder Unterlassen abzuwehren. Die Verantwortlichkeit besteht vor allem für eigenes Verhalten (§ 10 Abs. 1 ASOG; identisch mit § 4 Abs. 1 ME), kann aber ausnahmsweise auch für fremdes Verhalten begründet sein (§ 10 Abs. 2 und 3 ASOG; weitgehend identisch mit § 4 Abs. 2 und 3 ME).

5.2.2 Verantwortlichkeit für eigenes Verhalten

Verhalten

Verhalten ist sowohl positives Handeln, d. h. willkürliche körperliche Tätigkeit sowie der Zustand von Personen (z. B. Volltrunkenheit), als auch ein Unterlassen; dieses jedoch nur, wenn im Einzelfall eine öffentlich-rechtliche Pflicht zum Handeln besteht (vgl. hierzu Fleischer, Die Polizeipflicht des passiven Störers, Die Polizei 1975/377 ff.).

Verursachung

Verantwortlich ist, wer die Gefahr verursacht hat. Nach welchen Kriterien die Verursachung bestimmt werden muß, ist in der Rechtslehre umstritten. Die Rechtsprechung stellt weder auf die Rechtswidrigkeit des Verhaltens noch gar auf ein Verschulden ab. Verantwortlichkeit bedeutet nach überwiegender Auffassung Kausalhaftung.

Dabei wird einerseits die Adaequanztheorie des Zivilrechts (Ursache gegeben, wenn Bedingung nach den Erfahrungen des Lebens allgemein geeignet ist, Erfolg herbeizuführen) als zu eng ablehnt, weil sie ganz außergewöhnliche Entwicklungen nicht als kausal ansieht. Andererseits geht die im Strafrecht angewandte reine Bedingungslehre (Äquivalenztheorie: Ursache ist jede Bedingung, die nicht hinweggedacht werden kann, ohne daß der Erfolg entfiele) zu weit, da im Polizei- und Ordnungsrecht das im Strafrecht verwendete Filter des Verschuldens fehlt. Abgelehnt wird auch die Theorie der rechtswidrigen Verursachung (vgl. Schnur, DVBl. 1962/1 ff.: Zurechnung einer adaequat verursachten Bedingung, wenn der Urheber seinen Rechtskreis überschritten hat), da nicht stets Gebots- oder Verbotsnormen verletzt zu sein brauchen (z. B. wenn eine Gefahr durch Naturgewalten an Sachen des Eigentümers verursacht wird).

Unmittelbarkeit

Deshalb wird darauf abgestellt, ob der Erfolg unmittelbar verursacht wurde (Theorie der unmittelbaren Verursachung). Verantwortlich ist danach, wer das letzte und entscheidende Glied in der Ursachenkette setzt. Ist der Zusammenhang zwischen Bedingung und Gefahr jedoch nur ganz entfernt, so handelt es sich nur um eine Vorbedingung (mittelbare Verursachung), die polizei- und ordnungsrechtlich neutral ist und die Gefahrengrenze noch nicht überschreitet (z. B. eine Tankstelle ist rechtmäßig errichtet; wegen des gestiegenen Verkehrs kann die Behörde nicht die Veränderung der Zu- und Abfahrten verfügen; das entscheidende Glied der Kausalkette setzen die unaufmerksamen Kraftfahrer, der Tankstelleninhaber setzt nur eine Vorbedingung, vgl. OVG Lüneburg E 14/397).

Zweckveranlasser

Eine nur scheinbare Ausnahme vom Erfordernis der unmittelbaren Verursachung bilden die Fälle der sog. Zweckveranlassung. Davon spricht man, wenn jemand zwar nicht die letzte Ursache setzt, also eine „neutrale" Handlung vornimmt, aber die von ihm gesetzte Vorbedingung zwangsläufig auf ein Verhalten gerichtet ist, durch das die öffentliche Sicherheit oder Ordnung gefährdet wird (z. B. öffentliche Zurschaustellung in einem Schaufenster verursacht störenden Menschenauflauf, PrOVG 40/216). Dieses Verhalten des Dritten wird dem „Zweckveranlasser" zugerechnet; er hat die entscheidende Ursache für die Gefahr gesetzt. Ausnahmsweise wird also in diesem Fall auf den Zweck einer Handlung abgestellt (ähnlich *Drews/Wacke/Vogel/Martens* Gefahrenabwehr II S. 195, der zwischen Vorbedingung und entscheidender Ursache eine natürliche Einheit annimmt).

Ausnahme

Keine Ursache im Sinne des Polizei- und Ordnungsrechts setzt dagegen derjenige, der von einer ausdrücklich eingeräumten Befugnis Gebrauch macht, auch wenn er dadurch eine Gefahr schafft

(z. B. aufgrund einer rechtmäßigen Kündigung wird der Mieter obdachlos; der Vermieter kann nicht als Störer, aber u. U. als Nichtstörer in Anspruch genommen werden). Keine Ursache setzt selbstverständlich auch der Inhaber des Gegenmittels.

5.2.3 Verantwortlichkeit für fremdes Verhalten

Neben der Verantwortlichkeit für eigenes Verhalten kann zusätzlich auch eine Verantwortlichkeit für das Verhalten anderer Personen bestehen.

Aufsichtspflicht

Eine Verantwortlichkeit für das Verhalten anderer Personen ist vorgesehen, wenn diesen gegenüber eine Aufsichtspflicht besteht (§ 10 Abs. 2 ASOG). Die Verpflichtung kann bestehen aus Gesetz, Vertrag oder tatsächlicher Übernahme gegenüber

- Kindern unter 14 Jahren und
- Personen, die wegen Geisteskrankheit oder Geistesschwäche entmündigt oder unter vorläufige Vormundschaft gestellt sind (Der ME will dies nach § 4 Abs. 2 ME auf alle Arten von Entmündigungen ausdehnen).

Der Grund ist, daß der zur Aufsicht Verpflichtete als Gewalthaber über diese Person die Möglichkeit hat, auf sie tatsächlich einzuwirken.

Verrichtungsgehilfe

Eine weitere Verantwortlichkeit für fremdes Verhalten begründet § 10 Abs. 3 ASOG (identisch mit § 4 Abs. 3 ME) für das Verhalten des sog. „Verrichtungsgehilfen". Auch dieses hat sich der „Geschäftsherr" zurechnen zu lassen, weil letztlich die Einstellung und Tätigkeit des Verrichtungsgehilfen in seine Interessensphäre fällt. Verrichtungsgehilfe ist nur, wer in einem Verhältnis der Abhängigkeit und Weisungsgebundenheit zum Geschäftsherrn steht (z. B. Arbeitsverhältnis). Die Verantwortlichkeit des Geschäftsherrn tritt auch nur ein, wenn der Verrichtungsgehilfe in Ausführung der ihm übertragenen Verrichtung (nicht bei Gelegenheit) handelt; hierzu ist ein innerer Zusammenhang zum Auftrag erforderlich.

Exkulpation

In beiden Fällen tritt die Verantwortlichkeit des Aufsichtspflichtigen oder Geschäftsherrn *neben* die Verantwortlichkeit des Beaufsichtigten oder Verrichtungsgehilfen, die damit nicht entfällt. Eine Möglichkeit, sich von der Verantwortlichkeit zu befreien, wie dies § 831 BGB im Zivilrecht bei sorgfältiger Auswahl oder Überwachung vorsieht, besteht nicht.

5.3 Zustandsverantwortlichkeit

5.3.1 Grundsatz

§ 11 ASOG

Die Zustandsverantwortlichkeit nach § 11 ASOG (§ 5 ME) tritt ein, wenn eine Gefahr nicht vom Verhalten einer Person, sondern unmittelbar vom Zustand einer Sache ausgeht. Die rechtliche oder tatsächliche Möglichkeit einer Person, auf eine gefahrbringende Sache einzuwirken, rechtfertigt die Heranziehung dieser Person.

Gemeint ist der Sachbegriff des § 90 BGB; Sache ist also jeder körperliche Gegenstand, d. h. bewegliche Sachen (einschl. Tiere und Sachgesamtheiten) und Grundstücke. Sache

Es kann sich um eine dauernde (Einsturzgefahr) oder eine sich verändernde oder vorübergehende Wirkung der Sache (Krankheit eines Tieres) handeln, die sowohl von der Beschaffenheit der Sache selbst (nicht betriebsfähiges Auto) oder von deren Lage (betriebsfähiges Auto stört den Verkehr) ausgehen kann. Zustand

Unmittelbarkeit der Bedingung wird auch bei der Zustandsverantwortlichkeit vorausgesetzt; eine Sache stört nicht, wenn sie nur die Vorbedingung für eine Gefahr bildet (z. B. der Baumbewuchs eines Vorgartens verhindert die Übersicht über eine Kreuzung, auf der es wegen des gestiegenen Verkehrs zu vermehrten Unfällen kommt; verantwortlich sind die Kraftfahrer; das Grundstück hat nicht die entscheidende Ursache sondern nur eine Vorbedingung gesetzt, vgl. OVG Lüneburg E 17/447). unmittelbare Bedingung

Mehrere Bedingungen wirken auch zusammen, wenn einer Sache eine Störung innewohnt, diese aber erst durch Hinzutreten weiterer Umstände (absehbare Veränderung der Umwelt) offenbar wird. Man spricht hier von latenter Gefahr (vgl. oben A 4.2.10; z. B. durch den Abriß des Hauses des A. wird der vorschriftswidrig gebaute Giebel des Nachbarhauses des B. sichtbar). Obwohl zunächst nicht störend, war die Gefahr in dem genannten Beispiel (vgl. OVG E 14/391) doch latent vorhanden und erweist sich als die entscheidende Bedingung; auf den Gesichtspunkt der Priorität kommt es nicht an; das Merkmal der Unmittelbarkeit der Verursachung ist nur bei B. gegeben. Vgl. zur latenten Gefahr auch *Götz*, S. 104 ff.; *Sendler*, Abschied vom latenten Störer, WiVerw. 1977/94). latente Gefahr

5.3.2 Tatsächlicher Gewalthaber

Grundsätzlich trifft die Verantwortlichkeit nach § 11 Abs. 1 ASOG (inhaltlich identisch mit § 5 Abs. 1 ME) den Inhaber der tatsächlichen Gewalt. Die Behörde soll in Zweifelsfällen nicht gezwungen werden, langwierige Ermittlungen über den Berechtigten anzustellen. Inhaber der tatsächlichen Gewalt ist derjenige, der in dem betreffenden Zeitpunkt die tatsächliche Einwirkungsmöglichkeit auf die Sache hat. Es ist unbeachtlich, ob er diese zu Recht (z. B. als Pächter, Mieter, Hausangestellter, Dienstmann, Besitzdiener) oder zu Unrecht ausübt (Schwarzfahrer, Dieb). Die tatsächliche § 11 Abs. 1 ASOG

Einwirkungsmöglichkeit ist von dem Besitzbegriff des BGB, der ein rechtlicher Begriff ist, zu unterscheiden.

5.3.3 Eigentümer und andere Berechtigte

§ 11 Abs. 2 ASOG

Neben dem tatsächlichen Gewalthaber ist nach § 11 Abs. 2 ASOG (identisch mit § 5 Abs. 2 ME) auch der Eigentümer oder ein sonstiger Berechtigter verantwortlich. Dies rechtfertigt sich aus der rechtlichen Sachherrschaft.

Es gilt der Eigentumsbegriff des BGB. Eine dem Eigentum (auch Miteigentum, Gesamthandseigentum) gleichstehende Berechtigung kann schuldrechtlicher Natur (z. B. Mieter, Verwahrer, Pächter, Auftragnehmer) oder dinglicher Natur (Nießbraucher, Pfandgläubiger) sein. Jeder Berechtigte ist nur im Rahmen seiner Berechtigung verantwortlich, soweit seine Verfügungsmacht über die gefahrbringende Sache reicht (vgl. dazu unter A 6.3).

Ausnahme

Eine Ausnahme von der kumulativen Verantwortlichkeit regelt § 11 Abs. 2 Satz 2 ASOG (§ 5 Abs. 2 Satz 2 ME). Danach werden Eigentümer oder sonstige Berechtigte von der Verantwortlichkeit frei, wenn der tatsächliche Gewalthaber die tatsächliche Gewalt über eine Sache ohne oder gegen den Willen des Eigentümers oder Berechtigten ausübt (Diebstahl, gerichtliche oder behördliche Beschlagnahme, Fahndung, Zwangsvollstreckung, Konkurs). Der tatsächliche Gewalthaber ist dann allein verantwortlich. Das ist gerechtfertigt, weil der Eigentümer oder der Berechtigte in diesem Falle nicht mehr die Macht hat, auf die Sache einzuwirken.

5.3.4 Ende der Verantwortlichkeit

Die Verantwortlichkeit für den Zustand einer Sache endet, wenn die tatsächliche Gewalt über die Sache nicht mehr besteht oder das Eigentum oder die Berechtigung an der Sache erlischt. Das gilt nicht nur bei Veräußerung der Sache sondern auch bei Dereliktion und Aufgabe der tatsächlichen Gewalt (vgl. aber die neue Regelung in § 5 Abs. 3 ME, danach bleibt als Zustandsstörer verantwortlich, wer das Eigentum an einer Sache aufgibt). Wer das Eigentum oder die tatsächliche Gewalt aufgibt, kann nach § 10 ASOG aber u. U. als Handlungsverantwortlicher herangezogen werden.

5.4 Umfang der Verantwortlichkeit

Verhalten

Der Umfang der Verantwortlichkeit ist nach ganz überwiegender Auffassung unbeschränkt. Verhaltens- und Zustandsverantwortlichkeit sind von Verschulden oder Zufall unabhängig. Für das Polizei- und Ordnungsrecht geht es nicht um persönliche Schuld oder

Vorwerfbarkeit eines Verhaltens oder Zustandes, sondern ohne Rücksicht auf die Ursache der Gefahr allein darum, den Eintritt von Schäden zu verhindern.

Auch bei der Zustandsverantwortlichkeit ist allein entscheidend, ob eine Sache eine unmittelbare Gefahrenquelle darstellt. Unerheblich ist, wodurch dieser Zustand hervorgerufen wurde (Zufall, höhere Gewalt, Veränderung der Umwelt, eigene oder fremde Handlungen). Weil dies zu großen Härten führen kann, will eine Mindermeinung entgegen dem Gesetzestext die Verantwortlichkeit verneinen, wenn der Zustand einer Sache in die Risikosphäre der Allgemeinheit (Krieg, moderner Massenverkehr) fällt (vgl. grundlegend Friauf, Festschrift für Wacke 1972/293 ff.; ablehnend *Drews/Wacke/Vogel/Martens*, Gefahrenabwehr II, S. 199 ff.). Zustand

5.5 Übertragbarkeit der Verantwortung

5.5.1 Vertraglicher Übergang

Eine Übertragung der Verantwortlichkeit als solche durch Vertrag ist im ASOG und ME nicht vorgesehen. Für die Übertragung der Zustandsverantwortlichkeit gibt es jedoch Spezialbestimmungen. So sieht z. B. § 6 StRG für die ordnungsmäßige Straßenreinigung eine Übertragungsmöglichkeit auf einen Dritten mit Zustimmung der Polizei vor.

5.5.2 Übergang auf Gesamtrechtsnachfolger

Nach §§ 1922, 1967 BGB gehen die Pflichten des Erblassers auf den Erben über, wenn sie nicht höchstpersönlicher Natur sind. Bei Polizei- und Ordnungspflichten ist das umstritten.

Die Rechtsprechung bejaht den Übergang der Zustandsverantwortlichkeit, wenn sie „dinglich" mit dem Zustand der Sache verknüpft ist (BVerwG NJW 1971/1624); sie verneint aber den Übergang bei der Verhaltensverantwortlichkeit, wenn sie an die Person gebunden und daher höchstpersönlicher Natur ist.

5.5.3 Übergang auf Einzelrechtsnachfolger

Entsprechendes gilt für die Zustandsverantwortlichkeit bei der Einzelrechtsnachfolge, so daß keine neue Verfügung gegen den Erwerber eines gefahrbringenden Grundstücks erforderlich ist, weil nur so die Gefahrenabwehr durch einen renitenten Eigentümer nicht auf Dauer verhindert werden kann (A. M. aber *Hess* VGH NJW 1976/1910). Über den Meinungsstand vgl. im übrigen Schenke, Rechtsnachfolge in polizeiliche Pflichten, GewArch 1976/1 ff. und abweichend *Drews/Wacke/Vogel/Martens*, Gefahrenabwehr II, S. 177 ff.).

5.6 Auswahl zwischen mehreren Verantwortlichen

Verhältnismäßigkeit

Es können stets mehrere natürliche und juristische Personen auch aus verschiedenen Gründen (§§ 10 oder/ und 11 ASOG) nebeneinander verantwortlich sein. Eine Auswahl oder eine gemeinsame Inanspruchnahme oder eine Inanspruchnahme nacheinander ist grundsätzlich zulässig. Die Entscheidung hat zunächst nach § 8 ASOG unter dem Gesichtspunkt der Geeignetheit und Möglichkeit sowie der Verhältnismäßigkeit der Mittel zu erfolgen (insbesondere welche Person am wenigsten beeinträchtigt wird, vgl. A 6.3 und

Ermessen

6.4). Danach ist unter Ermessungsgrundsätzen (vgl. A 7) auszuwählen (wer ist tatsächlich nach Sachnähe, Zumutbarkeit und Effektivität am ehesten in der Lage, den drohenden oder eingetretenen Schaden abzuwehren oder zu beseitigen). Es kommt nicht darauf an, wer die zeitlich letzte Ursache gesetzt hat. In der Regel ist zunächst der

Faustregel

Handlungsverantwortliche heranzuziehen; etwas anderes muß gelten, wenn dieser nicht anwesend ist oder nicht willens oder nicht gezwungen werden kann, rechtzeitig die Gefahr zu beseitigen.

5.7 Unmittelbare Ausführung

5.7.1 Grundsatz

Reihenfolge

Die Behörden der Gefahrenabwehr haben grundsätzlich zunächst denjenigen, der nach § 10 ASOG für das Verhalten einer Person oder nach § 11 ASOG für den Zustand einer Sache verantwortlich ist, durch Anordnungen (Verwaltungsakte) zur Gefahrenabwehr zu verpflichten; da er die Grenze der Allgemeinverträglichkeit überschritten hat, soll er auch durch eigene Tätigkeit und auf seine Kosten die Gefahr abwehren. Kann die Gefahr dadurch jedoch nicht oder nicht rechtzeitig beseitigt werden, muß die Behörde sofort selbst handeln können. § 12 ASOG ermächtigt sie daher, ohne vorausgehende Verpflichtung des Verantwortlichen sofort unmittelbar selbst die Gefahr anstelle des Verantwortlichen abzuwehren, auch wenn sie hierbei in die Rechte dieses Verantwortlichen eingreift. Anstelle eines nicht rechtzeitig zu treffenden Verwaltungsaktes auf Verpflichtung zur Gefahrenabwehr werden die nach den §§ 10 oder

VA

11 ASOG Verantwortlichen jetzt durch Verwaltungsakt auf Duldung im Wege der unmittelbaren Ausführung in Anspruch genommen. Die unmittelbare Ausführung geschieht entweder dadurch, daß die Behörde ihre eigenen Mittel einsetzt (unmittelbarer Zwang) oder dadurch, daß sie Privatpersonen mit der Durchführung der Maßnahme beauftragt (Ersatzvornahme). Auch in diesem Falle hat

der Verantwortliche nach § 12 Abs. 2 ASOG die Kosten zu tragen. Dieselbe Regelung schlägt § 5a ME vor.

5.7.2 Voraussetzungen nach ASOG

Die unmittelbare Ausführung ist zulässig, wenn

1. alle rechtlichen Voraussetzungen für eine Maßnahme gegen den Betroffenen gegeben sind (insbesondere §§ 10, 11 ASOG) und § 12 ASOG
2. die vorherige Inanspruchnahme des Betroffenen lediglich daran scheitert, daß er
   - nicht zugegen ist oder
   - zwar erreichbar ist, aber selbst nicht in der Lage oder willens ist, die Gefahr rechtzeitig zu beseitigen, und eine vorausgehende Anordnung nicht als rechtzeitig im Zwangswege durchsetzbar erscheint (z. B. wenn der Verantwortliche verletzt oder renitent ist).

5.7.3 Verhältnis zum Sofortvollzug

Die unmittelbare Ausführung wird mit vollstreckungsrechtlichen Zwangsmitteln (unmittelbarer Zwang oder Ersatzvornahme) ausgeführt. Sie ist daher zugleich eine Vollstreckungsmaßnahme, und zwar Sofortvollzug nach § 6 Abs. 2 VwVG (identisch mit § 28 Abs. 2 ME), da ihr kein Verwaltungsakt vorausgeht. Die Behörde handelt hierbei „innerhalb ihrer Befugnisse“, wenn die Voraussetzungen des § 12 ASOG erfüllt sind. Diese stimmen inhaltlich mit denen des Sofortvollzuges überein. Für die vollstreckungsrechtliche Seite der unmittelbaren Ausführung sind daher auch die Sondervorschriften des VwVG und des UZwG Bln zu beachten (vgl. unten B 3). VwVG

5.7.4 Kosten

Wäre der Verantwortliche durch vorausgehende Verpflichtung in Anspruch genommen worden, hätte er die Kosten für die Gefahrenabwehr zu tragen gehabt. Folgerichtig legt ihm § 12 Abs. 2 ASOG die Kostentragungspflicht auch im Falle der unmittelbaren Ausführung auf. Wird die Maßnahme durch die Behörde selbst ausgeführt, so bestehen die Kosten in ihren durch die Maßnahme unmittelbar entstehenden zusätzlichen personellen und sächlichen Aufwendungen. Wird die Maßnahme durch einen Beauftragten ausgeführt, so bestehen die Kosten in dem Betrag, den die Behörde an den Beauftragten zu zahlen hat. Spezialnorm im ASOG gegenüber VwVG

Sind mehrere Personen nebeneinander verantwortlich, so haften sie als Gesamtschuldner. Eine Auswahl unter den Kostentragungs- Gesamtschuld pflichtigen steht im Ermessen der Behörde. Sie ist dabei an die Grundsätze der Zweckmäßigkeit und Verhältnismäßigkeit gebunden. Als Kriterien sind dabei heranzuziehen: Die wirtschaftliche Leistungsfähigkeit, sachliche Nähe zur Gefahrenquelle und das Ausmaß der Nachteile, die aus der Kostentragung im Einzelfall erwachsen (vgl. auch unter A 7.4.2 und VG Frankfurt DVBl. 1965/779).

5.7.5 Literatur

Vgl. zum Abschleppen von Fahrzeugen unter A 17.7.

5.8 Inanspruchnahme nichtverantwortlicher Dritter

5.8.1 Grundsatz

§ 13 ASOG

Kann die Behörde eine Gefahr weder durch schlicht-hoheitliche Tätigkeit noch durch Inanspruchnahme des Verantwortlichen oder dadurch abwehren, daß sie eine Maßnahme anstelle des Verantwortlichen unmittelbar durch Einsatz eigener Mittel oder durch Beauftragte ausführt, spricht man vom polizeilichen oder ordnungsbehördlichen Notstand. § 13 ASOG (fast wörtlich mit § 6 ME übereinstimmend) ermächtigt sie in diesem Fall, auch außenstehende Dritte, die über die Möglichkeit zur Abwehr dieser Gefahr verfügen, in Anspruch zu nehmen. Sie erhalten dafür eine Entschädigung, weil sie ein Sonderopfer erbracht haben. Aus Gründen der Verhältnismäßigkeit ist die Inanspruchnahme Nichtverantwortlicher auf Ausnahmefälle beschränkt.

Sondernorm

Etwas anderes gilt für Personen, die nach Vorschriften wie § 15 Abs. 1 Nr. 3 oder 4, § 17 oder § 24 Abs. 3 oder 4 ASOG in Anspruch genommen werden. Diese Vorschriften bestimmen bereits selbst den Adressaten und geben ihm die Stellung eines quasi-Verantwortlichen, obwohl er keine Gefahr verursacht hat. Aus diesem Grunde sind auch die §§ 13 und 37 ASOG nicht anwendbar. Mangels Sonderopfer besteht keine Entschädigungspflicht.

5.8.2 Voraussetzungen

§ 13 ASOG (§ 6 ME) enthält folgende Tatbestandsmerkmale, die sämtlich gegeben sein müssen:

qualifizierte Gefahr

1. Eine gegenwärtige erhebliche (konkrete) Gefahr (vgl. zu diesen Begriffen A 4.2.10);

letztes Mittel

2. Unmöglichkeit der Heranziehung von Verantwortlichen; das ist dann der Fall, wenn Verantwortliche nicht vorhanden oder objektiv nicht in der Lage oder willens sind, die Gefahr abzuwehren und Zwangsmaßnahmen keinen rechtzeitigen Erfolg

versprechen (so ausdrücklich sogar § 6 Abs. 1 Nr. 2 ME) oder die Maßnahme gegen den Verantwortlichen aus einem anderen Grunde nicht zulässig ist (beispielsweise wegen Verstoßes gegen § 8 Abs. 2 ASOG);

3. Unmöglichkeit eigener Maßnahmen; diese Voraussetzung ist erfüllt, wenn die Abwehr der Gefahr auch durch Beauftragte oder eigene Mittel überhaupt nicht oder nicht rechtzeitig oder nicht ausreichend möglich erscheint; auch die Heranziehung anderer Behörden im Wege der Amts- und Vollzugshilfe darf nicht möglich sein; auf die Entstehung von Kosten kommt es hierbei nicht an; unter eigenen Maßnahmen sind sowohl schlicht-hoheitliche Tätigkeiten als auch die unmittelbare Ausführung nach § 12 ASOG zu verstehen; und
4. Zumutbarkeit der Inanspruchnahme; der Nichtverantwortliche darf stets nur im Rahmen seiner persönlichen Leistungsfähigkeit herangezogen werden; eine Inanspruchnahme ist ihm nicht zumutbar, wenn Zumutbarkeit
   a) ein Schaden für ein bedeutsames Rechtsgut des Nichtverantwortlichen (Leben, Gesundheit, Freiheit, Vermögen, wenn die Vermögensgefährdung im Einzelfall außer Verhältnis zur abzuwehrenden Gefahr steht) zu befürchten ist oder
   b) der Nichtverantwortliche von Pflichten abgehalten wird, die höherwertige Rechtsgüter betreffen als durch die Inanspruchnahme seiner Person geschützt werden sollen; so ist beispielsweise die Inanspruchnahme eines Arztes bei einem leichten Verkehrsunfall unzulässig, wenn der Arzt auf dem Wege zu einem lebensgefährlich Erkrankten ist, anders, wenn der zur Rettung eines Lebens in Anspruch genommene Kraftfahrer lediglich eine Beschädigung seines Kraftfahrzeuges zu befürchten hat.

5.8.3 Begrenzung auf das unumgänglich Notwendige

Die Inanspruchnahme eines Nichtverantwortlichen ist schon nach § 8 ASOG auf das sachlich und zeitlich Unerläßliche zu beschränken. § 13 Abs. 2 ASOG hebt die zeitliche Grenze besonders hervor. Danach darf der Nichtverantwortliche nur so lange in Anspruch genommen werden, bis die Behörde objektiv im Stande ist, die zur Gefahrenabwehr notwendigen Kräfte und Mittel selbst bereitzustellen. Von dieser Verpflichtung wird die Behörde durch die vorläufige und hilfsweise Heranziehung des Nichtverantwortlichen nicht befreit. Fallen die Voraussetzungen fort, muß die Maßnahme aufgehoben werden. Ist der Eingriff von gewisser Dauer, hat die Behörde von Amts wegen das Geschehen fortlaufend zu überwachen und zu prüfen, wann der früheste Zeitpunkt zur Aufhebung der Maßnahme gekommen ist.

5.8.4 Folgenbeseitigung, Schadensausgleich

Da der außenstehende Dritte für die jeweils abzuwehrende Gefahr nicht verantwortlich ist, braucht er die Last der Gefahrenabwehr nicht auf Dauer zu tragen. Die Behörde ist daher verpflichtet, die ihm erwachsenden Nachteile auszugleichen. Er hat deshalb einen Anspruch auf Folgenbeseitigung und Schadensausgleich.

§§ 37 ff. ASOG

Der Anspruch auf Schadensausgleich ist in § 37 ASOG geregelt. Er ist gerechtfertigt, weil der Nichtverantwortliche der Allgemeinheit ein Sonderopfer gebracht hat.

allgem. VR

Der Folgenbeseitigungsanspruch ist im ASOG nicht geregelt. Er gehört zu den allgemeinen verwaltungsrechtlichen Grundsätzen und richtet sich auf die Wiederherstellung des ursprünglichen Zustandes mit hoheitlichen Mitteln. Er greift ein, wenn trotz rechtlicher Beendigung die tatsächlichen Wirkungen der Inanspruchnahme fortbestehen (z. B. wenn der eingewiesene Obdachlose trotz Ablaufs der befristeten Einweisungsverfügung noch immer die Wohnung nicht verlassen hat).

5.8.5 § 330 c StGB

Unterschied zum ASOG

Die Hilfeleistungspflicht nach § 330 c StGB besteht für jeden Bürger bereits aufgrund des Gesetzes. Das StGB enthält jedoch keine Ermächtigung für die Behörde, Verwaltungsakte zu erlassen. Diese Ermächtigung schafft für den Einzelfall jedoch § 13 ASOG; danach besteht die konkrete Verpflichtung zur Gefahrenabwehr erst nach Inanspruchnahme durch die Behörde. Im Ergebnis entsprechen sich aber die Tatbestandsvoraussetzungen beider Gesetze; wer nach § 330 c StGB allgemein zur Hilfe verpflichtet ist, kann über § 13 ASOG zu einer bestimmten Hilfsmaßnahme zusätzlich durch Verwaltungsakt verpflichtet werden. In beiden Fällen besteht jetzt neben den Ansprüchen nach der RVO auch ein Anspruch auf Schadensausgleich nach § 37 ASOG. § 45 ME sieht demgegenüber nur einen Schadensausgleich für die Inanspruchnahme eines Nichtverantwortlichen vor.

5.9 Literatur

Vieth, Rechtsgrundlagen der Polizei und Ordnungspflicht, 1974, Schriften zum öffentlichen Recht Bd. 225

Drews/Wacke/Vogel/Martens, Gefahrenabwehr II, S. 169 bis 220

6. Verhältnismäßigkeit

6.1 Bedeutung

Verfassungsgrundsatz

Der Grundsatz der Verhältnismäßigkeit hat verfassungsrechtlichen Rang. Er ergibt sich aus dem Rechtsstaatsprinzip, im Grunde bereits aus dem Wesen der Grundrechte selbst, die als Ausdruck des allgemeinen Freiheitsanspruchs des Bürgers gegenüber dem Staat von der öffentlichen Gewalt jeweils nur soweit beschränkt werden dürfen, als es zum Schutz der öffentlichen Interessen unerläßlich ist (BVerfGE 19/349).

bei Rechtsnormen

An diesen Grundsatz ist auch der Gesetzgeber gebunden. Er hat deshalb nicht schrankenlos jeden Eingriff zur Gefahrenabwehr zugelassen, sondern nur die im 2. Abschnitt des ASOG genannten Befugnisse.

bei Einzeleingriffen

Seine entscheidende Bedeutung gewinnt der Verhältnismäßigkeitsgrundsatz aber erst im Einzelfall. Angesichts der Vielfalt des Lebens und der nicht mehr überschaubaren Erscheinungsformen von Gefahrenquellen in der heutigen Zeit können die Ermächtigungsnormen nur ein grobes Raster darstellen. Der Gesetzgeber des ASOG (ähnlich die Regelung in den §§ 11 bis 18 UZwG Bln) hat damit nur generell und abstrakt die Frage beantwortet, ob ein bestimmter Eingriff als solcher gegenüber der abzuwehrenden Gefahr verhältnismäßig ist. Die entscheidende Prüfung der Verhältnismäßigkeit eines Eingriffs ist der Verwaltung in der konkreten Situation des Einzelfalles aufgetragen. Soweit nicht einzelne Elemente des Verhältnismäßigkeitsgrundsatzes sogar in die Ermächtigungsnorm (z. B. der Grundsatz der Erforderlichkeit in § 14 Abs. 1 und § 18 ASOG) oder in die Adressatenregelung (Grundsatz der Angemessenheit in § 13 Abs. 1 Nr. 4 ASOG) aufgenommen sind, ist dieser Grundsatz stets neben der Ermächtigungsnorm und der Adressatenregelung als allgemeine Rechtmäßigkeitsvoraussetzung bei jedem Eingriff zu prüfen.

6.2 Systematik

Der Grundsatz der Verhältnismäßigkeit enthält unterschiedliche Anforderungen an eine Maßnahme. Die Bezeichnung dieser einzelnen Grundsätze wie auch des Verhältnismäßigkeitsgrundsatzes selbst ist in Literatur und Rechtsprechung nicht einheitlich. Das ASOG faßt in wörtlicher Übereinstimmung mit § 2 ME unter der Bezeichnung Verhältnismäßigkeit (im weiten Sinne) die bisweilen auch Übermaßverbot genannt wird, folgende Grundsätze zusammen:

Einzelgrundsätze

1. Grundsatz der Geeignetheit und Bestimmtheit (§ 8 Abs. 1 ASOG, § 37 VwVfG)
2. Grundsatz des mildesten Mittels (auch Grundsatz der Notwendigkeit, der Erforderlichkeit oder des geringstmöglichen Eingriffs genannt; § 8 Abs. 1 ASOG)
3. Grundsatz der Angemessenheit (auch Grundsatz der Verhältnismäßigkeit im engeren Sinne oder Übermaßverbot genannt; § 8 Abs. 2 ASOG)
4. Verbot des zeitlichen Übermaßes (§ 8 Abs. 3 ASOG).

6.3 Grundsatz der Geeignetheit und Bestimmtheit

Systematik

Eine Maßnahme muß zur Gefahrenabwehr geeignet sein. Das setzt voraus, daß sie auch möglich und hinreichend bestimmt ist. Das ASOG sieht diesen Grundsatz gleichsam als Vorfrage des Grundsatzes der Verhältnismäßigkeit an, indem es in § 8 Abs. 1 ASOG (§ 2 Abs. 1 ME) die Einhaltung dieser Grundsätze voraussetzt und lediglich die Auswahl unter mehreren möglichen und geeigneten Maßnahmen regelt.

tatsächliche Möglichkeit

Die Behörde hat zu prüfen, ob die Maßnahme überhaupt ausführbar ist. Neben der absoluten Unmöglichkeit (z. B. technisch nicht durchführbare Auflage) darf dem Adressaten auch nichts aufgegeben werden, was ihm persönlich physisch oder psychisch nicht möglich ist (Unvermögen, z. B. Vorladung, wenn der Betroffene im Krankenhaus liegt).

Wirtschaftliches Unvermögen rechnet jedoch nicht zur tatsächlichen Unmöglichkeit, kann jedoch nach § 8 Abs. 2 ASOG zur Unangemessenheit der Maßnahme führen (z. B. Hebung eines Schiffswracks bei finanzieller Mittellosigkeit des Betroffenen, vgl. *Drews/Wacke/Vogel,* Gefahrenabwehr I, S. 188, a. M. VGH Freiburg DVBl. 1967/787).

rechtliche Möglichkeit

Die Maßnahme muß auch rechtlich möglich sein. Es darf keine Handlung, Duldung oder Unterlassung gefordert werden, durch die der Betroffene öffentliches oder privates Recht verletzen würde (z. B. Auflage an eine Gaststätte, den Weg vor dem Lokal durch Verbote und Zwangsmaßnahmen gegen Parksünder freizuhalten, vgl. OVG Münster, DVBl. 1975/584 m. Anm. *Götz*). Ein Verstoß gegen die privatrechtliche Befugnis aus dem Mietvertrag läge vor, wenn dem Mieter aufgegeben würde, gegen den Widerspruch des Vermieters die baurechtswidrige Wohnung umzubauen. Die Maßnahme wäre jedoch solange zulässig, wie sich das rechtliche Hindernis (z. B. durch Zustimmung eines Dritten) ausräumen läßt. U. U. kann die Behörde selbst das rechtliche Hindernis durch Duldungsverfügung (u. U. auch nach § 13 ASOG gegenüber dem Dritten) ausräumen.

Geeignetheit

Eine Maßnahme muß ferner objektiv geeignet sein, die Gefahr abzuwehren. Sie darf zur Erreichung dieses Zwecks nicht untauglich, d. h. zwecklos, zweckwidrig oder wirkungslos sein oder gar die Gefahrenabwehr erschweren (z. B. Gebot, brennendes Öl mit Wasser zu löschen). Geeignet ist jede Maßnahme, die objektiv zur Gefahrenabwehr beiträgt, auch wenn die Gefahr nicht vollständig, sondern nur teilweise abgewehrt wird. Sie muß ein Schritt in die richtige Richtung sein.

Bestimmtheit

Eine Maßnahme ist auch dann ungeeignet, eine Gefahr abzuwehren, wenn sie inhaltlich nicht hinreichend bestimmt ist. Dem Adressaten muß erkennbar sein, was von ihm verlangt wird. Die Maßnahme ist hinreichend bestimmt, wenn sie als Grundlage für eine zwangsweise Durchsetzung dienen kann. Z. B. wäre es zu unbestimmt, wenn verlangt wird, sich nicht ruhestörend zu verhalten; es muß vielmehr das Mittel konkret angegeben werden (z. B. das Blasen einer Trompete zu unterlassen).

Dogmatisch besteht keine Einigkeit, ob der Grundsatz der Bestimmtheit eines Eingriffs – wie hier angenommen – seine Wurzeln im Grundsatz der Verhältnismäßigkeit oder eigenständige Bedeutung hat. Im Gegensatz zum PVG wird er im ASOG nicht ausdrücklich erwähnt; § 9 Abs. 2 Satz 1 ASOG setzt ihn aber voraus. Seine gesetzliche Ausgestaltung hat er in § 37 Abs. 1 VwVfG gefunden.

6.4 Grundsatz des mildesten Mittels

Erforderlichkeit/Notwendigkeit

Eine Maßnahme darf nicht weitergehen als ihr Zweck es erfordert. Nur das zur Gefahrenabwehr sachlich unbedingt Notwendige darf angeordnet werden. Es ist unzulässig, schärfer in die Rechte des Adressaten einzugreifen als es zur Abwehr der Gefahr unabdingbar erforderlich (unerläßlich) ist. Dieses Prinzip der Erforderlichkeit oder Notwendigkeit gilt für jeden Eingriff. Z. B. kann die Identitätsfeststellung einer Person nach § 15 ASOG oder die erkennungsdienstliche Behandlung nach § 16 Abs. 1 Nr. 3 ASOG eine mögliche und geeignete Maßnahme sein; sie ist aber nicht notwendig und damit unzulässig, wenn die Person bereits bekannt ist und die Person bereits erkennungsdienstlich behandelt ist. Nicht notwendig ist auch eine Maßnahme, die die Arbeit der Behörde lediglich erleichtern würde (z. B. Auflage an einen Betrieb, die Beschäftigung Minderjähriger zu melden).

mildester (geringstmöglicher) Eingriff bei mehreren Maßnahmen

Wenn mehrere geeignete und notwendige Maßnahmen in Betracht kommen, ist eine Auswahl im Hinblick auf ihre Notwendigkeit zwingend geboten. Nach § 8 Abs. 1 ASOG darf nur diejenige Maßnahme getroffen werden, die nach objektiver Einschätzung voraussichtlich den einzelnen und die Allgemeinheit am wenigsten beeinträchtigt, also das für den einzelnen und für die Allgemeinheit voraussichtlich mildeste oder gelindeste Mittel. Nur eine solche Maßnahme ist zur Gefahrenabwehr erforderlich und notwendig (z. B. ist das Umsetzen eines Kraftfahrzeuges gegenüber dem Abschleppen als mildere Maßnahme zu treffen, wenn dadurch die Gefahr in gleicher Weise abgewehrt werden kann). Die Auswahl des mildesten Mittels wird durch § 8 Abs. 1 ASOG zwingend vorgeschrieben, ein Ermessensspielraum besteht nicht (vgl.' dazu *Drews/Wacke/Vogel,* Gefahrenabwehr I, S. 191, 192, a. M. Ossenbühl, Polizeilicher Ermessens- und Beurteilungsspielraum, DÖV 1976 S. 469 ff.). Unter „Beeinträchtigung" ist jeder Nachteil, selbst Belästigungen, zu verstehen.

Ermittlung anderer Maßnahmen

§ 8 Abs. 1 ASOG geht allerdings davon aus, daß mehrere notwendige Maßnahmen in Betracht kommen, also der Behörde bekannt sind. Er läßt es offen, wieweit die Behörde ermitteln muß, ob noch andere Maßnahmen außer der in Aussicht genommenen möglich und geeignet sind und wieweit diese den Betroffenen und die Allgemeinheit belasten. Eine Aufklärung des Sachverhalts in dieser Richtung obliegt der Behörde nur im Rahmen des Möglichen, soweit die Gefahrenabwehr in der konkreten Situation eine solche Aufklärung noch zuläßt; dann allerdings ist sie durch § 8 Abs. 1 ASOG geboten. Diese Auslegung entspricht dem Verhältnismäßigkeitsgrundsatz, weil der Betroffene die Möglichkeit hat, nach § 9 Abs. 2 Satz 2 ASOG ein Austauschmittel anzubieten (vgl. dazu *Ossenbühl* a. a. O.).

6.5 Grundsatz der Angemessenheit

Vergleich der Nachteile

Nach § 8 Abs. 2 ASOG (§ 2 Abs. 2 ME) sind Maßnahmen verboten, die einen größeren Nachteil (Schaden) bewirken als den, der entsteht, wenn die Maßnahme unterbleibt. Es ist also zu vergleichen der Nachteil, der durch die Maßnahme verhütet werden soll („erstrebter Erfolg", drohender Schaden) mit dem Nachteil, der durch die Maßnahme selbst bewirkt wird. Die Maßnahme ist unzulässig und rechtswidrig, wenn der Nachteil, den sie bewirkt, erheblich größer ist. Wenn die Nachteile der Maßnahme dem drohenden Schaden gegenüber gleichwertig sind oder nur geringfügig überwiegen, führt dies dagegen noch nicht zur Rechtswidrigkeit. § 8 Abs. 2 ASOG setzt vielmehr ein offenbares Mißverhältnis voraus („erkennbar außer Verhältnis").

Nachteile

Der Begriff des Nachteils ist sehr weit auszulegen. Darunter fällt die Schädigung sämtlicher Interessen und Güter der Allgemeinheit und des einzelnen. Hierbei sind auch Nebenwirkungen, vor allem auf Unbeteiligte, zu berücksichtigen (BGH NJW 1954/715). Das ist beim Schußwaffengebrauch in § 9 Abs. 2 Satz 2 UZwG Bln ausdrücklich geregelt, gilt aber über § 8 Abs. 2 ASOG (ähnlich auch § 9 Abs. 2 Satz 1 VwVG und § 4 Abs. 2 UZwG Bln) auch allgemein (z. B. Beeinträchtigung Unbeteiligter bei Razzien). Andererseits ist nicht nur der drohende Schaden im Einzelfall zu würdigen. Auch die Aufrechterhaltung der Rechtsordnung als solche ist als schutzwürdiges Gut zu berücksichtigen (BVerwG NJW 1974/809). Eine Maßnahme kann auch allein durch ihr Andauern unverhältnismäßig werden (zu lange Einweisung eines Obdachlosen).

Zusammenfassend läßt sich sagen, selbst die mildeste Maßnahme muß als unzumutbar unterbleiben, wenn sämtliche mit ihr verbundene Nachteile erkennbar

1. objektiv erheblich wertvollere Interessen oder Güter der Allgemeinheit oder des einzelnen oder
2. gleichwertige Interessen oder Güter der Allgemeinheit oder des einzelnen in erheblich größerem Umfang

beeinträchtigen als der Anlaß der Maßnahme.

Beispiele

Wenn z. B. durch Auflösung einer verbotenen Demonstration schwere Gewalttaten zu erwarten sind, stünde der Nachteil der Maßnahme (schwere Straftaten) zu dem erstrebten Erfolg (Beendigung lediglich eines Ordnungsverstoßes) erkennbar außer Verhältnis, weil erheblich wertvollere Interessen der Allgemeinheit verletzt würden. Ähnlich wäre es unzulässig, den Abbruch eines den materiellen baurechtlichen Vorschriften nicht entsprechenden Hauses zu verlangen, wenn lediglich gegen formal-rechtliche Bestimmungen verstoßen wurde. Umgekehrt verstieße das Gebot, einen schwerverletzten blutenden Verletzten in einem Privatfahrzeug in das Krankenhaus zu fahren, nicht gegen den Grundsatz der Angemessenheit, denn der bewirkte Nachteil (Verschmutzung des Fahrzeuges, Zeitverlust, evtl. Vermögenseinbuße) ist nicht erheblich größer sondern wesentlich geringer als der erstrebte Erfolg (Schutz von Leben und Gesundheit des einzelnen).

6.6 Verbot des zeitlichen Übermaßes

Maßnahme mit Dauerwirkung

Abgesehen von dem bereits erfaßten Fall, daß eine Maßnahme allgemein durch ihre Dauer den Grundsatz der Angemessenheit verletzt, kann sich bei Maßnahmen mit Dauerwirkung später ihre Zwecklosigkeit oder Zweckerreichung herausstellen. In beiden Fällen wird die Maßnahme damit nach § 8 Abs. 3 ASOG (§ 2 Abs. 3 ME) unzulässig. Das Handeln der Behörde hat sich also der jeweiligen Situation anzupassen. Maßnahmen können aufgehoben, geändert oder gewechselt werden; in den Fällen der Zwecklosigkeit oder Zweckerreichung müssen sie aufgehoben werden (ähnliche Regelungen in § 13 Abs. 2 und § 21 Nr. 1 ASOG).

Zweckerreichung/ Zwecklosigkeit

Der Zweck der Maßnahme ist erreicht, wenn die abzuwehrende Gefahr beseitigt ist (der nach § 18 Nr. 2 ASOG in Gewahrsam Genommene ist freizulassen, wenn er sich nicht mehr gefährdet). Der Zweck kann nicht erreicht werden, wenn sich die Untauglichkeit des Mittels herausstellt oder die Gefahr auf andere Weise wegfällt oder sich herausstellt, daß nur eine Anscheinsgefahr vorlag (z. B. wenn sich herausstellt, daß der verdächtige Gegenstand keine Bombe ist, muß die Absperrung aufgehoben werden). Eine Maßnahme ist daher aufzuheben, wenn die tatsächlichen oder rechtlichen Voraussetzungen für ihren Erlaß nachträglich entfallen.

Systematik

Das ASOG hat diesen Grundsatz als Ausfluß des Verhältnismäßigkeitsprinzips in § 8 Abs. 3 ASOG (ähnlich § 4 Abs. 2 Satz 2 UZwG Bln) besonders geregelt. Dogmatisch wird diese Seite des Verhältnismäßigkeitsgrundsatzes bisweilen zum Grundsatz der Angemessenheit gerechnet (vgl. *Drews/Wacke/Vogel*, Gefahrenabwehr I, S. 198 ff.). Richtiger ist es aber wohl, ihn zum Grundsatz des mildesten Mittels zu rechnen, da er, wenn die tatsächlichen oder rechtlichen Voraussetzungen für einen Eingriff entfallen sind, nicht mehr erforderlich ist. Das gleiche gilt, wenn sich ein Mittel nachträglich als untauglich herausstellt.

6.7 Bestimmung des Mittels, Austauschmittel

VA

Kommen mehrere gleich notwendige und gleich angemessene Maßnahmen in Betracht, kann die Behörde diese dem Adressaten zur Auswahl stellen; sie braucht aber nach § 9 Abs. 2 Satz 1 ASOG (ebenso § 3 Abs. 2 Satz 1 ME) nur ein Mittel zu bestimmen. Der Adressat hat es in der Hand, dieses Mittel durch ein anderes ebenso

Ersetzungsantrag

wirksames zu ersetzen, denn die Behörde hat ihm auf Antrag zu gestatten, dieses zur Gefahrenabwehr anzuwenden. Voraussetzung dafür ist:

1. ein Antrag des Adressaten,
2. das angebotene Mittel muß ebenso wirksam sein wie das angeordnete Mittel,
3. die Allgemeinheit darf durch das angebotene Mittel nicht stärker beeinträchtigt werden und
4. soweit eine Frist für die Beseitigung der Gefahr gesetzt ist, darf diese noch nicht abgelaufen sein (diese Voraussetzung fehlt in § 3 ME).

Es wird nicht vorausgesetzt, daß das Austauschmittel dem Verantwortlichen gegenüber verhältnismäßig und insbesondere das mildeste Mittel ist, da er ja mit den Folgen einverstanden ist. Wenn z. B. die Behörde aus Sicherheitsgründen eine bauliche Anordnung trifft, muß sie auf Antrag die Ausführung in anderer ebenso wirksamer Weise gestatten, auch wenn diese teurer ist. Anders aber, wenn dadurch die Allgemeinheit stärker belastet wird, z. B. das zur Abgasreinigung angebotene gleich wirksame Austauschmittel würde anders als die baurechtlich angeordnete Maßnahme die Geräuschbelästigung erhöhen.

6.8 Zeitpunkt der Beurteilung

Die Verhältnismäßigkeit einer Maßnahme ist nicht danach zu beurteilen, wie sich die Sachlage später darstellt. Entscheidend ist vielmehr der Zeitpunkt, in dem die Maßnahme getroffen wird (BVerwG JZ 1976/124, NJW 1972/809). Ebenso wie fiktiv aus der Sicht des idealtypischen, verständigen und sachkundigen Amtswalters nachzuvollziehen ist, ob eine Gefahr vorliegt, ist vom Gericht auch die Beurteilung nachzuvollziehen, ob die von ihm getroffene Maßnahme verhältnismäßig ist. Die vom ex ante-Standpunkt rechtmäßige Maßnahme bleibt also rechtmäßig, auch wenn sich später z. B. die Untauglichkeit des Mittels herausstellt (BGHZ 45/150); eine Maßnahme mit Dauerwirkung ist dann jedoch nach § 8 Abs. 3 ASOG aufzuheben. ex ante

6.9 Hinweise

1. Terminologie und dogmatische Einordnung der vorstehenden Grundsätze sind recht uneinheitlich. Gesichert ist die Erkenntnis, daß die Begriffe „Notwendigkeit" und „Erforderlichkeit" sinngleich gebraucht werden. Das gleiche gilt für „Maßnahme" und „Mittel" (vgl. *Drews/Wacke/Vogel*, Gefahrenabwehr I, S. 154, 186). In der Regel werden auch die Begriffe Erforderlichkeit/Notwendigkeit mit dem Grundsatz des mildesten Mittels (geringstmöglicher Eingriff) Begriffe

gleichgesetzt. Überwiegend wird auch der Grundsatz der Angemessenheit als Verhältnismäßigkeitsgrundsatz im engeren Sinne bezeichnet. Allerdings wird bisweilen auch der Grundsatz der Angemessenheit allein, teilweise auch zusammen mit dem Grundsatz des mildesten Mittels, teilweise aber auch die Verhältnismäßigkeit im weiten Sinne als Übermaßverbot bezeichnet.

Teilregelung in Ermächtigung

Einigkeit besteht nur, daß diese verschiedenen Stufen des Verhältnismäßigkeitsgrundsatzes stets zu prüfen sind. Bisweilen sind sie auch innerhalb der Ermächtigungsnorm zu prüfen, wenn diese bereits einzelne Elemente enthält. So ist z. B. das Tatbestandsmerkmal der Erforderlichkeit/Notwendigkeit oder die Voraussetzung, daß eine Gefahr auf andere Weise nicht abgewehrt werden kann (vgl. §§ 14 Abs. 1, 16 Abs. 1 Nrn. 1 und 3, 17 Abs. 1 und 3, 18 Nrn. 1 u. 2, 22 Abs. 1 Nr. 3 ASOG und die entsprechenden Bestimmungen des ME) den Einzelprinzipien der Möglichkeit, Geeignetheit, Bestimmtheit, Erforderlichkeit/Notwendigkeit und dem mildesten Mittel, also den Anforderungen des § 8 Abs. 1 ASOG, gleichzusetzen (vgl. auch *Heise/Riegel,* Musterentwurf eines einheitlichen Polizeigesetzes, 2. Aufl. 1978, Anm. 1 zu § 2).

Zumutbarkeit

2. Dogmatisch nicht unbestritten ist auch die Einordnung des Grundsatzes der Zumutbarkeit (Opfergrenze), vgl. z. B. § 13 Abs. 1 Nr. 4 ASOG. Überwiegend wird er zum Grundsatz der Angemessenheit gerechnet oder ihm gleichgestellt. Teilweise wird er aber auch aus einer Analogie zu § 242 BGB hergeleitet und als besonderer Grundsatz angesehen (vgl. dazu *Lücke,* Die Grundsätze der Verhältnismäßigkeit und der Zumutbarkeit, DÖV 1974, S. 769).

Unbestimmter Rechtsbegriff

3. Ob der Grundsatz der Verhältnismäßigkeit eingehalten ist, ist eine Rechtsfrage. Es ist daher gerichtlich voll nachprüfbar, ob eine Maßnahme möglich, geeignet, notwendig, angemessen und das mildeste Mittel ist.

6.10 Literatur

Drews/Wacke/Vogel, Gefahrenabwehr I, S. 154–159 und 185 bis 201.

7. Opportunitätsprinzip

7.1 Allgemeines

Im Gegensatz zur Eingriffsverpflichtung der Behörden der Strafverfolgung (Legalitätsprinzip, § 152 Abs. 2 StPO) sind bei der Gefahrenabwehr nach dem ASOG die behördlichen Entscheidungen im Interesse einer objektiven und optimalen Gefahrenabwehr in gewissen Grenzen in das Ermessen der Behörden der Gefahrenabwehr gestellt (Opportunitätsprinzip). Gesetzestechnisch ist jede Eingriffsnorm als „Kann-Bestimmung" ausgestaltet. Danach ist die Behörde zu Eingriffen befugt, aber nicht stets verpflichtet. § 9 Abs. 1 ASOG bestimmt in wörtlicher Übereinstimmung mit § 3 Abs. 1 ME ausdrücklich, daß sie ihre Maßnahmen nach pflichtgemäßem Ermessen trifft. Damit ist die gesamte Rechtsprechung zum Ermessen anwendbar.

7.2 Ermessensfälle

Es kommen drei Ermessensentscheidungen in Betracht:

1. Die Entscheidung, ob überhaupt eine Eingriffsmaßnahme getroffen werden soll (Entschließungsermessen), — *ob*
2. die Entscheidung, welche Maßnahme (Mittel) ergriffen wird (Auswahlermessen), — *wie*
3. die Entscheidung, welche Person in Anspruch genommen wird (Auswahlermessen). — *gegen wen*

7.3 Grenzen des Ermessens

Bei den genannten Ermessensentscheidungen ist die Behörde natürlich nicht frei von jeder Bindung.

Ermessen und unbestimmte Rechtsbegriffe

Zunächst sind Ermessensentscheidungen nur bei Vorliegen bestimmter rechtlicher Voraussetzungen möglich (z. B. bei konkreter Gefahr in § 14 Abs. 1 ASOG). Diese gesetzlichen Voraussetzungen sind unbestimmte Rechtsbegriffe und unterliegen voller gerichtlicher Nachprüfung; insoweit ist keine Ermessensbeurteilung vorgesehen. Nur die Rechtsfolgen sind in gewissen Grenzen in das Ermessen der Behörde gestellt; auch hierbei sind jedoch bereits in der Ermächtigungsnorm Grenzen gesetzt. So „kann" die Behörde nach § 14 Abs. 1 ASOG zwar Maßnahmen treffen, sie wird aber zugleich dadurch in ihrem Auswahlermessen eingeengt, daß nur notwendige Maßnahmen (unbestimmter Rechtsbegriff) getroffen werden dürfen. Ferner enthalten die Adressatenregelung der §§ 10 bis 13 ASOG und der Verhältnismäßigkeitsgrundsatz in § 8 ASOG unbestimmte Rechtsbegriffe, die festlegen, unter welchen Voraussetzungen eine Ermessensentscheidung überhaupt in Betracht kommt. Erst die Auswahl unter mehreren gleichwertigen Maßnahmen oder mehreren Personen, die in Anspruch genommen werden dürfen, ist nach § 9 Abs. 1 ASOG in das behördliche Ermessen gestellt. Weitere Bestimmungen über die Anwendung oder den Ausschluß des behördlichen Ermessens finden sich bei den Standardmaßnahmen. So ist z. B. in § 16 Abs. 2, § 20 Abs. 1 Satz 1 oder § 22 Abs. 2 ASOG jegliches Ermessen ausgeschlossen, bei § 17 Abs. 2 ASOG ist es durch Soll-Vorschrift eingeschränkt, bei § 27 Abs. 1 Satz 3 und 29 Abs. 1 Satz 2 ASOG ist die Möglichkeit des Ermessens eingeräumt. Die Regelung in den entsprechenden Bestimmungen des ME ist identisch.

Innere Bindung

Ziel der Ermessensausübung ist die optimale Gefahrenabwehr. Die Behörde ist verpflichtet, die Erfordernisse des Gemeinwohls, der Billigkeit, Wirtschaftlichkeit und Zweckmäßigkeit zu wahren. Dies wird als innere Bindung des Ermessens bezeichnet.

Äußere Bindung (Ermessensfehler)

Darüber hinaus unterliegt jede Ermessensentscheidung weiteren Anforderungen, die man als äußere Bindung bezeichnet. Bei einer Verletzung dieser Bindungen liegt ein Ermessensfehler vor. Derartige Ermessensfehler sind:

1. Überschreitung der vom Gesetz eingeräumten Grenzen des Ermessens (z. B. Anordnung einer im Gesetz nicht vorgesehenen Maßnahme);
2. Unterschreitung dieser Grenzen (z. B. bei Entschlußlosigkeit oder Nichtgebrauch des Ermessens, weil irrtümlich eine Pflicht zum Handeln angenommen wurde);
3. Ermessensfehlgebrauch (Tatsachenirrtum, Verfahrensfehler, Unsachlichkeit, Berücksichtigung anderer als gefahrenabwehrender Motive, Verstoß gegen den Gleichheitsgrundsatz insbesondere, wenn Bindung durch Verwaltungsvorschrift vorliegt).

Im einzelnen wird auf die Grundsätze des allgemeinen Verwaltungsrechts verwiesen.

7.4 Die Grenzen im einzelnen

7.4.1 Entschließungsermessen

Regel

Von den Behörden der Gefahrenabwehr erwartet man i. d. R., daß sie zur Gefahrenabwehr tätig werden; zu diesem Zweck wurden sie geschaffen. Nicht in jeder denkbaren Gefahrensituation ist ein Eingreifen jedoch möglich oder zweckmäßig. Mit der Einräumung des Ermessensspielraumes läßt das Gesetz daher auch die Entscheidung zu, daß die Behörde von Eingriffsmaßnahmen absieht.

Absehen von Eingriffsmaßnahmen

Das kommt insbesondere in Betracht, wenn

1. ihre konkreten Aufgaben zeitlich und räumlich kollidieren und ihre personellen und sachlichen Mittel begrenzt sind; in diesen Fällen darf das weniger Wichtige zugunsten des Wichtigeren vernachlässigt werden (z. B. Überschreiten der zulässigen

Parkdauer bei Ausschreitungen anläßlich einer verbotenen Demonstration);

2. der Schutz der öffentlichen Sicherheit oder Ordnung auf andere Weise gesichert wird (z. B. durch zivilrechtliche Nachbarklage);
3. es sich um Bagatellfälle handelt (z. B. nur ganz geringfügiges Überschreiten der zulässigen Parkdauer).

Besonders in diesen Situationen kann sich die Behörde sowohl für ein Einschreiten als auch für ein Nichteinschreiten entscheiden; beide Rechtsfolgen sind im Gesetz zugelassen, beide Entscheidungen sind bei Vorliegen der gesetzlichen Voraussetzungen im übrigen (z. B. Beachtung des Gleichheitsgrundsatzes und Vermeidung sonstiger Ermessensfehler) rechtmäßig.

Pflicht zum Einschreiten

Gegenüber der Möglichkeit des Untätigbleibens gibt es andere Fälle, in denen ein Einschreiten nicht unterbleiben darf und infolgedessen eine Pflicht zum Einschreiten besteht. Wo die Grenze für das Entstehen einer solchen absoluten Verpflichtung zum Eingreifen besteht und ob sie stets besteht, wenn die vorstehend genannten Gründe für ein Nichteinschreiten nicht vorliegen, ist noch nicht völlig geklärt. Gesichert ist die Erkenntnis, daß eine Pflicht besteht bei schweren Gefahren für Leib oder Leben oder erheblichen Vermögenswerten (erhebliche Gefahr) oder bei besonders hoher Intensität der Gefährdung (Schädlichkeitsgrenze). In diesen Fällen reduziert sich nach allgemeinen Verwaltungsgrundsätzen der Ermessensspielraum auf Null; es kommt nur noch eine Entscheidung (Eingreifen oder Nichteingreifen) in Betracht; jede andere Entscheidung wäre ermessensfehlerhaft (z. B. Pflicht zur Beseitigung von Ölspuren auf Autobahn, vgl. BVerwGE 11/95 ff.).

7.4.2 Auswahlermessen

mehrere Mittel

Kommen mehrere Maßnahmen/Mittel in Betracht, ist eine Auswahl nur unter den Voraussetzungen des § 8 ASOG in das pflichtgemäße Ermessen der Behörde gestellt, d. h. wenn diese Maßnahmen gleich geeignet und erforderlich, sowie gleich belastend und angemessen sind. Die Behörde kann dann unter ihnen diejenige auswählen, die ihr am zweckmäßigsten erscheint; auf Antrag des Betroffenen muß sie jedoch nach § 9 Abs. 2 ASOG ein ebenso geeignetes Austauschmittel zulassen (weitergehend z. T. *Ossenbühl*, Polizeilicher Ermessens- und Beurteilungsspielraum, DÖV 1976/470, dem jedoch für Berlin der Wortlaut des § 8 ASOG entgegenzuhalten ist).

mehrere Verantwortliche

Gibt es mehrere Verantwortliche, kommt eine Ermessensentscheidung erst in Betracht, wenn die gesetzlichen Voraussetzungen der §§ 8, 10 bis 13 ASOG bei jeder Person vorliegen. Bei der dann zu treffenden Auswahl muß das Ermessen im Hinblick auf eine effektivere und optimale Gefahrenabwehr ausgeübt werden. Dabei hat sich eine sachgerechte Ermessensentscheidung vor allem an der Leistungsfähigkeit, Sachnähe, Zumutbarkeit und Effektivität der Gefahrenabwehr gerade durch den Inanspruchgenommenen zu orientieren. Hierbei wird in der Regel der Verhaltensverantwortliche vor dem Zustandsverantwortlichen in Anspruch zu nehmen sein (Ausnahme: der Verhaltensverantwortliche ist nicht bekannt oder es besteht trotz seiner Feststellung nicht die Gewähr, daß er die Gefahr rechtzeitig abwehrt).

nachträgliche Bestimmung des Verantwortlichen

Dies gilt auch, wenn es um die Kostenverteilung nach der unmittelbaren Ausführung einer Maßnahme nach § 12 ASOG geht. Hierbei kann aber zusätzlich die wirtschaftliche Leistungsfähigkeit des Betroffenen berücksichtigt werden, da die Entscheidung nun nicht mehr unter Zeitdruck steht.

7.5 Bedeutung der Ermessenseinräumung

begrenzte gerichtliche Kontrolle

Die Unterscheidung zwischen der Rechtsfrage und der Ermessensentscheidung grenzt die gerichtlich überprüfbaren Bereiche von denjenigen ab, bei denen nur eine begrenzte gerichtliche Kontrolle besteht, im übrigen aber die Entscheidung der Verwaltung letztverbindlich ist. Während die Auslegung unbestimmter Rechtsbegriffe durch die Verwaltung gerichtlich voll überprüfbar ist, können Ermessensentscheidungen nach § 114 VwGO nur darauf überprüft werden, ob „die gesetzlichen Grenzen des Ermessens überschritten sind oder von dem Ermessen in einer dem Zweck der Ermächtigung nicht entsprechenden Weise Gebrauch gemacht ist.“ Damit können lediglich die äußeren Bindungen (Ermessensfehler) gerichtlich überprüft werden. Eine Verletzung der inneren Bindungen (insbesondere die Zweckmäßigkeit des Handelns) kann nur innerhalb des Behördenganges durch Widerspruch oder Beschwerde überprüft werden.

7.6 Hinweise

7.6.1 Folgerung für die Prüfung einer Maßnahme

Bei der Prüfung einer Eingriffsmaßnahme muß unterschieden werden, ob die Rechtmäßigkeit einer bereits getroffenen Maßnahme untersucht werden soll oder ob nach der zu treffenden Maßnahme gefragt ist. Die strenge Rechtmäßigkeitsprüfung einer bereits getroffenen Maßnahme verlangt lediglich eine Überprüfung auf Ermessensfehler; Zweckmäßigkeitsüberlegungen oder die Prüfung, ob eine Pflicht zum Handeln bestanden hat, müssen i. d. R. entfallen, wenn die Maßnahme bereits getroffen ist und nur nach ihrer Rechtmäßigkeit gefragt wird. Anders dagegen, wenn nach der zu treffenden Entscheidung gefragt ist; hier sind auch diese Gesichtspunkte zu erörtern.

7.6.2 Anspruch auf Tätigwerden

In der Regel ist auch nicht danach gefragt, ob ein Anspruch des Bürgers auf behördliches Tätigwerden besteht. Hierzu ist auf folgendes hinzuweisen:

Pflicht und Anspruch

Die Anerkennung einer Pflicht der Behörde zum Einschreiten bedeutet im öffentlichen Recht nicht gleichzeitig einen gerichtlich durchsetzbaren Anspruch des einzelnen auf Tätigwerden der Behörde. Im öffentlichen Recht ist zu prüfen, ob eine Rechtsnorm allgemein im öffentlichen Interesse besteht (faktische Wohltat; Rechtsreflex) oder *auch* Individualinteressen dienen soll und dem einzelnen ein Recht einräumen (Anspruch). Für den Bereich der Gefahrenabwehr neigt man immer mehr zu der Ansicht, daß Normen der Gefahrenabwehr auch den rechtlichen Eigeninteressen derjenigen dienen sollen, von denen Gefahren abzuwehren sind.

fehlerfreie Ermessensausübung

Jedenfalls ist aber anerkannt, daß jeder Bürger ein subjektiv-öffentliches Recht auf fehlerfreie Ausübung des Ermessens hat, zumindest, wenn eine Rechtsnorm auch die Belange des Betroffenen schützen soll. Ist daher nach objektiver Rechtslage nur ein Einschreiten als fehlerfreie Ermessensentscheidung denkbar, so erstarkt dieser Anspruch auf fehlerfreie Ausübung des Ermessens zum Rechtsanspruch auf Einschreiten. Voraussetzung ist aber stets die Gefährdung von Rechten, Rechtsgütern und rechtlich geschützten Eigeninteressen des Antragstellers.

Klageart

Dieser Anspruch wird vor den Verwaltungsgerichten durch Verpflichtungs- oder Leistungsklage geltend gemacht. Daneben gibt es auch die Möglichkeit, vor den ordentlichen Gerichten bei Untätigbleiben der Behörde eine Klage wegen Amtspflichtverletzung nach § 839 BGB/Art. 34 GG zu erheben (vor allem bei Ermessenswillkür).

7.7 Literatur

Ossenbühl, Polizeiliches Ermessen und Beurteilungsspielraum, DÖV 1976/463 ff.

Schmatz, Die Grenzen des Opportunitätsprinzips im heutigen deutschen Polizeirecht, 1966

Ermessen und Beurteilungsspielraum im Verwaltungsrecht, JA 1969, ÖR/163

8. Eingriffsmaßnahmen nach der Generalermächtigung

Zusammenfassend werden für die Bearbeitung eines praktischen Falles folgende Hinweise gegeben (vgl. auch das Schema, Anhang 2):

8.1 Formelle Rechtmäßigkeit

8.1.1 Sachliche Zuständigkeit

Ordnungsbehörden

Die sachliche Zuständigkeit von Ordnungsbehörden für eine Maßnahme der Gefahrenabwehr kann sich aus einer Spezialnorm außerhalb des ASOG ergeben (z. B. § 1 FwG) und ist im übrigen in der DVO-ASOG geregelt. Auch für die Polizei ist die Zuständigkeit für einige Aufgaben in Spezialgesetzen (z. B. § 14 UntG) oder in § 15 DVO-ASOG geregelt; findet sich dort keine Zuständigkeitszuweisung, kommt § 4 Abs. 1 oder 2 ASOG in Betracht. Näheres über die Voraussetzungen vgl. oben A 2 und A 4.4.1; danach braucht hier noch nicht geprüft zu werden, ob die Gefahr tatsächlich und im Einzelfall besteht.

Polizei

Art der Maßnahme

Ferner kann es schon im Hinblick auf das Erfordernis der „Maßnahme" in § 4 Abs. 1 ASOG zweckmäßig sein, zunächst festzustellen, ob es sich um Eingriffsmaßnahmen, d. h. Verwaltungsakte, handelt. Sind mehrere Maßnahmen zu prüfen, empfiehlt es sich, vorab die zu überprüfenden Handlungen der Behörde aufzuzählen. Dies kann jedoch auch im Rahmen der Prüfung der materiellen Rechtmäßigkeit vor der Untersuchung der Ermächtigungsnorm geschehen.

8.1.2 Örtliche Zuständigkeit

Mangels Regelung im ASOG gilt § 3 VwVfG. Eine nähere Prüfung ist nur bei Maßnahmen der Bezirksämter angebracht, für Maßnahmen zentraler Ordnungsbehörden und der Polizei besteht grundsätzlich die Zuständigkeit für den Bereich des Landes Berlin.

8.2 Materielle Rechtmäßigkeit einer zu treffenden Maßnahme

Fragestellung beachten

Der Weg der Prüfung des § 14 Abs. 1 ASOG ist unterschiedlich, je nachdem, ob eine Maßnahme getroffen werden soll oder ob die

Rechtmäßigkeit einer bereits getroffenen Maßnahme untersucht werden soll (vgl. hierzu A 8.3).

8.2.1 Ermächtigung

Der Prüfung des § 14 Abs. 1 ASOG bedarf es nur, wenn es sich um eine Eingriffsmaßnahme (VA) handelt. Für schlicht-hoheitliche Handlungen genügt die Aufgabenzuweisung des § 1 Abs. 1 ASOG als Grundlage. Eingriffsmaßnahme

§ 14 Abs. 1 ASOG kommt ferner als Ermächtigungsgrundlage nur in Betracht, wenn der beabsichtigte oder vorgenommene Eingriff weder durch eine Spezialnorm außerhalb des ASOG noch durch eine Spezialermächtigung innerhalb des ASOG geregelt ist. Auch wenn der Sachverhalt in dem Spezialgesetz nicht geregelt ist, das Spezialgesetz aber abschließend sein soll und für diesen Sachverhalt bewußt keine Eingriffsgrundlage enthält, liegt eine dem ASOG vorgehende Regelung vor. „Soweit" ist der Sachverhalt dann im Sinne von § 14 Abs. 2 Satz 2 ASOG durch die Spezialnorm geregelt. Fehlen von Spezialnormen

Das gleiche gilt für die Spezialeingriffe im ASOG selbst. Diese Normen sollen die dort genannten besonderen Maßnahmen jeweils abschließend (vgl. unten A 9 ff.) regeln. Soweit solche Standardmaßnahmen in Betracht kommen, ist die Befugnis also in den §§ 15 bis 29 ASOG abschließend geregelt; ein Rückgriff auf die Generalermächtigung ist nicht zulässig. Die Generalermächtigung des § 14 Abs. 1 hat die Funktion einer Auffangklausel (vgl. A 18). keine geregelte Standardmaßnahme

Eine notwendige Maßnahme nach § 14 Abs. 1 ASOG ist unter der Voraussetzung zulässig, daß für die öffentliche Sicherheit oder für die öffentliche Ordnung (vgl. A 3) eine Gefahr im Einzelfall (vgl. A 4) besteht. Tatbestand

Wird dies bejaht, ist an dieser Stelle ggf. auch das Verhältnis der Generalermächtigung zu den Grundrechten zu prüfen, wenn verfassungsrechtliche Zweifel bestehen oder nach dem Sachverhalt ausdrücklich geltend gemacht sind. Grundrechtsprüfung

8.2.2 Entschließungsermessen

Liegen die Voraussetzungen für den Eingriff vor, legt § 14 Abs. 1 ASOG als Rechtsgrundlage fest, daß die zuständige Behörde (zuständige Ordnungsbehörde oder Polizei) die notwendigen Maßnahmen (gemäß § 9 Abs. 1 ASOG) nach pflichtgemäßem Ermessen treffen *kann*. Es muß nunmehr geprüft werden, ob zur Beseitigung der Gefahr eingeschritten werden soll (Entschließungsermessen). „ob"

Hierbei dürfen keine Ermessensfehler (Ermessensüberschreitung, Ermessensunterschreitung, Ermessensmißbrauch) unterlaufen. Ermessensfehler führen zur Rechtswidrigkeit. Reduziert sich der Ermessensfehler

Ermessensspielraum auf nur eine Entscheidung (z. B. einen Eingriff zu unterlassen), wäre ein anderes Verhalten (z. B. ein Eingriff) ermessensfehlerhaft und rechtswidrig. Auf die Zweckmäßigkeit des Eingriffs ist je nach Fragestellung der Arbeit einzugehen (vgl. im einzelnen A 7).

8.2.3 Adressat

§§ 10–13 ASOG

Mit Bejahung der Eingriffsvoraussetzungen von § 14 Abs. 1 ASOG steht noch nicht fest, gegen wen sich Maßnahmen richten dürfen. Diese notwendige Ergänzung der Ermächtigungsnorm wird in den §§ 10 bis 13 ASOG getroffen (vgl. im einzelnen A 5).

Reihenfolge der Prüfung

Wenn das Ermessen pflichtgemäß dahin ausgeübt wird, daß ein Einschreiten geboten ist, muß entschieden werden, welche Maßnahme notwendig und verhältnismäßig ist und gegen welche Person sie angewendet werden soll. Es empfiehlt sich meist, zunächt zu prüfen, gegen welche Person(en) eingeschritten werden kann und erst dann zu untersuchen, welches oder welche Mittel zulässig sind. Doch kann im Einzelfall diese Prüfung auch in umgekehrter Reihenfolge vorgenommen werden. Beide Feststellungen sind keine Ermessensentscheidungen sondern Prüfung unbestimmter Rechtsbegriffe (Rechtsfragen).

mehrere Adressaten

Kommen mehrere Personen als Adressaten in Betracht, ist bei jeder einzelnen zu prüfen, ob die Voraussetzungen der §§ 10 bis 13 ASOG bei ihr vorliegen. Die Auswahl unter ihnen erfolgt als Ermessensentscheidung (Auswahlermessen, vgl. unten A 8.2.5).

8.2.4 Maßnahme

notwendig

Steht fest, daß zur Abwehr einer Gefahr eingeschritten werden darf (§ 14 Abs. 1 ASOG) und nach Ausübung pflichtgemäßen Ermessens auch eingeschritten werden soll (§ 9 Abs. 1 ASOG) und ist geklärt, gegen wen eingeschritten werden darf (§§ 10 bis 13 ASOG), muß festgestellt werden, welche Maßnahme zulässig ist. § 14 Abs. 1 ASOG legt hierzu auf der Rechtsfolgeseite fest, daß die Maßnahme notwendig sein muß. Auch dies unterliegt nicht dem Ermessen der Behörde; es handelt sich vielmehr um einen unbestimmten Rechtsbegriff. Nach dem Aufbau des ASOG ist der Begriff „notwendig" mit den Anforderungen identisch, die § 8 Abs. 1 ASOG stellt (vgl. oben A 6.9); danach ist eine Maßnahme notwendig, wenn sie bestimmt, möglich, geeignet, erforderlich und das mildeste Mittel ist.

verhältnismäßig

Als weitere Rechtmäßigkeitsvoraussetzung muß die beabsichtigte Maßnahme den Anforderungen auch von § 8 Abs. 2 und 3 ASOG genügen (vgl. A 6.5 und 6.6). Auch dies ist eine Rechtsfrage, ein Ermessensspielraum besteht nicht.

Kommen mehrere Maßnahmen in Betracht, ist bei jeder einzelnen zu untersuchen, ob sie nach den §§ 14 Abs. 1, 8 ASOG zulässig ist. mehrere Maßnahmen

8.2.5 Auswahlermessen

Dürfen nach Prüfung aller Rechtmäßigkeitsvoraussetzungen mehrere Adressaten in Anspruch genommen werden und/oder mehrere Maßnahmen getroffen werden, ist unter ihnen nach pflichtgemäßem Ermessen (§ 9 Abs. 1 ASOG) eine Auswahl zu treffen. Über die Grundsätze vgl. oben A 7. Ermessensfehler würden auch insoweit zur Rechtswidrigkeit der beabsichtigten Maßnahmen führen. Auch hier kann das Ermessen auf Null schrumpfen, jede andere als die danach in Betracht kommende Maßnahme wäre rechtswidrig. In der Regel wird auch auf die Zweckmäßigkeit der Maßnahme einzugehen sein. „wie" und „gegen wen" Ermessensfehler

8.3 Materielle Rechtmäßigkeit einer getroffenen Maßnahme

8.3.1 Ermächtigung

Auch bei dieser Fragestellung sind zunächst die Eingriffsvoraussetzungen des § 14 Abs. 1 ASOG zu prüfen (wie oben 8.2.1).

8.3.2 Entschließungsermessen

Bei der Überprüfung der Rechtmäßigkeit einer getroffenen Maßnahme sollten alle Ermessenfragen erst am Schluß der Prüfung behandelt werden. Denn auf die richtige Ausübung des Ermessens kommt es nur an, wenn alle Rechtmäßigkeitsvoraussetzungen beachtet sind.

8.3.3 Adressat

Deshalb empfiehlt es sich, nach Untersuchung der Eingriffsvoraussetzungen des § 14 Abs. 1 ASOG zunächst zu prüfen, ob der Betroffene nach den Ergänzungsnormen der §§ 10 bis 13 ASOG zu Recht in Anspruch genommen wurde (wie oben 8.2.3).

8.3.4 Maßnahme

Im Anschluß daran sollte die Rechtmäßigkeitsprüfung erfolgen, ob die Maßnahme notwendig (§ 14 Abs. 1 ASOG) und verhältnismäßig (§ 8 Abs. 2 und 3 ASOG) ist (wie oben 8.2.4).

8.3.5 Ermessensfehler

Erst im Anschluß an die Prüfung aller vorgenannten Rechtmäßigkeitsvoraussetzungen empfiehlt sich in der Regel die Prüfung, ob Ermessensfehler vorliegen.

Hierbei muß zunächst das Entschließungsermessen untersucht werden. Dabei sollte nicht die Frage vorangestellt werden, ob bei Entschließungsermessen

Vorliegen der Voraussetzungen des § 14 Abs. 1 ASOG eine Maßnahme getroffen werden soll oder muß. Bei der hier behandelten Fallkonstellation steht fest, daß eine Maßnahme getroffen wurde; es geht lediglich um die Frage, ob sie rechtmäßig ist. Eine Überprüfung des Ermessens kann sich daher nur auf die Feststellung von Ermessensfehlern erstrecken. Nur in diesem Rahmen kann die Ermessensreduzierung auf Null eine Rolle spielen. Wenn nicht ausdrücklich nach der Zweckmäßigkeit gefragt ist, muß diese bei einer Rechtmäßigkeitsprüfung außer Betracht gelassen werden.

Auswahlermessen

Im Anschluß an die Überprüfung des Entschließungsermessens ist die Auswahl unter den in Betracht kommenden Adressaten und Maßnahmen auf Ermessensfehler zu untersuchen. Dies setzt zunächst die Feststellung voraus, daß mehrere Adressaten in Anspruch genommen werden könnten und mehrere notwendige und verhältnismäßige Maßnahmen in Betracht kommen. Erst danach ist die Prüfung möglich, ob bei der getroffenen Maßnahme Auswahlfehler unterlaufen sind, die zur Rechtswidrigkeit der Maßnahme führen (vgl. A 7). Die Zweckmäßigkeit ist auch insoweit nur je nach Fragestellung zu untersuchen.

8.4 Verfahrensrechtliche Anforderungen

Auch das Verfahren der Behörden der Gefahrenabwehr ist Verwaltungsverfahren. Es gelten daher auch die Anforderungen des Verwaltungsverfahrensgesetzes (VwVfG), das nach § 1 des Gesetzes über das Verfahren der Berliner Verwaltung vom 8. 12. 1976 (GVBl. S. 2735) als Berliner Landesrecht gilt. Insbesondere ist hinzuweisen auf:

8.4.1 Anhörung

Nach § 28 VwVfG ist den Beteiligten Gelegenheit zu geben, sich zu den für die Entscheidung erheblichen Tatsachen zu äußern. Für die Polizei wird diese Anhörungspflicht nach § 28 Abs. 2 Satz 1 VwVfG in der Regel wegen Gefahr im Verzuge entfallen.

8.4.2 Bestimmtheit und Form

Nach § 37 VwVfG muß auch eine Maßnahme der Gefahrenabwehr hinreichend bestimmt sein. Sie kann mündlich, schriftlich oder in anderer Weise getroffen werden (z. B. Gewahrsam). Eine Form ist nicht vorgeschrieben. Auf unverzügliches Verlangen ist ein mündlicher Verwaltungsakt jedoch schriftlich zu bestätigen, wenn hieran ein wichtiges Interesse besteht (Einzelheiten vgl. § 37 VwVfG).

8.4.3 Begründung

Nach § 39 VwVfG muß ein schriftlicher oder schriftlich bestätigter Verwaltungsakt schriftlich begründet werden (kurze Sachverhaltsschilderung, Erörterung der angewendeten Rechtsvorschriften insbesondere bei Ermessensbegründung und Eingehen auf Einwendungen).

8.4.4 Rechtsmittelbelehrung

Nach § 3 BerlVerwVerfG ist ein schriftlicher oder schriftlich zu bestätigender Verwaltungsakt, der der Anfechtung unterliegt, mit einer Rechtsmittelbelehrung zu versehen (vgl. § 58 VwGO, § 20 Abs. 1 Satz 2 ASOG).

8.4.5 Bekanntgabe

Ein Verwaltungsakt ist demjenigen, für den er bestimmt ist oder der von ihm betroffen wird, bekanntzugeben (Einzelheiten sind in § 41 VwVfG geregelt).

9. Besondere Maßnahmen nach den §§ 15 bis 29 ASOG (Überblick)

9.1 Systematik

Die Rechtsentwicklung ist dadurch gekennzeichnet, daß entsprechend dem bayerischen Recht gegenüber der Regelung im PVG mehr besondere Eingriffstatbestände für bestimmte typische Eingriffe der Polizei und der Ordnungsbehörden geschaffen worden sind. Die Notwendigkeit wurde mit der erhöhten Rechtssicherheit und Rechtsstaatlichkeit begründet. Die Gegenmeinung befürchtete dagegen, daß durch die Vielzahl der Tatbestände gerade eine Rechtsunsicherheit entsteht und die tragenden Grundsätze des Polizei- und Ordnungsrechts verwischt werden könnten. Rechtsentwicklung

Das ASOG versucht, beiden Ansichten gerecht zu werden. Es hat typische Eingriffe der Gefahrenabwehr normiert, soweit das Grundgesetz eine besondere Eingriffsgrundlage erfordert oder der Grundsatz der Verhältnismäßigkeit andere Eingriffsvoraussetzungen als die der Generalermächtigung gebietet oder zuläßt. Die §§ 15 bis 29 ASOG normieren daher für die Gefahrenabwehr entweder engere (z. B. § 18 ASOG) oder weitere (z. B. § 15 Abs. 1 Nr. 3 ASOG) Voraussetzungen als die Generalermächtigung. In diesem Rahmen hat das ASOG, soweit es ging, eingeschränkte Generalklauseln verwendet (vgl. z. B. § 18 ASOG). Der ME folgt noch mehr dem Enumerationsprinzip. ASOG, ME

Abschließende Ermächtigung

In den §§ 15 bis 29 ASOG (§§ 9 bis 24 ME) sind für die dort genannten Eingriffsmaßnahmen die Voraussetzungen jeweils abschließend geregelt. Eine der dort bezeichneten Standardmaßnahmen (z. B. eine Sicherstellung) darf nur unter den dort genannten Voraussetzungen durchgeführt werden; liegen diese nicht vor, darf nicht auf die Generalermächtigung zurückgegriffen werden. Andere Standardmaßnahmen (z. B. Auskunftverlangen) dürfen dagegen auf die Auffangklausel des § 14 Abs. 1 ASOG (§ 8 Abs. 1 ME) gestützt werden (vgl. unten A 18).

9.2 Adressat

Soweit die §§ 15 bis 29 ASOG eine konkrete Gefahr voraussetzen (z. B. § 15 Abs. 1 Nr. 1 ASOG), müssen bei einem Eingriff neben dieser Spezialermächtigung auch die Voraussetzungen der § 10 bis 13 ASOG bei dem Adressaten vorliegen. In vielen Fällen enthält die Spezialermächtigung jedoch zugleich eine Bestimmung der Person, gegen die sich dieser Eingriff richten darf; das ist z. B. bei einer Identitätsfeststellung nach § 15 Abs. 1 Nr. 3 ASOG jede Person, die sich an dem gefährlichen Ort aufhält, bei einer Durchsuchung nach § 24 ASOG der Wohnungsinhaber. In diesen Fällen geht diese Spezialregelung den §§ 10 bis 13 ASOG vor.

9.3 Prüfschema

formelle Rechtmäßigkeit

Die Prüfung einer Standardmaßnahme bietet keine Besonderheit. Auch bei Eingriffen nach den §§ 15 bis 29 ASOG ist im Rahmen der formellen Rechtmäßigkeitsprüfung die Zuständigkeit zu untersuchen. Hierbei ist zu beachten, daß Vorschriften, die allein der Polizei eine Befugnis zuweisen (z. B. § 17 Abs. 3 ASOG) damit zugleich die Zuständigkeit für diese Maßnahme über § 4 ASOG hinaus begründen; insoweit bedarf es einer Abgrenzung zu den Ordnungsbehörden nicht.

materielle Rechtmäßigkeit

Im Rahmen der materiellen Rechtmäßigkeitsprüfung sind neben der Untersuchung der Ermächtigung einschließlich evtl. verfassungsrechtlicher Erwägungen die Inanspruchnahme des richtigen Adressaten (vgl. hierzu jedoch oben A 9.2) sowie die allgemeinen Rechtmäßigkeitsvoraussetzungen (Verhältnismäßigkeit und Fehlen von Ermessensfehlern) sowie etwaige besondere Voraussetzungen der §§ 15 bis 29 ASOG (z. B. § 22 Abs. 2 ASOG) zu prüfen. Auch hier können sich Unterschiede im Aufbau ergeben, wenn statt nach der zu treffenden Maßnahme nach der Rechtmäßigkeit einer bereits getroffenen Maßnahme gefragt ist.

Die nachfolgenden Ausführungen sollen Hilfen für die Beurteilung von Standardmaßnahmen geben, indem sie zunächst allgemein Begriff, Zweck und systematische Einordnung erläutern, sodann die Voraussetzungen des Eingriffs im einzelnen beschreiben und auf Besonderheiten, insbesondere hinsichtlich des Adressaten und des Verfahrens hinweisen.

10. Identitätsfeststellung und Prüfung von Berechtigungsscheinen

10.1 Allgemeines

10.1.1 Begriff

Eine Identitätsfeststellung ist eine Maßnahme, die darauf gerichtet ist, die Personalien einer unbekannten Person festzustellen oder zu prüfen, ob eine Person mit einer gesuchten Person identisch ist.

10.1.2 Zweck

Gefahrenabwehr

Die Identitätsfeststellung ist vielfach Voraussetzung dafür, daß überhaupt behördliche Maßnahmen eingeleitet werden können. Sie kann entweder dem Zweck der Gefahrenabwehr dienen und ist insoweit in § 15 ASOG geregelt. Sie kann auch zum Zwecke der Verfolgung von Straftaten und Ordnungswidrigkeiten vorgenommen werden und ist insoweit jetzt abschließend in den §§ 111, 163 b, c StPO und in § 54 OWiG geregelt.

StPO, OWiG

10.1.3 Systematik

ASOG

§ 15 ASOG regelt in seinem Abs. 1 die Eingriffsvoraussetzungen. Zur Durchführung der Identitätsfeststellung gestattet Abs. 2 verschiedene Mittel, die ihrerseits wiederum teilweise zu weiteren Eingriffen ermächtigen. Hierbei ist die Mitnahme zur Dienststelle allein der Polizei vorbehalten. Die erkennungsdienstliche Behandlung als weiteres Mittel der Identitätsfeststellung ist in § 16 ASOG als besonderer Eingriff ausgestaltet. Die Zulässigkeit von Folge- oder Begleiteingriffen richtet sich nach den jeweils dafür bestehenden gesetzlichen Regelungen (z. B. §§ 18, 22 bis 26 ASOG). Sie ergeben sich häufig aus Anlaß oder als Erfolg einer Identitätsfeststellung.

Spezialnormen

Spezialvorschriften gehen § 15 ASOG vor. § 111 OWiG und Nr. 5 BK/0 (46) 61 über die Registrierung Berliner Einwohner und Ausgabe von behelfsmäßigen Personalausweisen stellen jedoch keine Eingriffsermächtigung dar, die Identität einer Person festzustellen. Sie greifen erst ein, wenn die Behörde ein Recht dazu aus einer anderen Vorschrift herleiten kann, z. B. aus § 15 ASOG. Für diesen Fall normieren sie eine Pflicht, den Personalausweis vorzuzeigen und enthalten eine Sanktion, wenn falsche Angaben gemacht werden. § 111 OWiG ist allerdings bereits dann erfüllt, wenn der handelnde Beamte für diese Handlung zuständig ist.

ME Der ME schlägt eine entsprechende Regelung in § 9 ME vor. Jedoch fehlt dort bereits die dem obsolet gewordenen § 15 Abs. 1 Nr. 2 ASOG entsprechende Befugnis, die nunmehr in der StPO geregelt ist. Zusätzlich enthält er in § 9 Abs. 1 Nr. 4 ME die Befugnis zur Einrichtung von Kontrollstellen und in Abs. 2 zur Durchsuchung zwecks Identitätsfeststellung zur Gefahrenabwehr.

10.2 Voraussetzungen

10.2.1 Identitätsfeststellung zur Verfolgung von Straftaten und Ordnungswidrigkeiten

10.2.1.1 Abschließende Regelung

StPO, OWiG Für die Identitätsfeststellung einer Person bei der Verfolgung von Straftaten und Ordnungswidrigkeiten gelten die §§ 111, 163 b, c StPO und § 54 OWiG. Diese Regelung ist abschließend.

10.2.1.2 Erforschung von Straftaten und Ordnungswidrigkeiten

§ 15 Abs. 1 Nr. 2 ASOG Die Identitätsfeststellung zur Erforschung von Straftaten und Ordnungswidrigkeiten war bisher auch in der ergänzenden Regelung des § 15 Abs. 1 Nr. 2 ASOG enthalten. Mit dem Erlaß des Gesetzes zur Ergänzung der Strafprozeßordnung vom 14. 4. 1978 (BGBl. I S. 497), das die §§ 111 und 163 b, c in die StPO eingefügt hat, ist nunmehr § 15 Abs. 1 Nr. 2 ASOG außer Kraft getreten (Art. 30 GG).

10.2.1.3 Gefährliche Orte

§ 15 Abs. 1 Nr. 3 ASOG § 15 Abs. 1 Nr. 3 ASOG dient neben der Verhütung von Straftaten auch der Förderung der Aufklärung von Straftaten und der Festnahme gesuchter Personen, denn bei einem Streifengang durch „gefährliche Orte“ soll, auch ohne daß ein konkreter Verdacht gegen die kontrollierte Person besteht, geprüft werden, ob diese Person gesucht wird. Gleichwohl unterliegt diese Befugnis nicht dem Regelungsbereich der StPO und des OWiG. Die StPO regelt nur Maßnahmen in einem konkreten Ermittlungsverfahren (vgl. hierzu auch *Krause/Nehring*, Strafverfahrensrecht in der Polizeipraxis 1978, Rz. 183 ff.). Nur soweit besteht eine Regelungskompetenz des Bundes für das gerichtliche Verfahren nach Art. 74 Nr. 1 GG. Hier handelt es sich jedoch um Ermittlungen, die vom Einzelfall losgelöst sind.

Diese Tätigkeit der Polizei ist unter den Begriff der Gefahrenabwehr i. w. S. zu rechnen (vgl. A 4.4.2). Auch der ME sieht insoweit keine Kompetenz des Bundes und schlägt diesen Eingriff in § 9 Abs. 1 Nr. 2 ME nur für das Polizeirecht vor (vorbeugende Bekämpfung von Straftaten im Vorfeld des gerichtlichen Verfahrens). Zu den Voraussetzungen von § 15 Abs. 1 Nr. 3 ASOG vgl. unten 10.2.2.2.

10.2.2 Identitätsfeststellung zur Gefahrenabwehr (§ 15 Abs. 1)

10.2.2.1 Konkrete Gefahr (Nr. 1)

§ 15 Abs. 1 Satz 1 ASOG setzt eine konkrete Gefahr für die öffentliche Sicherheit oder Ordnung voraus. Er entspricht damit inhaltlich vollkommen § 14 Abs. 1 ASOG.

10.2.2.2 Gefährlicher Ort (Nr. 3)

Zweck

Die Befugnis nach § 15 Abs. 1 Nr. 3 ASOG, an bestimmten Brennpunkten der Kriminalität Personen anzuhalten und ihre Identität festzustellen, bezweckt die Verhütung von Straftaten, aber auch die Fahndung nach Verdächtigen, Verurteilten und illegal aufhältlichen Ausländern.

Zu den gefährlichen Orten zählen wegen der Begleitkriminalität auch die Orte, an denen Personen der Prostitution nachgehen (Kristallisationspunkt für Delikte vielfältiger Art). Die Vorschrift dient der Gefahrenabwehr i. w. S. (vgl. 10.2.1.3).

Tatbestand

Tatbestandlich setzt § 15 Abs. 1 Nr. 3 ASOG voraus, daß es sich entweder um einen Ort handelt, über den bestimmte Erfahrungen vorliegen, nämlich daß

a) dort entweder Personen Straftaten (d. h. hier tatbestandsmäßige rechtswidrige Handlungen, die den Tatbestand eines Strafgesetzes erfüllen) verabreden, vorbereiten oder verüben, oder
b) sich dort Personen ohne nach den ausländerrechtlichen Vorschriften erforderliche Aufenthaltserlaubnis treffen, oder gesuchte Straftäter (d. h. rechtskräftig Verurteilte, nach denen gefahndet wird) sich dort verstecken,

oder es muß sich um einen Ort handeln, an dem Personen der Prostitution nachgehen.

„erfahrungsgemäß"

„Erfahrungsgemäß" bedeutet, daß tatsächliche Anhaltspunkte (so jetzt ausdrücklich § 9 Abs. 1 Nr. 2 ME) dafür bestehen müssen, daß in der Vergangenheit dort Straftaten verübt, vorbereitet oder verabredet worden sind oder sich dort gesuchte Personen aufgehalten haben und daß damit zu rechnen ist, daß dies auch weiterhin geschieht. Die Anhaltspunkte können sich aus Beobachtungen, Hinweisen, Strafanzeigen, usw. ergeben; Ermessensüberlegungen oder Vermutungen reichen nicht aus. Es handelt sich um einen unbestimmten Rechtsbegriff der gerichtlich voll nachprüfbar ist.

keine konkrete Gefahr

Wenn somit zwar objektive Anhaltspunkte vorausgesetzt werden, ist doch nicht erforderlich, daß gerade im Zeitpunkt des Eingriffs eine Straftat verabredet, vorbereitet oder verübt wird oder sich gerade zu diesem Zeitpunkt eine gesuchte Person dort aufhält. Ebenso ist nicht erforderlich, daß zu dem Zeitpunkt, in dem eine Person der Prostitution nachgeht, gerade eine Straftat begangen wird. Liegen sogar diese Voraussetzungen vor, wäre der Eingriff bereits nach Nr. 1 zugelassen. Nr. 3 geht davon aus, daß ein Ort, über den die genannten tatsächlichen Erfahrungen vorliegen, abstrakt gefährlich ist, denn dort pflegen sich im Einzelfall konkrete Gefahren zu entwickeln. Dies rechtfertigt den Gesetzgeber, an solch abstrakt gefährlichen Orten den Eingriff gegen jede Person zuzulassen, die sich dort aufhält, da auf andere Weise der gesuchte Verantwortliche nicht zu ermitteln ist.

Wohnung

Ist der gefährliche Ort eine Wohnung im Sinne von § 24 ASOG, darf er nur unter den dort genannten Voraussetzungen betreten oder durchsucht werden. Auch für Begleit- oder Folgeeingriffe müssen die entsprechenden gesetzlichen Befugnisse vorliegen (z. B. §§ 22 Abs. 1 Nr. 4, 23, Abs. 1 Nr. 1, 18, 26 ASOG).

10.2.2.3 Gefährdeter Ort (Nr. 4)

Zweck

§ 15 Abs. 1 Nr. 4 ASOG dient der Abwehr von Gefahren, nämlich der Verhinderung von Straftaten gegen die dort bezeichneten möglicherweise gefährdeten Objekte sowie Personen und Sachen in diesen Objekten.

keine konkrete Gefahr

Die Voraussetzungen für den Eingriff liegen nicht erst dann vor, wenn in oder an dem Objekt, das durch die Maßnahme geschützt werden soll, die Begehung von Straftaten hinreichend wahrscheinlich ist (konkrete Gefahr). In diesem Fall wäre der Eingriff bereits nach Nr. 1 zulässig.

Tatbestand

Die Voraussetzung nach Nr. 4 ist vielmehr bereits gegeben, wenn aus aktuellem Anlaß Tatsachen die Annahme rechtfertigen, daß ein oder mehrere Objekte dieser Art gefährdet sind, ohne daß schon erkennbar ist, welchem konkreten Objekt die Gefahr droht. Diese noch nicht als konkrete Gefahr zu bezeichnende Gefahrenlage rechtfertigt Identitätsfeststellungen an allen möglicherweise gefährdeten Orten. Hierbei muß die Straftat gegen das Objekt selbst oder gegen Personen in seiner Nähe gerichtet sein (so jetzt auch ausdrücklich § 9 Abs. 1 Nr. 3 ME), die dessen besondere Gefährdung teilen

(z. B. Bombendrohung gegen Niederlassungen eines bestimmten Staates, nicht Taschendiebstähle in Verkehrsmitteln).

Wahrscheinlichkeit

§ 15 Abs. 1 Nr. 4 ASOG ist kein eigentlicher Fall einer abstrakten Gefahr, also einer Gefahrenlage, aus der sich typischerweise im Einzelfall konkrete Gefahren ergeben können. Er dürfte näher bei der konkreten Gefahr liegen, nur hat der Gesetzgeber die Anforderungen an den Grad der Wahrscheinlichkeit des Schadenseintritts herabgesetzt; es genügt, wenn einem von mehreren möglicherweise gefährdeten Objekten ein Schaden droht; hinreichend wahrscheinlich muß jedoch sein, daß jedenfalls einem dieser Objekte ein Schaden droht. Die Höhe der Gefahr rechtfertigt bei Nr. 4 die verhältnismäßig weiten Eingriffsvoraussetzungen.

Konkretisierung

Konkretisiert sich nachträglich die Gefahr auf ein bestimmtes der gefährdeten Objekte, müssen Identitätsfeststellungen an den anderen nun nicht mehr gefährdeten Orten unterbleiben; an dem jetzt konkret gefährdeten Ort sind wegen der Spezialität der Nr. 4 gegenüber Nr. 1 Maßnahmen weiterhin nach Nr. 4 zulässig.

Wohnung

Ist das möglicherweise gefährdete Objekt eine Wohnung im Sinne von § 24 ASOG, darf es nur unter den dort genannten Voraussetzungen betreten oder durchsucht werden. Auch für Begleit- oder Folgeeingriffe müssen die entsprechenden gesetzlichen Befugnisse vorliegen (z. B. § 22 Abs. 1 Nr. 5; § 23 Abs. 1 Nrn. 1, 4; § 18; § 26 ASOG).

10.3 Umfang der Maßnahme

Die Identitätsfeststellung kann sich – soweit erforderlich – auf folgende Daten erstrecken: Familienname, Vorname, Geburtsdatum, Geburtsort, Familienstand, Wohnort und Wohnung, ausgeübter Beruf und Staatsangehörigkeit. Verweigert der Betroffene die Angabe der Personalien oder macht er falsche Angaben, so ist der Tatbestand des § 111 OWiG erfüllt.

10.4 Adressat

10.4.1 Konkrete Gefahr (Nr. 1)

§ 15 Abs. 1 Nr. 1 ASOG bedarf der Ergänzung durch die §§ 10 bis 13 ASOG, da er eine konkrete Gefahr voraussetzt und keine eigene Regelung über den Adressaten enthält.

10.4.2 Erforschung von Straftaten und Ordnungswidrigkeiten (Nr. 2)

§ 15 Abs. 1 Nr. 2 ASOG ist obsolet geworden (vgl. A 10.2.1.2).

10.4.3 Gefährliche und gefährdete Orte (Nr. 3 und 4)

§ 15 Abs. 1 Nrn. 3 und 4 ASOG schließen die Anwendung der §§ 10 bis 13 ASOG aus. Wegen der Schwere der Gefahr ist eine Differenzierung nach Verantwortlichen und Nichtverantwortlichen entbehrlich. Adressat ist jede Person, die sich an den bezeichneten Orten aufhält.

10.5 Mittel

10.5.1 Erforderliche Maßnahme (§ 15 Abs. 2)

Generalklausel

Zur Feststellung der Identität dürfen nach der Generalermächtigung von § 15 Abs. 2 ASOG die erforderlichen Maßnahmen getroffen werden. Erforderlich ist eine Maßnahme, wenn sie den Anforderungen des § 8 Abs. 1 ASOG entspricht; das ist eine Teilregelung des Grundsatzes der Verhältnismäßigkeit, die die Prüfung des § 8 Abs. 2 und 3 ASOG nicht entbehrlich macht (vgl. oben A 6.9)

StPO, OWiG

§ 15 Abs. 2 ASOG, der im Hinblick auf Abs. 1 Nr. 2 bisher auch strafprozessuale Bedeutung hatte, dient nach der abschließenden Regelung der strafprozessualen Identitätsfeststellung in den §§ 111, 163 b, c StPO nunmehr allein der Gefahrenabwehr.

§ 15 Abs. 2 Satz 1 ASOG

§ 15 Abs. 2 Satz 1 ASOG enthält eine Generalklausel der Mittel und zählt zugleich die wichtigsten Mittel der Identitätsfeststellung in Satz 2 beispielhaft („insbesondere") auf: Anhalten der Person und Verlangen, daß mitgeführte Ausweispapiere vorgezeigt und zur Prüfung ausgehändigt werden. Erforderlich können auch andere Maßnahmen sein, z. B. Fragen und Erkundigungen bei Bezugspersonen. Auch Gegenüberstellungen können notwendig sein; die Regelung in § 58 Abs. 2 StPO betrifft nur die Strafverfolgung und schließt eine Gegenüberstellung zur Gefahrenabwehr nicht aus.

Sonderregelung

Nicht unter die Generalklausel der Mittel des Satz 1 fallen die besonders geregelten Mittel oder besonders geregelten Standardmaßnahmen. So beurteilt sich die Mitnahme zur Dienststelle als erforderliche Maßnahme der Identitätsfeststellung nach der besonderen Ermächtigung des § 15 Abs. 2 Satz 3, die erkennungsdienstliche Behandlung zur Identitätsfeststellung nach § 16 ASOG.

Durchsuchung?

Besonders und abschließend geregelt ist auch die Durchsuchung zur Identitätsfeststellung in den §§ 22 bis 25 ASOG. Abgesehen von der Durchsuchung Hilfloser ist eine Durchsuchung zur Identitätsfeststellung nach der Fassung des ASOG ausgeschlossen (vgl. A 14.2.3). Der ME und ebenso auch jetzt die §§ 111 und 163 b StPO sehen jedoch diese Befugnis vor.

Mitführen von Ausweispapieren

Eine Identitätsfeststellung wird in der Regel durch Vorlage der Ausweispapiere erreicht. § 15 Abs. 2 ASOG begründet keine

Pflicht, Ausweispapiere mitzuführen. Dies kann sich jedoch aus besonderen Normen ergeben (für Berlin z. B. aus Nr. 5 der BK/O (46) 61 vom 24. 1. 1946, zuletzt geändert durch BK/O (65) 8 vom 23. 6. 1965 (GVBl. S. 848) über die Registrierung Berliner Einwohner und Ausgabe von behelfsmäßigen Personalausweisen).

10.5.2 Mitnahme zur Dienststelle (§ 15 Abs. 2 Satz 3)

Kann die Identität an Ort und Stelle nicht festgestellt werden, ist nach § 15 Abs. 2 Satz 3 ASOG die Mitnahme zur Dienststelle zugelassen. Die Voraussetzungen werden gegeben sein, wenn die Personalangaben verweigert werden, Ausweispapiere fehlen, Zweifel an der Echtheit der Papiere oder der Gewährsperson bestehen. Die Mitnahme ist auch zugelassen, wenn die Feststellung der Identität an Ort und Stelle nur unter erheblichen Schwierigkeiten möglich ist, z. B. wenn Zahl, Ausrüstung oder körperliche Stärke der Betroffenen oder die Besonderheit des Ortes die Durchführung der Maßnahme am Ort nicht erlauben. Tatbestand

Die Bestimmung erfaßt nach der abschließenden Regelung in den §§ 111, 163 b, c StPO nicht mehr die Fälle der Identitätsfeststellung zur Verfolgung von Straftaten und Ordnungswidrigkeiten, soweit sie in § 15 Abs. 1 Nr. 2 ASOG geregelt waren. Zweck

Die Bestimmung ist identisch mit § 9 Abs. 2 Satz 3 ME, der allerdings die Mitnahme zur Dienststelle als Unterfall des Festhaltens nicht mehr besonders erwähnt; die Behörden sollen damit darauf aufmerksam gemacht werden, daß das Festhalten am Ort die mildere Maßnahme als die Mitnahme zur Dienststelle sein kann. ME

Die Mitnahme zur Dienststelle und das Festhalten für diese Zeit sind Freiheitsentziehungen im Sinne von Art. 104 Abs. 2 GG. Folgerichtig finden für diesen Eingriff die §§ 19 bis 21 ASOG Anwendung. Gleiches muß gelten, wenn die Person zur Identitätsfeststellung am Ort eine nicht unerhebliche Zeit festgehalten wird (vgl. hierzu *Sigrist*, Kurzfristige polizeiliche Freiheitsentziehung und polizeiliche Vorladung, Die Polizei 1978/65 ff.). Freiheitsentziehung

10.6 Vorlage von Berechtigungsscheinen

Nach § 15 Abs. 3 ASOG kann auch die Polizei im Rahmen ihrer Zuständigkeit bei unaufschiebbaren Maßnahmen verlangen, daß ein Berechtigungsschein (z. B. Jagdschein, Waffenschein, Reisegewerbekarte) vorgezeigt und zur Prüfung ausgehändigt wird, wenn jemand die Tätigkeit, für deren Ausübung der Schein die Berechtigung nachweist, ausübt und eine Rechtsvorschrift den Betroffenen verpflichtet, den Schein mit sich zu führen. Eine hinreichende Wahrscheinlichkeit, daß der Betroffene den Schein nicht bei sich hat (konkrete Gefahr), braucht nicht vorzuliegen.

10.7 Razzia

Begriff Die Razzia (Sammelkontrolle) ist die schlagartige Identitätsüberprüfung einer Vielzahl von Personen.

Zweck Wie die Identitätsfeststellung selbst kann auch die Razzia der Gefahrenabwehr (Verhütung von Straftaten durch Verunsicherung) oder der Verfolgung von Straftaten und Ordnungswidrigkeiten dienen (mit dem Ziel der Festnahme gesuchter Personen). Vom Zweck hängt auch bei ihr die anzuwendende Rechtsgrundlage ab.

Systematik Für die Razzia ist weder im ASOG noch in der StPO oder im OWiG eine ausdrückliche Eingriffsgrundlage vorgesehen. Die Ursache dafür ist, daß sie im Grunde kein eigenständiger Eingriff ist. Wie bei der Einzelkontrolle ist Ziel der Maßnahme zunächst nur die Identitätsfeststellung. Hierbei können weitere Eingriffe erforderlich werden (z. B. Durchsuchungen) und es können weitere Eingriffe folgen (z. B. Sicherstellung, Beschlagnahme, Gewahrsam, Festnahme). Von der Einzelkontrolle unterscheidet sich die Sammelkontrolle also nicht durch die Qualität, sondern nur durch die Quantität der Eingriffe. Sie wird deshalb oft auch als Bündel von Maßnahmen bezeichnet und stellt wohl nur einen Hinweis auf die (taktische) Form dar, in der bestimmte Eingriffe (Identitätsfeststellungen, Durchsuchungen) durchgeführt werden.

Voraussetzung Unter diesen Umständen sah der Gesetzgeber des ASOG keinen Grund, andere materielle oder formelle Voraussetzungen als für die Einzelkontrolle festzulegen. Sie ist wesensmäßig nur eine besondere Form der Identitätsfeststellung. Für die Razzia gelten daher die Ausführungen über die Identitätsfeststellung in vollem Umfang.

Bis zum Erlaß des ASOG war die Razzia vor allem problematisch, wenn weder nachgewiesen werden konnte, daß eine konkrete Gefahr bestand, noch daß die kontrollierte Person diese Gefahr verursacht hat oder als Täter einer Straftat in Betracht kam. Diese Schwierigkeiten sind durch die Nrn. 3 und 4 in § 15 Abs. 1 ASOG weitgehend beseitigt.

Darüber hinaus kann eine Razzia allerdings an Orten, die nicht die Qualifikation der Nrn. 3 und 4 aufweisen, nur unter den Voraussetzungen von § 15 Abs. 1 Nr. 1 i. V. m. den §§ 10 bis 13 ASOG vorgenommen werden. Die StPO enthält ebenfalls keine ausdrückliche Regelung. Doch müßte es zulässig sein, eine Razzia aus konkretem Anlaß („straftatabhängige" Razzia) auf § 163 b StPO zu stützen.

Bei allen Sammelkontrollen ist besonders der Grundsatz der Verhältnismäßigkeit (§ 8 ASOG) zu beachten. Je größer der betroffene Personenkreis ist, desto gewichtiger muß der Anlaß der Razzia sein. Stets ist darauf hinzuwirken, daß die Zeit für die Überprüfung der Personalien so kurz wie möglich gehalten wird. Verhältnismäßigkeit

Auch für die Razzia gilt § 15 Abs. 2 ASOG. Auf die hierzu gemachten Ausführungen wird verwiesen. Für die Razzia nach der StPO gelten § 163 b und c StPO. Mittel

Razzien werden in der Regel nur von der Polizei durchgeführt. Auch wenn sie längere Zeit vorher geplant sind, ist die Zuständigkeit der Polizei nach § 4 Abs. 1 ASOG gegeben, weil andere Behörden keine Razzien durchführen. Deshalb braucht die Polizei auch kein Amtshilfeersuchen der „an sich“ zuständigen Behörde einzuholen (vgl. oben A 2.1.2.1).

10.8 Kontrollstellen

Kontrollstellen sind Orte (i. d. R. auf öffentlichen Straßen oder Plätzen), an denen Personen zum Zwecke der Gefahrenabwehr oder Strafverfolgung kontrolliert werden sollen. Die Notwendigkeit dazu kann sich aus aktuellem Anlaß ergeben (z. B. Verhinderung von Straftaten bei Fußballspielen durch Kontrollstellen vor dem Stadion oder nach einem Banküberfall, um die Täter zu fassen) oder losgelöst von einem konkreten Ereignis (Fahndung nach gesuchten Personen). Begriff

Wie bei der Razzia geht es auch hier i. d. R. zunächst nur um die Identitätsfeststellung; Begleit- und Folgeeingriffe können sich aus konkretem Anlaß bei Vorliegen der jeweiligen Voraussetzungen anschließen. Auch bei der Einrichtung von Kontrollstellen handelt es sich wesensmäßig um eine besondere Form der Identitätsfeststellung oder Durchsuchung. Deshalb gelten für Kontrollstellen letztlich die gleichen Überlegungen wie zur Razzia (Kontrollstelle als „statische“ Razzia, vgl. A 10.7). Systematik

Da das ASOG keine Sonderregelung enthält, gelten die allgemeinen Vorschriften des § 15 Abs. 1 ASOG. Die Einrichtung von Kontrollstellen zur Gefahrenabwehr i. w. S. ist zulässig, soweit die Voraussetzungen des § 15 Abs. 1 Nr. 1 ASOG (konkrete Gefahr) oder der Nrn. 3 oder 4 (gefährliche oder gefährdete Orte) gegeben sind. Im Falle der Einrichtung einer Kontrollstelle nach § 15 Abs. 1 Nr. 1 ASOG müssen bei jeder kontrollierten Person zusätzlich die Voraussetzungen der §§ 10, 11 oder 13 ASOG vorliegen (z. B. wenn ein Bankräuber mit Beute und Geisel flüchtet).

Verkehrskontrolle Einen anderen Sachverhalt regelt § 36 Abs. 5 StVO (Anhalten zur Verkehrskontrolle). Er hat das Ziel, ohne konkreten Anlaß die Befolgung der Vorschriften des Straßenverkehrsrechts (z. B. das Mitführen von Papieren, die Fahrtüchtigkeit des Kraftfahrzeugführers, den Zustand von Kraftfahrzeugen und ihre Beladung) zu überprüfen. Das Anhalten zu anderen Zwecken ist durch die StVO nicht gedeckt (OLG Hamm, Die Polizei 1976/425 ff.).

Strafverfolgung Eine Regelung der Kontrollstelle zum Zwecke der Strafverfolgung enthält jetzt § 111 StPO. Danach ist ihre Einrichtung zulässig zur Fahndung nach Personen, die einer Straftat nach § 129 a StGB, einer der darin bezeichneten Straftaten oder einer Straftat nach § 250 Abs. 1 Nr. 1 StGB verdächtig sind. Voraussetzung ist, daß Tatsachen die Annahme rechtfertigen, daß die Einrichtung der Kontrollstellen zur Ergreifung des Täters oder zur Sicherung von Beweismitteln führen kann, die der Aufklärung der Straftat dienen können. Der Betroffene darf identifiziert und einschließlich der mitgeführten Sachen durchsucht werden. Die Anordnung zur Einrichtung der Kontrollstelle trifft der Richter, bei Gefahr im Verzuge auch die Staatsanwaltschaft und ihre Hilfsbeamten. § 111 StPO dürfte die Einrichtung von Kontrollstellen nach § 163 b StPO (zur Festnahme eines Verdächtigen bei konkretem Verdacht, z. B. nach einer räuberischen Erpressung) oder § 15 Abs. 1 Nr. 1 i. V. m. den §§ 10 bis 13 ASOG (z. B. zur Sicherung des Eigentums, wenn nach einer räuberischen Erpressung vor einem Gebäudekomplex, in dem der Störer vermutet wird, Kontrollstellen eingerichtet werden) nicht verbieten.

ME Zusätzlich zu diesen Bestimmungen will § 9 Abs. 1 Nr. 4 ME auch die Einrichtung ereignisunabhängiger Kontrollstellen durch die Polizei ermöglichen, „um Straftaten i. S. von § 100 a StPO oder § 27 VersG zu verhindern". Eine solche Befugnis würde ebenfalls keinen konkreten Verdacht gegen die kontrollierte Person voraussetzen. Notfalls soll auch die Durchsuchung von Personen zum Zwecke der Identitätsfeststellung (§ 9 Abs. 2 Satz 4 ME) und zur Eigensicherung (§ 17 Abs. 2 ME) zulässig sein. Bei der Beratung dieser Vorschläge sind ebenso wie gegenüber § 111 StPO Bedenken im Hinblick auf die vom Bundesverfassungsgericht für Rechtsnormen geforderte Bestimmtheit, Berechenbarkeit und Vorhersehbarkeit von Eingriffen geäußert worden; derartige Eingriffe wären auch kaum justitiabel.

Mittel Im übrigen gelten auch für die Einrichtung von Kontrollstellen die Ausführungen zu § 15 Abs. 2 und § 8 ASOG und zur Razzia entsprechend (A 10.5.7).

10.9 Literatur

Sigrist, Probleme der Identitätsfeststellung und der polizeilichen Razzia nach dem Berliner ASOG, JR 1976/397.

Krüger, Das Anhalten von Kraftfahrzeugen zu Fahndungszwecken, Die Polizei, 1976/405 ff.

Hoffmann, Die polizeiliche Sistierung zur Feststellung der Personalien, DVBl. 1967/751 ff.

Schwan, Identitätsfeststellung, Sistierung und Razzia, AöR 102 (1977), S. 243 ff.

Riegel, Neueste Entwicklungstendenzen im Polizei- und Strafverfahrensrecht, ZRP 1978/14 ff.

Krause/Nehring, Strafverfahrensrecht in der Polizeipraxis 1978, Seite 99 ff.

11. Erkennungsdienstliche Maßnahmen

11.1 Allgemeines

11.1.1 Begriff

Erkennungsdienstliche Maßnahmen sind insbesondere die Abnahme von Finger- und Handflächenabdrücken, die Aufnahme von Lichtbildern, die Feststellung äußerer körperlicher Merkmale und Messungen. Erkennungsdienstliche Maßnahmen werden entweder vorgenommen, um die Identität einer Person festzustellen oder getroffen, um Kenntnis von äußeren Merkmalen einer Person für weitere Zwecke zu erhalten.

11.1.2 Zweck

Erkennungsdienstliche Maßnahmen dienen entweder dem weiteren Zweck der Strafverfolgung (und sind insoweit in der StPO geregelt), der Strafvollstreckung (und sind insoweit im Strafvollzugsgesetz geregelt) oder der Gefahrenabwehr (und sind insoweit sowohl in der StPO als auch im ASOG sowie in Spezialgesetzen wie dem Ausländergesetz geregelt). Auch bei erkennungsdienstlichen Maßnahmen entscheidet erst der mit ihnen verfolgte weitere Zweck darüber, welchem Rechtsgebiet sie zuzuordnen sind.

11.1.3 Systematik

§ 16 Abs. 3 ASOG bezeichnet die für zulässig erklärten Maßnahmen. Die Aufzählung ist nicht abschließend. Andere Maßnahmen dürfen nur getroffen werden, soweit sie die körperliche Integrität des Adressaten nicht stärker beeinträchtigen. Absatz 1 nennt die

Voraussetzungen, unter denen die Maßnahmen vorgenommen werden dürfen. Absatz 2 regelt die Dauer der Aufbewahrung der gewonnenen Unterlagen und ist eine Spezialregelung gegenüber § 8 Abs. 3 ASOG. Erkennungsdienstliche Maßnahmen sind der Polizei vorbehalten. Dem ASOG vorgehende Spezialbefugnisse enthalten § 3 AuslG und § 1 des Berliner Gesetzes über besondere Meldepflichten vom 21. 12. 1951 (GVBl. 1952/4).

11.1.4 ME

Trotz redaktioneller Unterschiede entspricht § 16 ASOG weitgehend § 10 ME; allerdings fehlt im ME eine § 16 Abs. 1 Nr. 2 ASOG entsprechende Befugnis.

11.2 Voraussetzungen

11.2.1 Verfolgung von Straftaten und Ordnungswidrigkeiten

StPO Die Befugnis zu erkennungsdienstlichen Maßnahmen zum Zwecke der Verfolgung von Straftaten und Ordnungswidrigkeiten beurteilt sich allein nach § 81 b 1. Alt. StPO, der über § 46 Abs. 1 OWiG in gewissen Grenzen auch für das Bußgeldverfahren gilt. Dieser Regelung sind nur Beschuldigte, nicht aber Strafunmündige oder Zeugen unterworfen. Da die StPO und das OWiG insoweit die Befugnisse der Polizei abschließend regeln, kann § 16 gemäß § 14 Abs. 2 Satz 2 ASOG nicht ergänzend für Zwecke der Verfolgung von Straftaten und Ordnungswidrigkeiten angewandt werden.

11.2.2 Gefahrenabwehr

§ 16 Abs. 1 ASOG ermächtigt daher nur zu erkennungsdienstlichen Maßnahmen, die zum Zwecke der Gefahrenabwehr getroffen werden.

11.2.2.1 Zur Identitätsfeststellung

§ 16 Abs. 1 Nr. 1 setzt voraus, daß

a) eine Identitätsfeststellung nach § 15 ASOG zum Zwecke der Gefahrenabwehr nach Abs. 1 Nrn. 1, 3 oder 4 zulässig ist und
b) diese Identitätsfeststellung auf andere (d. h. mildere) Weise überhaupt nicht (z. B. Betroffener hat keine Ausweispapiere, verweigert die Angaben, Bezugspersonen sind nicht vorhanden) oder nur unter erheblichen Schwierigkeiten möglich ist (Bezugsperson wohnt in Amerika).

11.2.2.2 Bei „Land- und Stadtstreichern"

§ 16 Abs. 1 Nr. 2 setzt voraus, daß der Betroffene ohne festen Wohnsitz oder Aufenthalt umherzieht. Das ist der Fall, wenn er sich nirgendwo ständig niedergelassen hat. Hierbei kommt es nicht darauf an, ob er sich polizeilich gemeldet hat. Weitere Voraussetzungen bestehen nicht. Bei dem hier erfaßten Personenkreis besteht allgemein die Gefahr des Verstoßes gegen Meldevorschriften bei gleichzeitiger außerordentlicher Schwierigkeit der Identifizierung. Der ME enthält eine entsprechende Befugnis nicht mehr.

11.2.2.3 Zur vorbeugenden Bekämpfung von Straftaten

Der Tatbestand des § 16 Abs. 1 Nr. 3 ASOG setzt voraus, daß die Maßnahme „zur Verhütung von Straftaten erforderlich" sein muß.

Unter „Straftaten" sind auch hier tatbestandsmäßige rechtswidrige Handlungen zu verstehen, die den Tatbestand eines Strafgesetzes erfüllen. Straftaten

Nicht zweifelsfrei ist, was unter „Verhütung von Straftaten" zu verstehen ist. Verhütung

Durch die Anfertigung erkennungsdienstlicher Unterlagen werden nur in Ausnahmefällen tatsächlich Straftaten zu verhindern sein. Letztlich geht es darum, Unterlagen für eine spätere Fahndung zu Strafverfolgungszwecken zu gewinnen. Dies ist allerdings nicht Strafverfolgung im Sinne der StPO, denn es besteht kein konkreter Bezug zu einem bestimmten Strafverfahren. Es handelt sich vielmehr um Gefahrenabwehr im weiten Sinn (vgl. oben A 4.4.2). Das entspricht BVerwGE 26/169, wo dies ausdrücklich als Gefahrenabwehr bezeichnet wurde.

Fraglich ist jedoch, ob dies durch die enge Formulierung des ASOG („Verhütung von Straftaten") abgedeckt ist. Der ME spricht demgegenüber von „vorbeugender Bekämpfung von Straftaten". Doch sollte darin im Ergebnis kein Unterschied liegen, da das ASOG die StPO ergänzen wollte und der Umfang der Befugnis aus § 81 b 2. Alt. StPO, wie er durch die Rechtsprechung geprägt wurde, feststand. Der „Verhütung von Straftaten" dient daher auch die Anfertigung erkennungsdienstlicher Unterlagen für spätere Strafverfolgungszwecke.

Das Merkmal „erforderlich" weist ähnlich wie der Begriff „notwendig" in § 14 Abs. 1 ASOG auf den Grundsatz der Verhältnismäßigkeit in seiner Ausgestaltung als Grundsatz des mildesten Mittels oder der Erforderlichkeit (vgl. § 8 Abs. 1 ASOG) hin. Erkennungsdienstliche Maßnahmen sind daher nur zulässig, wenn sie zur Verhütung von Straftaten geeignet und das mildeste Mittel zur Erreichung dieses Zweckes sind. Nach der genannten Rechtsprechung des BVerwG zu § 81 b 2. Alt. StPO, die auch für die Ergänzungsvorschrift des § 16 Abs. 1 Nr. 3 ASOG gelten muß und in dem ent- erforderlich sprechenden § 10 Abs. 1 Nr. 2 ME bereits enthalten ist, ist die erkennungsdienstliche Behandlung dieser Personen nur dann erforderlich, wenn der Betroffene verdächtig ist, eine Tat begangen zu haben, die mit Strafe bedroht ist, und wenn nach der Persönlichkeit des Betroffenen sowie der Art und der Ausführung der ihm zur Last gelegten Tat die Gefahr der Wiederholung besteht. Damit setzt die Bestimmung nicht die Kenntnis voraus, daß eine bestimmte Straftat zu einer bestimmten Zeit oder an einem bestimmten Ort begangen werden soll (konkrete Gefahr), sondern verlangt nur die allgemeine Prognose, daß die Wiederholung einer vergleichbaren Straftat wahrscheinlich ist. Die Bestimmung steht ähnlich wie § 15 Abs. 1 Nr. 4 ASOG zwischen der konkreten und der abstrakten Gefahr.

Adressat

§ 81 b StPO erlaubt nur Maßnahmen gegen einen Beschuldigten. Diese Regelung geht dem ASOG gemäß § 14 Abs. 2 Satz 1 ASOG vor. Da sie insoweit jedoch keine abschließende Regelung enthält, konnte sie der Berliner Landesgesetzgeber gemäß § 14 Abs. 2 Satz 2 ASOG ergänzen (str.; vgl. auch VGH Baden-Württemberg, DÖV 73/462, vgl. ferner die unter 12.8 angegebene Problematik und Literatur). § 16 Abs. 1 Nr. 3 ASOG verfolgt daher den gleichen Zweck wie § 81 b 2. Alt. StPO und erweitert nur den Kreis der Betroffenen. Als Adressat von § 16 Abs. 1 Nr. 3 kommen insbesondere Strafunmündige und bereits rechtskräftig verurteilte Straftäter in Betracht. Die Bestimmung hat damit einen anderen Zweck als § 87 StVollzG, der eine Aufbewahrung erkennungsdienstlicher Unterlagen nur für die Zwecke und die Dauer der Strafvollstreckung vorsieht.

Zeugen

Die erkennungsdienstliche Behandlung von Zeugen ist damit nach § 16 Abs. 1 ASOG nicht zugelassen; insoweit enthält jetzt § 163 b Abs. 2 Satz 3 StPO eine abschließende Regelung (ed-Maßnahmen nur mit Einverständnis des Zeugen zulässig).

Die IMK hat die Übernahme der 2. Alt von § 81 b StPO in das Polizeirecht vorgeschlagen. Eine Streichung in der StPO hätte zur Folge, daß die Begrenzung des ASOG auf bestimmte Personen entfiele und der gesamte Personenkreis des § 81 b 2. Alt. vom ASOG ohne Gesetzesänderung erfaßt sein würde.

11.3 Aufbewahrung

Die nach § 16 Abs. 1 ASOG gewonnenen Unterlagen dürfen grundsätzlich aufbewahrt werden. § 8 Abs. 3 ASOG gilt nicht, § 16 Abs. 2 ASOG bestimmt vielmehr, daß die Unterlagen bei Fehlen oder nach Wegfall der Voraussetzungen des Abs. 1 nur auf Antrag zu vernichten sind.

Grund dafür ist, daß bei der Vielzahl der gewonnenen Unterlagen eine ständige Überprüfung für die Behörde unmöglich ist. Das bedeutet, daß die Unterlagen im Falle des Abs. 1 Nr. 1 zu vernichten sind, wenn die Identität festgestellt ist, im Falle des Abs. 1 Nr. 2, wenn die Person nicht mehr umherzieht, denn der Grund ist ja gerade die schwierige Identifizierungsmöglichkeit dieses Personenkreises, und im Falle des Abs. 1 Nr. 3, wenn die Wiederholungsgefahr entfällt.

11.4 Begleiteingriffe

Die erkennungsdienstlichen Maßnahmen werden in der Regel auf der Dienststelle durchgeführt. Darin liegt eine Freiheitsentziehung. Die Ermächtigung zu dieser Freiheitsentziehung findet sich in § 15 Abs. 2 Satz 3 ASOG, wenn die Person unbekannt ist. Ist die Person bekannt, kann sie nachträglich gemäß § 17 Abs. 1 Nr. 2 ASOG zur Durchführung erkennungsdienstlicher Maßnahmen vorgeladen und ggf. gemäß § 17 Abs. 3 Nr. 2 vorgeführt werden; insoweit enthält § 17 Abs. 3 Nr. 2 ASOG die Ermächtigung für die Freiheitsentziehung. Für beide Fälle gelten die §§ 19 bis 21 ASOG. Andere Begleitmaßnahmen (z. B. Durchsuchung, Sicherstellung von Sachen) richten sich nach den dafür bestehenden gesetzlichen Vorschriften (z. B. §§ 22 bis 26 ASOG).

11.5 Literatur

Fuß, Rechtsfragen des polizeilichen Erkennungsdienstes, in Festschrift für Wacke S. 305 ff.

BVerfGE 16/89; BVerwGE 26/169; 11/181.

Ender, Die Vernichtung von ED-Unterlagen, Kriminalistik 1973/151

Ender, Der Rechtsweg beim Antrag auf Vernichtung von ED-Unterlagen, Kriminalistik 1975/444.

Kohlhaas, Körperliche Untersuchung und erkennungsdienstliche Maßnahmen.

Riegel, Zum Problem der Anfertigung und Vernichtung erkennungsdienstlicher Unterlagen, DÖV 1978/17 ff.

12. Vorladung

12.1 Allgemeines

12.1.1 Begriffe

Vorladung Die Vorladung ist das Gebot an eine Person, zu einer bestimmten Zeit an einem bestimmten Ort (z. B. auf der Dienststelle) zu erscheinen. Sie ist von der bloßen Bitte um Erscheinen zu unterscheiden. Durch die Vorladung entsteht die öffentlich-rechtliche Verpflichtung, an dem von der Ordnungsbehörde oder der Polizei bestimmten Ort zu erscheinen.

Vorführung Vorführung ist die zwangsweise Durchsetzung dieses Gebotes mit unmittelbarem Zwang.

12.1.2 Zweck

Die Vorladung dient dem Ziel, im Rahmen der behördlichen Aufgaben andere Maßnahmen, z. B. Befragungen, Vernehmungen oder erkennungsdienstliche Maßnahmen, durchführen zu können. Sie ist lediglich ein Hilfseingriff für Maßnahmen der Gefahrenabwehr und dient nur im Falle der Nr. 1 auch der Strafverfolgung.

Der Charakter der Vorführung folgt dem Zweck der durchzusetzenden Vorladung. Zu beachten ist jedoch, daß das ASOG nur zu Vorführungen zum Zwecke der Gefahrenabwehr ermächtigt.

12.1.3 Systematik

§ 17 Abs. 1 ASOG regelt die Voraussetzungen des Eingriffs. Abs. 3 schränkt die Zwangsvollstreckung auf die dort bezeichneten Fälle ein; im übrigen gilt das VwVG. Die Absätze 2 und 4 behandeln die Modalitäten der Vorladung und die Entschädigung. Obwohl Vorladung und Vorführung nur Hilfseingriffe sind, hat sie der Gesetzgeber nicht bei den jeweils durchzusetzenden Maßnahmen, sondern zusammenfassend in § 17 ASOG geregelt. Die Berechtigung zu den beabsichtigten Maßnahmen (Auskunftsverlangen, Vernehmung, erkennungsdienstliche Maßnahmen) ergibt sich nicht aus § 17 ASOG, sondern aus den jeweiligen Befugnisnormen (§§ 14 Abs. 1 ASOG, 163 a StPO, 16 ASOG).

12.1.4 ME

Die Vorschrift ist identisch mit § 11 ME. Die IMK hat jedoch vorgeschlagen, die strafprozessuale Vorladung in der StPO zu regeln; dadurch würde sich § 17 Abs. 1 Nr. 1 ASOG (§ 11 Abs. 1 Nr. 1 ME) auf die Gefahrenabwehr reduzieren.

12.2 Voraussetzungen der Vorladung (Abs. 1)

12.2.1 Bei Verfolgung von Straftaten und Ordnungswidrigkeiten

Mangels abschließender Regelung in der StPO erlaubt § 17 Abs. 1 Nr. 1 ASOG auch der Polizei die Vorladung von Personen, wenn die begründete Annahme besteht, daß die Person zur Aufklärung bestimmter Straftaten oder Ordnungswidrigkeiten sachdienliche Angaben machen kann. Eine allgemeine Ausforschung ist nicht zulässig. Vorgeladen werden dürfen Tatverdächtige, Zeugen und Sachverständige. Die StPO setzt diese Befugnis voraus, denn sie kennt ein polizeiliches Vernehmungsrecht (vgl. zur Gegenmeinung *Sigrist*, Die Polizei, 1978/68). Zur Kompetenz des Landesgesetzgebers vgl. unten 12.8. Vernehmung

Die Vorladung zum Zwecke der Anfertigung erkennungsdienstlicher Unterlagen für die Strafverfolgung wird nach h. M. bereits durch § 81 b 1. Alt. StPO geregelt (ähnliche Regelung in §§ 81 a und 81 c StPO). Aus diesem Grunde gilt § 17 Abs. 1 Nr. 2 ASOG für Zwecke der Strafverfolgung (§ 14 Abs. 2 Satz 1 ASOG) nicht. ed-Maßnahmen

12.2.2 Bei Gefahrenabwehr

Soweit die Vorladung und Vorführung nicht spezialgesetzlich geregelt sind (z. B. § 31 BSeuchG, § 8 GeschlKrG für die Polizei) enthält § 17 ASOG hierfür die allgemeine Ermächtigung.

Nach § 17 Abs. 1 Nr. 1 ASOG ist eine Vorladung zulässig, wenn im Einzelfall die auf Grund von Tatsachen objektiv begründete Annahme gerechtfertigt ist, daß der Betroffene Angaben machen kann, die zur Gefahrenabwehr in einer bestimmten Angelegenheit geeignet sind. Das Merkmal „erforderlich“ umschreibt wie in § 16 Abs. 1 Nr. 3 ASOG den Grundsatz der Erforderlichkeit bzw. des mildesten Mittels und übernimmt damit die Anforderungen von § 8 Abs. 1 ASOG in den Tatbestand der Ermächtigungsnorm. Eine Vorladung ist daher z. B. nicht erforderlich und damit unzulässig, wenn die gewünschten Angaben auf anderem Wege (rechtzeitig) beschafft werden können (z. B. aus den Akten). Adressat der Maßnahme ist diejenige Person, von der angenommen wird, daß sie die gewünschten Angaben machen kann; eine Anwendung der §§ 10 bis 13 ASOG ist damit ausgeschlossen, so daß eine Differenzierung nach Verantwortlichen und Nichtverantwortlichen nicht vorzunehmen ist. § 17 Abs. 1 Nr. 1 ASOG ermächtigt nur zur Vorladung; ob die gewünschte Auskunft verlangt werden kann, beurteilt sich nach § 14 ASOG (vgl. A 18.3). Erlangung von Auskünften (Nr. 1)

Die Vorladung nach § 17 Abs. 1 Nr. 2 ASOG dient dem Zweck, erkennungsdienstliche Maßnahmen zur Gefahrenabwehr durchzu- ed-Maßnahmen (Nr. 2)

setzen. Sie ist zulässig, wenn der Betroffene bekannt ist und ihm gegenüber erkennungsdienstliche Maßnahmen nach § 16 Abs. 1 Nrn. 2 und 3 ASOG oder anderen Vorschriften der Gefahrenabwehr (z. B. § 3 Abs. 1 Nr. 3 AuslG) zulässig sind.

12.3 Durchsetzung der Vorladung durch Zwangsgeld und Vorführung (Abs. 3)

12.3.1 Verfolgung von Straftaten und Ordnungswidrigkeiten

Die zwangsweise Durchsetzung einer Vorladung zum Zwecke der Vernehmung bei der Verfolgung von Straftaten und Ordnungswidrigkeiten ist in der StPO für die Polizei bewußt nicht vorgesehen und auch durch § 17 Abs. 1 Nr. 3 ASOG nicht zugelassen. § 17 Abs. 3 ASOG betrifft nur Fälle der Gefahrenabwehr.

Auch § 17 Abs. 3 Nr. 2 ASOG gilt gemäß § 14 Abs. 2 Satz 1 ASOG nicht für Zwecke der Strafverfolgung, weil die Befugnis zu strafprozessualen Vorführungen aus § 81 b StPO unmittelbar hergeleitet wird.

12.3.2 Gefahrenabwehr

Die zwangsweise Durchsetzung einer nach § 17 Abs. 1 ASOG zulässigen Vorladung ist nach Abs. 3 nur der Polizei gestattet.

Auskunft

Abs. 3 Nr. 1 erlaubt die zwangsweise Durchsetzung der Vorladung nur, wenn die Angaben, die die Polizei zur Gefahrenabwehr benötigt, zur Abwehr einer Gefahr für Leib, Leben oder Freiheit einer Person erforderlich sind. Vorführungen zur Erlangung von Auskünften, um eine Sache zu retten, sind damit ausgeschlossen.

Gefahr ist nach der Legaldefinition des § 14 Abs. 1 ASOG als konkrete Gefahr zu verstehen. Aus der Verbindung der Begriffe Leib und Leben ist wie im StGB zu folgern, daß nicht jede drohende Körperverletzung genügt, sondern eine schwere Verletzung wahrscheinlich sein muß.

Weiter wird zu verlangen sein, daß die Polizei befugt sein muß, diese Auskunft nach § 14 Abs. 1 i. V. m. den §§ 10 bis 13 ASOG zu verlangen, denn dieser Hilfseingriff kann nur gegeben sein, wenn die Hauptmaßnahme zulässig ist (§ 17 Abs. 3 ASOG gibt nur die Befugnis zur Durchsetzung der Vorladung, nicht jedoch zum Auskunftsverlangen; vgl. A 18.3).

Schließlich wird vorausgesetzt, daß der Betroffene der ausgesprochenen Vorladung ohne hinreichenden Grund (z. B. Krankheit) keine Folge geleistet hat.

ed-Maßnahmen

§ 17 Abs. 3 Nr. 2 ASOG erlaubt die zwangsweise Durchsetzung einer Vorladung zum Zwecke der Durchführung erkennungsdienstlicher Maßnahmen unter der Voraussetzung, daß der Betroffene der ausgesprochenen Vorladung keine Folge geleistet hat. Es kann sich um ed-Maßnahmen nach § 16 ASOG oder anderen Vorschriften der Gefahrenabwehr (z. B. § 3 Abs. 1 Nr. 3 AuslG) handeln.

Zwangsmaßnahmen (VwVG)

§ 17 Abs. 3 ASOG geht vom herkömmlichen System des Zwanges aus (vgl. Begr. zu § 17 Abs. 3 ASOG, AbgH Ds 6/1569), wie es im VwVG geregelt ist. Danach können Zwangsgeld (§ 11 VwVG) und unmittelbarer Zwang (§ 12 VwVG) in Betracht kommen.

Trotz Regelung im ASOG kann die zwangsweise Durchsetzung einer Vorladung (d. h. also Zwangsgeld oder Vorführung) nicht als Grundmaßnahme (wie z. B. die Sistierung nach § 15 Abs. 2 Satz 3 ASOG) angesehen werden, da Formulierung und Begründung auf die Geltung des VwVG hinweisen. § 17 Abs. 3 ASOG hat daher den Charakter einer Ergänzungsvorschrift zum VwVG und läßt dessen zusätzliche Anforderungen (z. B. §§ 11, 12, 13 VwVG; § 4 UZwG) unberührt, soweit nicht Abweichendes festgelegt wird.

Die Abweichung besteht in folgender Spezialregelung: Die in § 6 Abs. 1 VwVG vorausgesetzte Vollziehbarkeit der Vorladung braucht nicht abgewartet zu werden, vielmehr ist die Vollstreckung des in der Vorladung liegenden Verwaltungsaktes bereits zugelassen, wenn der Betroffene ihr ohne hinreichenden Grund keine Folge leistet. Andererseits schränkt § 17 Abs. 3 ASOG auch § 6 VwVG ein, da er nicht jede Vorladung, sondern nur die in Abs. 3 genannten Vorladungen überhaupt für vollstreckbar erklärt.

Freiheitsentziehung

Die zwangsweise Durchsetzung der Vorladung durch unmittelbaren Zwang (Vorführung) nach § 17 Abs. 3 ASOG ist zugleich eine Freiheitsentziehung im Sinne von Art. 104 Abs. 2 GG, denn die freie Bewegungsmöglichkeit des Betroffenen wird allseitig eingeschränkt. Abs. 3 ermächtigt auch zu diesem Eingriff, wie sich aus seiner Erwähnung in den §§ 19 und 20 ASOG und deren Geltung für die Vorführung ergibt.

12.4 Begleit- und Folgeeingriffe

§ 17 ASOG regelt nur den Hilfseingriff der Vorladung und seine zwangsweise Durchsetzung. Ob die durch die Vorladung bezweckte Maßnahme (z. B. ein Auskunftsverlangen) getroffen werden darf, beurteilt sich nach den jeweiligen Befugnisnormen (z. B. § 14 ASOG für die Auskunft, § 16 ASOG für ed-Maßnahmen).

Durchsuchung

Bei einer Vorführung erforderliche Durchsuchungen beurteilen sich nach den §§ 22 ff. ASOG. Um den Betroffenen zu finden, kann sich auch die Notwendigkeit zum Betreten und Durchsuchen einer

Wohnung ergeben. Hierfür bietet § 17 Abs. 3 ASOG neben § 24 ASOG keine Rechtsgrundlage. Das ergibt sich schon daraus, daß er kein Grundeingriff ist, sondern eine vollstreckungsrechtliche Sondernorm und dieser Eingriff nach der Systematik des ASOG in § 24 ASOG abschließend geregelt ist. Hierfür spricht auch die Formulierung des § 25 ASOG, der nicht – wie die entsprechende Regelung der Freiheitsentziehung in § 19 ASOG – auch für § 17 ASOG gilt. Soll daher bei einer Vorführung eine Wohnung betreten oder durchsucht werden, müssen neben § 17 Abs. 3 ASOG die noch engeren Voraussetzungen des § 24 ASOG vorliegen; aus dem VwVG und dem UZwG Bln dürfte eine Ermächtigung mangels einschlägiger Vorschrift nicht herzuleiten sein (vgl. unten B 2.2.1.3).

ME Da dies Ergebnis in der Praxis zu Schwierigkeiten insbesondere bei erkennungsdienstlichen Behandlungen führen kann, schlägt § 19 ME vor, daß eine Wohnung bereits dann betreten und durchsucht werden darf, wenn die Voraussetzungen der Vorführung gegeben sind.

12.5 Form

Bei der Vorladung muß die Form des § 17 Abs. 2 ASOG gewahrt werden: es soll deren Grund angegeben werden (z. B. Mitteilung, ob der Betroffene Beteiligter, Zeuge oder Beschuldigter ist und in welcher Angelegenheit er gehört werden soll); bei der Festsetzung des Zeitpunktes soll auf den Beruf und die sonstigen Lebensverhältnisse des Betroffenen Rücksicht genommen werden. Hiervon darf abgewichen werden, wenn dadurch der Vorladungszweck gefährdet wird. Von Abs. 2 Satz 2 kann abgewichen werden, wenn das öffentliche Interesse an einer baldigen Auskunft überwiegt.

12.6 Entschädigung

Durch § 17 Abs. 4 soll die Entschließung von Sachverständigen und Zeugen, vor der Behörde auszusagen, durch Gewährung einer Entschädigung erleichtert werden, wie dies bereits für Vorladungen vor den Staatsanwalt geregelt ist. Er gilt für Vorladungen zur Gefahrenabwehr (insoweit als Spezialregelung zu § 26 Abs. 3 VwVfG) und zur Verfolgung von Straftaten und Ordnungswidrigkeiten; Voraussetzung ist ein Erscheinen vor der Behörde.

12.7 Hinweise

Zuständigkeit 1. Die Vorladung ist ihrer Natur nach nicht immer unaufschiebbar im Sinne von § 4 ASOG. § 17 ASOG erweitert danach die Zuständigkeit der Polizei, da ihr gerade für diese Fälle nach dem Willen des ASOG diese Befugnis zustehen soll.

2. Die Eingriffsqualität und Verbindlichkeit der Vorladung wird bisweilen wegen der mangelnden Aussageverpflichtung gegenüber der Polizei im Strafprozeß und wegen der mangelnden Durchsetzbarkeit verneint (vgl. *Samper*, Komm. zum PAG 2. Aufl. Rdz. 18 zu § 15). Beide Gründe sind nicht überzeugend. Der Hinweis auf die mangelnde Aussageverpflichtung will besagen, daß die Vorladung als sinnlos angesehen wird, weil der mit ihr bezweckte weitere Zweck ebenfalls nicht mit Zwangsgeld erreicht werden kann. Dabei wird nicht berücksichtigt, daß es Sinn der Vorladung gerade sein kann, mit dem Betroffenen darüber zu reden, ob er von einem Aussageverweigerungsrecht Gebrauch macht. Insofern unterscheidet sich die Vorladung der Polizei nicht von der Vorladung durch die Staatsanwaltschaft. Hinzu kommt, daß im Bereich der Gefahrenabwehr durchaus eine Aussageverpflichtung vor der Polizei besteht (vgl. unten A 18.3). Auch im Hinblick auf Vorladungen zur Durchführung erkennungsdienstlicher Maßnahmen wird man den Eingriffscharakter nicht verneinen können (die Ansicht würde auch dazu führen, daß es wegen § 17 Abs. 3 ASOG Vorladungen mit und ohne Eingriffscharakter geben würde.) Die mangelnde Durchsetzbarkeit eines Eingriffs führt im übrigen nicht notwendig zu der Schlußfolgerung, daß es sich nicht um einen Eingriff handelt. Es gibt durchaus rechtliche Verpflichtungen, die nicht zwangsweise durchgesetzt werden dürfen (z. B. die nichtsanktionierte Verpflichtung, sich im Kfz anzuschnallen). Entscheidend dürfte gegenüber dieser älteren Auffassung die Tatsache sein, daß die Vorladung jetzt in § 17 ASOG in dem Abschnitt über Eingriffsmaßnahmen als Eingriff normiert ist. Anderenfalls wäre es nicht verständlich, warum eine jedermann mögliche Bitte nur in bestimmten Fällen zugelassen, an bestimmte Formen geknüpft und ihre Befolgung durch Gewährung einer Entschädigung honoriert wird.

Vorladung als Eingriff

3. Der ME verweist in § 11 Abs. 4 ME ausdrücklich auf das Folterverbot des § 136 a StPO hin.

Folter

12.8 Literatur

Wacke, Das Recht der Polizei auf Auskünfte (Vorladung und Zwangsmittel zu ihrer Vollstreckung), Die Polizei 1962 (161 ff.) 210 ff.

Sigrist, Kurzfristige polizeiliche Freiheitsentziehung und polizeiliche Vorladung. Die Polizei 1978/65 ff.

Zur Ergänzbarkeit der StPO:

Für die hier vertretene Ansicht z. B. *Kleinknecht/Müller*, Komm. zur StPO, 28. Aufl. § 6 EGStPO Anm. 1

A. M. Schenke, Kompetenz des Landesgesetzgebers zur Regelung polizeilicher Befugnisse auf dem Gebiet der Strafverfolgung? JZ 1976/537 ff. sowie zum Stand der Meinungen die dortige Fußnote 30 auf S. 540.

M. E. spricht die Entscheidung des BVerfG 36/193/314 zum Zeugnisverweigerungsrecht für die hier vertretene Meinung, denn das Bundesverfassungsgericht hat nicht pauschal gesagt, die StPO sei nicht ergänzbar, sondern hat die einzelnen Bestimmungen der StPO darauf überprüft, ob sie ergänzungsfähig sind; ebenso *Krause/Nehring*, Strafverfahrensrecht in der Polizeipraxis 1978/91 ff.

13. Gewahrsam

13.1 Allgemeines

13.1.1 Begriff

Gewahrsam

Gewahrsam im Sinne des ASOG ist die vorübergehende allseitige Entziehung der Bewegungsmöglichkeit einer Person mit dem primären Ziel der Gefahrenabwehr. Zur Unterscheidung wird die Sicherung von Sachen vom ASOG als Verwahrung bezeichnet.

Verwahrung

Sistierung, Vorführung

Daneben kennt das ASOG andere Maßnahmen, die ebenfalls eine Freiheitsentziehung im Sinne von Art. 2 Abs. 2 i. V. m. Art. 104 Abs. 2 GG bedeuten (§§ 15 Abs. 2 Satz 3 und 17 Abs. 3 ASOG). Bei ihnen ist die Freiheitsentziehung jedoch nur sekundäres Ziel, sie sollen andere Maßnahmen erst ermöglichen; deshalb werden sie nicht als „Gewahrsam" bezeichnet.

amtlicher Gewahrsam

Der Begriff Gewahrsam ist zu unterscheiden vom Begriff des amtlichen Gewahrsams (§ 15 UZwG Bln). Darunter versteht man jede Freiheitsentziehung durch Gerichte oder Behörden.

Obhut

Der Gewahrsam als Freiheitsentziehung gegen den Willen des Betroffenen ist auch zu unterscheiden von der Obhut, d. h. dem Schutzgewahrsam auf eigenes Verlangen; dieser ist wegen der Einwilligung des Betroffenen kein Eingriff und daher im ASOG nicht geregelt, ist aber dennoch ein Fall des amtlichen Gewahrsams im Sinne von § 15 UZwG Bln.

Für die Obhut gilt im übrigen folgendes: Es liegt im pflichtgemäßen Ermessen der Polizei, ob sie dem Verlangen des Gefährdeten entspricht. Der Ermessensspielraum kann sich zu einem Anspruch des Betroffenen verdichten, insbesondere bei einer gegenwärtigen anders nicht abwendbaren Gefahr für Leib oder Leben des Betroffenen. Die §§ 19 bis 21 ASOG gelten entsprechend.

13.1.2 Zweck

Im Gegensatz zu den bisher erörterten Maßnahmen dient der Gewahrsam nur dem Zweck der Gefahrenabwehr. Er unterscheidet sich damit begrifflich und inhaltlich bewußt von der Verhaftung und Festnahme, die Freiheitsentziehungen zum Zwecke der Strafverfolgung oder Strafvollstreckung kennzeichnen sollen und in der StPO abschließend geregelt sind. Gefahrenabwehr

13.1.3 Systematik

§ 18 ASOG umschreibt die Voraussetzungen der Ingewahrsamnahme. Sie steht nur der Polizei zu, weil nur sie in der Regel die notwendigen entsprechend ausgebildeten Kräfte besitzt.

§ 19 ASOG regelt im Hinblick auf Artikel 104 GG das Verfahren zur Einholung der richterlichen Entscheidung für den Fall, daß eine Freiheitsentziehung nach dem ASOG ohne vorherige richterliche Anordnung durchgeführt wurde. § 20 ASOG regelt die Modalitäten der Behandlung festgehaltener Personen. § 21 ASOG stellt klar, wann die Freiheitsentziehung zu beenden ist. Die §§ 19 bis 21 ASOG beziehen sich nicht nur auf den Gewahrsam nach § 18, sondern auf jede Freiheitsentziehung nach dem ASOG.

Spezialregelungen gehen dem ASOG vor (z. B. §§ 16, 18 AuslG; 37 Abs. 2 BSeuchG; 18 Abs. 2 GeschlKrG; 64 ff. JWG; 1838 BGB). Besonders hinzuweisen ist auf die §§ 1, 11, 14 und 15 UntG Bln, die eine Spezialregelung für eine längere Freiheitsentziehung durch Unterbringung von Geisteskranken und Süchtigen enthalten und ausdrücklich subsidiär auch die Polizei für den Notfall ermächtigen.

13.1.4 ME

Das ASOG entspricht weitgehend den §§ 13 bis 16 ME, auf bedeutsame Abweichungen wird im folgenden hingewiesen.

13.2 Voraussetzungen

13.2.1 Sicherheitsgewahrsam

§ 18 Nr. 1 ASOG stellt eine eingeschränkte Generalklausel dar. Er setzt voraus:

1. Eine Gefahr; das ist die im Einzelfall bestehende Gefahr für die öffentliche Sicherheit oder Ordnung im Sinne der Legaldefini- Gefahr

tion des § 14 Abs. 1 ASOG. Eine solche Gefahr kann durch Straftaten oder Ordnungswidrigkeiten (so jetzt ausdrücklich § 13 Abs. 1 Nr. 2 ME), aber auch durch sonstige Handlungen verursacht werden (vgl. im einzelnen A 4.2 u. 13.7.1).

gegenwärtig

2. Die Gefahr muß gegenwärtig sein; das ist der Fall, wenn die Einwirkung des schädigenden Ereignisses bereits begonnen hat oder unmittelbar oder in allernächster Zeit bevorsteht.

erheblich

3. Die Gefahr muß erheblich sein; das ist sie, wenn ein Schaden für ein bedeutsames Rechtsgut (Leben, Gesundheit, Freiheit, größere Vermögenswerte und -rechte sowie andere Rechtsgüter in erheblichem Umfang oder der Bestand des Staates und seiner Einrichtungen) zu erwarten ist (vgl. A 4.2.10)

Straftat oder Ordnungswidrigkeit

Ob stets eine erhebliche Gefahr vorliegt, wenn eine Straftat begangen wird (so anscheinend BVerwG NJW 1974/809), erscheint zweifelhaft; entsprechend § 13 Abs. 1 ME wird man darauf abzustellen haben, ob von der Straftat oder von einer Ordnungswidrigkeit, die unmittelbar bevorsteht oder gerade begangen wird, eines der genannten Rechtsgüter gefährdet wird. Unter Straftat und Ordnungswidrigkeit, ist eine tatbestandsmäßige rechtswidrige Handlung zu verstehen.

Entwichene

Andererseits ist die Gefährdung durch Straftaten und Ordnungswidrigkeiten nicht der einzige Fall einer erheblichen Gefahr. Auch andere Handlungen reichen aus, wenn sie ein bedeutsames Rechtsgut betreffen. Das ist z. B. der Fall, wenn ein Minderjähriger sich dem Sorgeberechtigten entzogen hat; die Gefährdung oder Verletzung des Sorgerechts ist ebenfalls ein bedeutsames Rechtsgut (so jetzt ausdrücklich § 13 Abs. 2 ME). Nicht erforderlich ist, daß dem Minderjährigen darüber hinaus eine konkrete Gefahr droht oder daß er eine solche verursacht. Zur Frage, ob eine erhebliche Gefahr auch besteht, wenn eine Person aus dem Vollzug von Untersuchungshaft, Freiheitsstrafe oder freiheitsentziehenden Maßregeln der Besserung oder Sicherung entwichen ist, vgl. unten 13.7.2.

letztes Mittel

4. Die Gefahr darf auf andere Weise nicht abzuwenden sein. Das Gesetz nimmt hier die Anforderungen des § 8 Abs. 1 ASOG in den Tatbestand der Eingriffsermächtigung auf, ohne jedoch auf die Prüfung der übrigen allgemeinen Rechtmäßigkeitsvoraussetzungen (insbesondere § 8 Abs. 2 und 3 ASOG) zu verzichten. Dabei ist bereits bei der Ermächtigungsnorm zu prüfen, ob die Abwehr der Gefahr durch die Ingewahrsamnahme überhaupt möglich und geeignet ist, und ob es ein milderes Mittel zur Erreichung des Zieles (z. B. Platzverweisung) gibt.

13.2.2 Schutzgewahrsam

§ 18 Nr. 2 ASOG dient ausschließlich dem Schutz des Betroffenen. Da seine Person in der Vorschrift umschrieben ist, gelten die §§ 10 bis 13 ASOG nicht; eine Differenzierung nach Verantwortlichen und Nichtverantwortlichen ist anders als nach Nr. 1 nicht vorzunehmen.

Voraussetzung dieses Eingriffs ist:

1. Eine Gefahr für Leib oder Leben des Betroffenen. Wie bereits in den §§ 34, 35, 102, 177, 178, 249, 252, 255 StGB ist aus der Verbindung beider Begriffe zu folgern, daß nicht jede drohende körperliche Verletzung genügt, sondern es sich um eine schwere Verletzung handeln muß. Die Gefahr braucht nicht gegenwärtig zu sein. Sie kann von Dritten ausgehen (aufgebrachte Menschenmenge), durch Naturereignisse oder sonstige Fälle höherer Gewalt bedingt oder auch vom Betroffenen selbst herbeigeführt sein (z. B. sinnlose Trunkenheit, Gefahr der Selbsttötung oder Selbstverstümmelung). Gefahr für Leib oder Leben
2. Die Ingewahrsamnahme muß zum Schutz der Person erforderlich sein. Auch dies bedeutet die Aufnahme der Anforderungen des § 8 Abs. 1 ASOG in den Tatbestand der Ermächtigungsnorm. Traditionsgemäß werden zwei Beispielsfälle dafür genannt, wann die Ingewahrsamnahme erforderlich ist: erforderlich
   Wenn die Person sich erkennbar in einem die freie Willensbestimmung ausschließenden Zustand und wenn sie sich sonst in hilfloser Lage befindet. Dies sind nur Beispiele. Erforderlich ist die Ingewahrsamnahme eines Selbstmordwilligen auch dann, wenn er sich nicht in hilfloser Lage befindet, sondern planmäßig handelt.

13.3 Richterliche Entscheidung vor Freiheitsentziehungen

Sistierung (§ 15 Abs. 2 Satz 3 ASOG), Vorführung (§ 17 Abs. 3 ASOG) und Gewahrsam (§ 18 ASOG) sind Freiheitsentziehungen im Sinne von Art. 104 Abs. 2 GG, denn sie bedeuten eine allseitige Entziehung der körperlichen Bewegungsfreiheit (vgl. *Maunz/Dürig*, Komm. zum GG, Art 104 Rdz. 5; zum Gewahrsam vgl. auch BVerwG NJW 1974/807 ff.). Die Polizei hat daher vor der Durchführung dieser Maßnahmen, auch wenn diese nur kurzfristig sein werden, eine richterliche Entscheidung über deren Zulässigkeit zu beantragen, wenn dem nicht die Natur des Eingriffs entgegensteht oder die Entscheidung ohne Gefährdung des Zwecks der Maßnahme nicht rechtzeitig zu erreichen ist. Die vorherige Entscheidung Art. 104 GG kommt insbesondere bei der Vorführung und beim Schutzgewahrsam ohne Vorliegen einer gegenwärtigen Gefahr in Betracht. Das ASOG hat nach h. M. den Art. 104 Abs. 2 GG zugrunde liegenden Gedanken nicht ausdrücklich hervorgehoben, weil es sich in der Mehrzahl der Fälle um Eingriffe bei Gefahr im Verzuge im Rahmen ihrer Zuständigkeit nach § 4 Abs. 1 ASOG handelt.

13.4 Richterliche Entscheidung nach einer Freiheitsentziehung

Kurzfristigkeit

Ist einer Person die Freiheit ohne vorherige richterliche Entscheidung entzogen worden, ist diese unverzüglich nachträglich herbeizuführen. Unverzüglich bedeutet (vgl. BVerwG NJW 1974/810), daß nur solche Verzögerungen gestattet sind, die aus sachlichen Gründen geboten sind, z. B. wenn das Gericht aus Gründen, die von der Polizei nicht zu vertreten sind, nicht tätig wird oder der vorübergehende psychische oder physische Zustand des Betroffenen (z. B. Volltrunkenheit) eine gerichtliche Verhandlung nicht zuläßt. Der Richter prüft, ob die Freiheitsentziehung im Augenblick seiner Entscheidung zulässig und weiterhin erforderlich ist. Höchstgrenze der Freiheitsentziehung ist auch für den Richter das Ende des Tages nach dem Ergreifen (§ 19 Abs. 1 Satz 2 ASOG), eine Einschränkung die durch Art. 104 Abs. 2 GG an sich nicht geboten ist. Eine Überprüfung der Entscheidung der Polizei findet in diesem Verfahren nicht statt. Da es um vorgängigen Rechtsschutz geht, ist die richterliche Entscheidung deshalb nicht mehr einzuholen, wenn der Betroffene aus den Gründen des § 21 ASOG entlassen worden ist.

Ausnahme bei Kurzfristigkeit

Die richterliche Entscheidung soll u. a. gewährleisten, daß der Eingriff so kurz wie möglich bleibt. Dieses Ziel würde nicht erreicht werden, wenn die formale Vorschaltung der richterlichen Entscheidung zu einer Verlängerung der Freiheitsentziehung führen würde. Da dies nicht Ziel des Art. 104 Abs. 2 GG sein kann, verlangt § 19 Abs. 1 ASOG die Einholung der richterlichen Entscheidung nicht bei nur kurzfristigen Freiheitsentziehungen; das sind nach der Begründung zu § 19 ASOG Freiheitsentziehungen von zwei bis drei Stunden. Wenn daher von Anfang an zu erwarten ist, daß der Grund für die Freiheitsentziehung entfällt, bevor die richterliche Entscheidung ergeht, so daß die Anrufung des Richters zu einer Verlängerung der Freiheitsentziehung führen würde, kann die polizeiliche Maßnahme durchgeführt werden, ohne die richterliche Entscheidung herbeizuführen (so etwas konkreter und enger als das ASOG § 14 ME).

Zuständig für die richterliche Entscheidung ist das Amtsgericht Tiergarten gemäß § 1 Abs. 4 der 2. Verordnung über die Konzentration amtsgerichtlicher Zuständigkeiten vom 4. 12. 1972 (GVBl. S. 2301), zuletzt geändert durch Verordnung vom 23. 11. 1976 (GVBl. S. 2609) i. V. m. § 19 Abs. 2 Satz 2 ASOG und § 1 der Verordnung zur Übertragung einer Ermächtigung zur Regelung gerichtlicher Zuständigkeiten vom 14. 7. 1975 (GVBl. S. 1735). Zuständiges Gericht

13.5 Modalitäten der Freiheitsentziehung

Die Schwere des Eingriffs erfordert besondere Vorschriften darüber, wie der Eingriff durchzuführen ist. Die Einzelheiten ergeben sich aus § 20 ASOG. § 20 Abs. 3 Satz 3 ASOG enthält eine Generalklausel ähnlich § 119 StPO für die im amtlichen Gewahrsam zulässigen Beschränkungen. Zu beachten ist, daß spezielle Eingriffsrechte (z. B. §§ 22, 23 ASOG, 20, 22, 23 UZwG Bln) vorgehen.

13.6 Dauer der Freiheitsentziehung

§ 21 ASOG regelt drei an sich selbstverständliche Gründe, bei deren Vorliegen die Polizei zur Entlassung eines Festgehaltenen verpflichtet ist:

1. Der Festgehaltene ist bei Wegfall des Grundes für die Freiheitsentziehung zu entlassen (Wiederholung von § 8 Abs. 3 ASOG).
2. Der Festgehaltene ist zu entlassen, wenn der Richter die Unzulässigkeit der Freiheitsentziehung festgestellt hat.
3. Der Festgehaltene ist, auch wenn ein Grund zur Freiheitsentziehung noch bestehen sollte, in jedem Fall am Ende des Tages, der der Ergreifung folgt, zu entlassen. Das gilt selbst bei richterlicher Anordnung der Freiheitsentziehung. Ein weiteres Festhalten ist nur dann zulässig, wenn eine richterliche Entscheidung dies auf Grund eines anderen Gesetzes (z. B. nach der StPO) erlaubt.

13.7 Hinweise

13.7.1 Schadenprognose

Der Begriff der Gefahr im Sinne von § 14 Abs. 1 ASOG setzt eine hinreichende Wahrscheinlichkeit für den Schadenseintritt voraus. Nach Ansicht des BVerwG (NJW 1974/810) muß bei einer Ingewahrsamnahme wegen der Schwere des Eingriffs ein höherer Grad von Wahrscheinlichkeit für den Schadenseintritt vorliegen. Nicht Grad der Wahrscheinlichkeit immer ist jedoch bei einer gegenwärtigen Gefahr ein höherer Grad an Wahrscheinlichkeit gegeben (z. B. bei einer Bombendrohung). Doch muß dies in Beziehung gesetzt werden zu der ständigen Rechtsprechung des BVerwG (z. B. DÖV 1970/713), wonach die Anforderungen an den Grad der Wahrscheinlichkeit um so niedriger liegen können, je höher der Wert des zu schützenden Rechtsgutes ist (vgl. auch BVerwG E 45/51 und BVerwG NJW 1974/810 selbst).

13.7.2 Entwichene Gefangene

Nicht zweifelsfrei ist, ob bereits eine gegenwärtige erhebliche Gefahr vorliegt, wenn eine Person aus dem Vollzuge von Untersuchungshaft, Freiheitsstrafe oder freiheitsentziehenden Maßnahmen der Besserungs- und Sicherungsverwahrung entwichen ist oder sich sonst ohne Erlaubnis außerhalb der Justizvollzugsanstalt aufhält. Soweit nicht auf Grund besonderer Umstände die Wahrscheinlichkeit besteht, daß ein bestimmtes Rechtsgut verletzt wird, liegt eine Gefahr für die öffentliche Sicherheit nur vor, wenn man darunter auch die Gefährdung des Strafanspruchs des Staates versteht oder diesen Sachverhalt als Verletzung der öffentlichen Ordnung ansieht. Hiergegen besteht das Bedenken, daß dieser präventive Zweck einer Festnahme durch das Strafvollstreckungsrecht und die StPO ,,verbraucht" ist. Verneint man das Vorliegen einer Gefahr, darf die Polizei die genannten Personen nur auf Ersuchen der Vollzugsbehörde nach § 87 StVollzG oder nach § 457 StPO (Haftbefehl) festnehmen.

Der ME regelt diese Befugnis ausdrücklich in § 13 Abs. 3 ME, solange der Bund eine entsprechende Ergänzung der StPO oder des StVollzG noch nicht vorgenommen hat.

13.8 Literatur

BVerwG NJW 1974/807 ff.

Richtsteig, Die kurzfristige Freiheitsentziehung durch die Polizei, JA 1971 ÖR S. 5 ff.

Hoffmann, Polizeiliche Schutzhaft und Grundrechte, DVBl. 1970/473 ff.

14. Durchsuchung von Personen

14.1 Allgemeines

14.1.1 Begriff

Durchsuchung

Durchsuchung einer Person ist die Suche nach Sachen in der Kleidung des Betroffenen oder an seinem Körper. Sie umfaßt

- die Suche in den am Körper befindlichen Kleidern (die Durchsuchung der abgelegten Kleidung oder einer Aktentasche ist Durchsuchung von Sachen nach § 23 ASOG),
- das Abtasten des bekleideten Körpers und
- die Nachschau am unbekleideten Körper oder Körperteilen (einschließlich leicht zugänglicher Körperöffnungen wie Mundhöhle, Ohren).

Die Durchsuchung ist zu unterscheiden von der Untersuchung, die darauf gerichtet ist, Zustand, Beschaffenheit und Funktion des Körpers selbst (insbesondere durch körperlichen Eingriff) festzustellen (z. B. Feststellung einer Krankheit oder Suche nach Sachen im Innern des Körpers, beispielsweise verschluckten Gegenständen). Vgl. hierzu A 18.3. Untersuchung

14.1.2 Zweck

Eine Durchsuchung von Personen kann über das Nahziel des Auffindens von Sachen hinaus entweder dem Zweck der Verfolgung von Straftaten oder Ordnungswidrigkeiten oder dem Zweck der Gefahrenabwehr dienen.

§ 22 ASOG (ebenso § 17 ME) dient allein der Gefahrenabwehr. Obwohl der Zweck nicht genannt ist, folgt dies aus der Überlegung, daß Befugnisse nur im Rahmen der Aufgaben (§§ 1 Abs. 1, 2 Abs. 1, 4 Abs. 1 und 2 ASOG) bestehen können. Gefahrenabwehr

Durchsuchungen zum Zweck der Verfolgung von Straftaten und Ordnungswidrigkeiten sind in den §§ 102 ff. StPO, 46 OWiG mit dem Ziel der Entdeckung von Beweismitteln für ein Verfahren abschließend geregelt. Die Voraussetzungen des § 14 Abs. 2 Satz 2 ASOG für eine Anwendung des § 22 ASOG auch zum Zweck der Strafverfolgung liegen daher nicht vor. StPO, OWiG

14.1.3 Systematik

Die Durchsuchung einer Person ist in der Regel nicht wie z. B. der Gewahrsam oder die Sicherstellung das eigentliche Mittel der Gefahrenabwehr sondern lediglich eine Nebenmaßnahme, die andere Eingriffe begleitet oder vorbereitet; dennoch ist sie nicht, wie beispielsweise die Sistierung, bei den jeweiligen Hauptmaßnahmen geregelt. Das ASOG faßt vielmehr in den §§ 22 bis 25 alle Durchsuchungsermächtigungen zusammen. Das gilt auch gegenüber § 20 Abs. 3 Satz 3 ASOG.

§ 22 Abs. 1 umschreibt die Voraussetzungen für Durchsuchungen, wobei die Generalklausel des § 14 ASOG teils konkretisiert (Nr. 2) teils erweitert wird (Nrn. 1, 3, 4, aber auch Nr. 2 i. V. m. § 26 Nr. 2 ASOG), indem die Anforderungen an den Grad der

Wahrscheinlichkeit eines Schadenseintritts bei einer Gefahrenlage gesenkt werden. Abs. 2 regelt die Form der Durchsuchung.

Für Begleit- und Folgeeingriffe (z. B. § 24 ASOG) müssen die jeweiligen Voraussetzungen vorliegen.

14.1.4 ME

Bis auf § 17 Abs. 1 Nr. 3 ME entspricht das ASOG den Vorschlägen des ME, vgl. insoweit auch § 9 Abs. 2 Satz 4 ME als ergänzende Ermächtigung und unten A 14.5.4.

14.2 Voraussetzungen

Im einzelnen bestehen folgende Ermächtigungen für Durchsuchungen von Personen:

14.2.1 Bei Freiheitsentziehungen

Zweck (Nr. 1) Die Durchsuchung nach § 22 Abs. 1 Nr. 1 ASOG ist ein Begleiteingriff bei bevorstehenden oder durchgeführten Freiheitsentziehungen. Er bezweckt die Abwehr von Gefahren, die bei Freiheitsentziehungen auftreten können (z. B. Verletzung Dritter oder Selbstbeschädigung sowie Flucht oder Befreiung anderer festgehaltener Personen). gesuchte Sachen Nr. 1 gestattet daher die Suche nach Sachen, deren Verwendung zum Angriff auf Personen oder Sachen oder zur Flucht einschließlich ihrer Erleichterung geeignet ist. Eine Durchsuchung nach anderen Sachen dürfte im Hinblick auf den Zweck der Vorschrift trotz des weiten Gesetzeswortlauts unzulässig sein und gegen § 8 ASOG verstoßen (vgl. auch A 14.2.3).

Tatbestand Einzige Voraussetzung des Eingriffs ist, daß die rechtliche Möglichkeit besteht, den Betroffenen nach dem ASOG (§§ 15 Abs. 2 Satz 3, 17 Abs. 3 oder 18) oder nach anderen Rechtsnormen (z. B. §§ 127 StPO, 54 OWiG) die Freiheit zu entziehen. Nicht erforderlich ist, daß die Freiheit bereits entzogen ist oder werden soll. Es brauchen auch keine Tatsachen dafür vorzuliegen, daß der Betroffene derartige Sachen tatsächlich mit sich führt und sie zu diesem Zweck gebrauchen will (konkrete Gefahr); wegen des hohen Risikos hat der Gesetzgeber nicht auf die hinreichende Wahrscheinlichkeit eines Schadens im Einzelfall sondern auf die abstrakte Gefährlichkeit jeder Festnahmehandlung abgestellt. Letztlich handelt es sich hier um einen Gefahrerforschungseingriff. Nr. 1 ist lex speciales zu den §§ 10 bis 13 ASOG.

14.2.2 Zur Sicherstellung

Zweck (Nr. 2) Nr. 2 dient dem Auffinden von Sachen, die sichergestellt werden dürfen. Gemeint ist hier nur die Sicherstellung nach § 26 ASOG.

Anders als bei Nr. 1 ist hier auch ausdrücklich Voraussetzung, daß Tatsachen die Annahme rechtfertigen, daß die Person derartige Sachen mit sich führt. Bloße Vermutungen sind keine Tatsachen. Damit werden objektive Anhaltspunkte dafür vorausgesetzt, daß

Tatbestand

a) der Betroffene eine bestimmte Sache überhaupt in seinen Kleidern oder an seinem Körper trägt und daß
b) die Sache nach § 26 ASOG sichergestellt werden darf, die Sicherstellung dieser Sache also geeignet und erforderlich ist,
   - eine gegenwärtige Gefahr für die öffentliche Sicherheit oder Ordnung abzuwehren (§ 26 Nr. 1 ASOG) oder
   - die mißbräuchliche Verwendung dieser Sache durch eine festgehaltene Person auszuschließen (§ 26 Nr. 2 ASOG) oder
   - den Eigentümer oder den rechtmäßigen Gewaltinhaber vor Verlust oder Beschädigung der Sache zu schützen (§ 26 Nr. 3 ASOG).

14.2.3 Zur Identitätsfeststellung bei Hilflosen

Zweck (Nr. 3)

Nr. 3 dient dem Schutz hilfloser Personen. Ihr Schutz kann davon abhängen, daß beispielsweise Notfallausweise gefunden werden, Angehörige befragt und unterrichtet werden usw. Nr. 3 ermächtigt daher zur Hilfsmaßnahme der Durchsuchung, wenn sich eine unbekannte Person erkennbar in einem die freie Willensbestimmung ausschließenden Zustand oder sonst in hilfloser Lage befindet. Nr. 3 beschränkt gleichzeitig den Zweck der Maßnahme auf die Feststellung der Identität. Zu anderen Zwecken darf eine hilflose Person nur durchsucht werden, wenn andere Bestimmungen dies gestatten.

Verhältnis zu § 15 Abs. 2

Über Nr. 3 hinaus ist eine Durchsuchung zur Feststellung der Identität einer Person unzulässig. Das ergibt sich aus dem Wortlaut und ergibt sich auch für den Fall, daß die Voraussetzungen der Nr. 1 gegeben sind; denn Nr. 3 wird insoweit als lex specialis anzusehen sein. Auch § 15 Abs. 2 ASOG ermächtigt nicht, eine Person zur Feststellung ihrer Identität zu durchsuchen, weil § 22 ASOG eine abschließende Regelung darstellt. § 15 Abs. 2 und § 16 ASOG erlauben diesen Eingriff daher auch nicht unter dem Gesichtspunkt, daß die Durchsuchung die mildere Maßnahme ist. Der Gesetzgeber ging davon aus, daß der Betroffene es selbst in der Hand hat, diesen Eingriff durch Preisgabe seiner Identität abzuwenden. Der Mehraufwand der Behörde und das Fehlen einer Eingriffsgrundlage für den Fall, daß auch die erkennungsdienstliche Maßnahme nicht zur Identifizierung führt, ist allerdings zu beklagen. Der ME enthält jetzt dafür ausdrücklich einen Regelungsvorschlag in § 9 Abs. 2 Satz

4 ME und beschränkt im übrigen die Durchsuchung Hilfloser nicht auf den Zweck der Feststellung ihrer Identität.

14.2.4 An gefährlichen Orten

Zweck (Nr. 4) Nr. 4 ist ein Begleiteingriff bei Maßnahmen nach § 15 Abs. 1 Nr. 3 ASOG. Er bezweckt die Abwehr von Gefahren, die bei Identitätsfeststellungen an gefährlichen Orten auftreten (insbesondere Angriffe auf die kontrollierenden Beamten). Darauf weist auch die Begründung zu § 22 ASOG hin, die diese Bestimmung im Sicherheitsinteresse rechtfertigt. gesuchte Sachen Danach gestattet Nr. 4 die Suche nach Sachen, die aus Anlaß einer Identitätsfeststellung an gefährlichen Orten zur Verletzung oder Beschädigung von Personen oder Sachen geeignet sind.

Nr. 4 dient darüber hinaus nicht unmittelbar der Abwehr gerade der Gefahren, deren Abwehr § 15 Abs. 1 Nr. 3 ASOG bezweckt (Verhütung von Straftaten sowie Fahndung nach Verdächtigen, Verurteilten oder illegalen Ausländern). Wäre das der Fall, dürfte bei jeder dort angetroffenen Person ohne Beschränkung nach irgendwelchen Sachen gesucht werden, die zur Begehung irgendeiner Straftat geeignet sind oder aus irgendeiner Straftat stammen (Suche nach Hehlergut zum Schutz des Berechtigten) oder Hinweise auf irgendwelche gesuchten Personen enthalten (z. B. Durchsicht der Brieftasche). Eine solche Ausforschungsdurchsuchung dürfte § 102 ff. StPO widersprechen, die die gefahrenabwehrende Seite untrennbar mit bedacht hat. Eine so weitgehende Durchsuchungsbefugnis wäre auch unverhältnismäßig, da mangels Verdachtsmomente jeder Betroffene grundsätzlich als Nichtverantwortlicher behandelt werden muß. Nach § 14 Abs. 2 Satz 2 ASOG kann daher § 22 Abs. 1 Nr. 4 ASOG bei verfassungskonformer Auslegung nicht diesem zusätzlichen Zweck dienen und rechtfertigt nur die Suche nach „gefährlichen" Gegenständen.

Tatbestand Einzige Voraussetzung ist, daß sich der Betroffene an einem der in § 15 Abs. 1 Nr. 3 ASOG genannten Orte aufhält. Es brauchen keine Tatsachen für die Annahme vorzuliegen, daß der Betroffene die bezeichneten gefährlichen Gegenstände mit sich führt oder gebrauchen wird. Ähnlich dem Eingriff nach Nr. 1 hat der Gesetzgeber wegen des hohen Risikos nicht eine konkrete Gefahr verlangt sondern auf die abstrakte Gefährlichkeit von Identitätskontrollen an gefährlichen Orten abgestellt. Eine Differenzierung nach Verantwortlichen oder Nichtverantwortlichen ist nicht erforderlich; die §§ 10 bis 13 ASOG gelten nicht. Auch Nr. 4 normiert letztlich einen Gefahrerforschungseingriff. Eine Identitätsfeststellung an anderen als den in § 15 Satz 1 Nr. 3 ASOG genannten Orten rechtfertigt eine Durchsuchung nur unter den übrigen Voraussetzungen von § 22 ASOG.

14.2.5 An gefährdeten Orten

Ähnlich der Regelung in Nr. 4 fehlt auch bei Nr. 5 im Wortlaut die Festlegung, nach welchen Sachen gesucht werden darf. Zweck dieser Regelung ist die Abwehr von Gefahren, die durch § 15 Abs. 1 Nr. 4 ASOG abgewehrt werden sollen, nämlich die Verhinderung von Straftaten gegen die dort bezeichneten Objekte sowie Personen und Sachen in diesen Objekten; das schließt die Abwehr solcher Gefahren ein, die typischerweise bei derartigen Eingriffen bestehen, nämlich die Verletzung von Beamten durch die kontrollierten Personen. Auch diese Auslegung findet ihre Stütze in der Begründung zu § 22 ASOG, die diese Regelung mit der Entwicklung der Sicherheitslage in der jüngsten Zeit rechtfertigt und in engem Zusammenhang mit § 15 Abs. 1 Nr. 4 ASOG sieht. Gemäß § 8 ASOG erlaubt daher Nr. 5 die Suche nach Sachen, die zur Begehung von Straftaten gegen das möglicherweise gefährdete Objekt oder die darin oder in unmittelbarer Nähe befindlichen Sachen oder Personen einschließlich der kontrollierenden Beamten geeignet sind. Das ist keine Ausforschungsdurchsuchung; ein Widerspruch zu § 102 StPO besteht nicht, da keine Straftat vorangegangen ist und stets Tatsachen für die Annahme vorliegen müssen, daß das Objekt seiner Art nach aus aktuellem Anlaß gefährdet ist.

Zweck (Nr. 5)

gesuchte Sachen

Voraussetzung der Durchsuchung nach Nr. 5 ist, daß

Tatbestand

- Tatsachen die Annahme rechtfertigen, daß in oder an Objekten der in § 15 Abs. 1 Nr. 4 ASOG bezeichneten Art Straftaten begangen werden sollen und
- der Betroffene sich in oder in unmittelbarer Nähe eines solchen Objektes aufhält.

Auch hier brauchen keine Tatsachen die Annahme zu rechtfertigen, daß der Betroffene die bezeichneten gefährlichen Gegenstände mit sich führt. Wegen des hohen Risikos ist auch hier ein geringerer Grad an Wahrscheinlichkeit für den Schadenseintritt zugelassen und die Geltung der §§ 10 bis 13 ASOG ausgeschlossen. Adressat ist jede Person, die sich dort aufhält.

14.3 Form

Nach Abs. 2 dürfen Personen im Hinblick auf Art. 1 Abs. 3 GG nur von Personen gleichen Geschlechts oder Ärzten durchsucht werden. Aus Notwehrgesichtspunkten darf davon bei konkreter

Gefahr für Leib oder Leben des Beamten, des Betroffenen oder Dritter abgewichen werden.

14.4 Weitere Eingriffe

Gefahrerforschung

Der Durchsuchung einer Person werden oft weitere Eingriffe (Identitätsfeststellung, Ingewahrsamnahme, Festnahme, Sicherstellung) folgen. Teilweise soll sie diese ermöglichen (z. B. Nrn. 2, 3), teilweise begleitet sie aber auch nur eine andere Maßnahme (Nrn. 1, 3 und 5); insoweit hat sie den Charakter eines Gefahrerforschungseingriffs, denn es soll festgestellt werden, ob von den in Nrn. 1, 3 und 5 bezeichneten Personen eine Gefahr ausgeht oder ausgehen kann. Das Auffinden von gefährlichen Gegenständen wird nicht stets zur Sicherstellung führen können, weil deren Voraussetzungen nicht immer vorliegen. Bisweilen wird jedoch den durchsuchenden Beamten bereits das Wissen um das Vorhandensein von Gegenständen, die möglicherweise gefährlich werden könnten, genügen.

nicht gesuchte Sachen

Werden bei Gelegenheit einer nach § 22 ASOG zulässigen Durchsuchung Sachen gefunden, nach denen nicht gesucht werden durfte, so dürfen sie gleichwohl z. B. nach § 26 ASOG sichergestellt oder nach den §§ 94 ff. StPO beschlagnahmt werden, wenn deren Voraussetzungen vorliegen. Eine ähnliche Regelung enthält § 108 StPO.

Freiheitsentziehung

Eine Durchsuchung ist notwendigerweise mit einer kurzfristigen Beeinträchtigung der körperlichen Bewegungsfreiheit verbunden (Anhalten, Verweilen am Durchsuchungsort). Wie sich aus dem Vergleich mit § 15 Abs. 2 Satz 1 und 2 ASOG ergibt, sieht das ASOG dies lediglich als Freiheitsbeschränkung nicht als Freiheitsentziehung im Sinne von Art. 104 Abs. 2 GG an. Die Zulässigkeit dieses Eingriffs in Art. 2 Abs. 2 Satz 2 GG unterliegt im Hinblick auf § 47 ASOG keinen Bedenken und ist durch § 22 als immanente Beeinträchtigung gedeckt, auch wenn dies nicht ausdrücklich hervorgehoben ist. Längeres Festhalten ist allerdings als Freiheitsentziehung nicht gedeckt und bedarf einer besonderen Rechtsgrundlage.

14.5 Hinweise

14.5.1 Abtasten

Das Abtasten des bekleideten Körpers wird teilweise nicht als Durchsuchung angesehen sondern auf die Generalklausel gestützt (*Einwag/Schön* Kom. zum BGS-Gesetz § 23 Anm. 2). Das kann nicht richtig sein, weil dann das Abtasten als mildere Maßnahme von erhöhten Anforderungen abhängig wäre, denn § 22 ASOG erfordert bis auf Abs. 1 Nr. 2 i. V. m. § 26 Nrn. 1 und 3 ASOG keine konkrete Gefahr.

14.5.2 Untersuchung von Körperhöhlen

Zweifelhaft ist, ob die Suche in den nicht ohne weiteres zugänglichen Körperöffnungen (Scheide, After) als Durchsuchung oder Untersuchung anzusehen ist. Selbst wenn man sie als Durchsuchung bezeichnet (so für § 102 StPO *Loewe/Rosenberg*, StPO, 23. Aufl. § 102 RdNr. 16), dürfte sie nach § 22 ASOG nicht zulässig sein, da sie insoweit einen Eingriff in das Grundrecht der Unversehrtheit der Person darstellt, das durch § 47 ASOG nicht eingeschränkt ist (vgl. auch unten A 18.3).

14.5.3 Razzia

Die Durchsuchung von Personen kann auch im Rahmen einer Razzia vorgenommen werden. Zusätzliche Voraussetzungen über § 22 Abs. 1 ASOG hinaus brauchen nicht vorzuliegen. Von Identitätsfeststellungen isolierte Razzien zur Durchsuchung sind jedoch allenfalls nach § 22 Abs. 1 Nrn. 4 oder 5 ASOG denkbar.

Befindet sich die zu durchsuchende Person in einer Wohnung, müssen zusätzlich die Voraussetzungen des § 24 ASOG vorliegen.

14.5.4 ME

Abgesehen von der in § 9 Abs. 2 Satz 4 ME geregelten Durchsuchung zum Zwecke der Identitätsfeststellung gestattet § 17 Abs. 2 ME zusätzlich die Durchsuchung einer Person nach Waffen u. ä. Gegenständen aus Gründen des Eigenschutzes des Polizeibeamten oder eines Dritten, wenn die Identität einer Person festgestellt werden soll und dies nach den Umständen erforderlich ist.

14.6 Literatur

Hoffmann, Die Durchsuchung von Personen zur Aufklärung verdächtiger Sachverhalte, Die Polizei 1969/72.

15. Durchsuchung von Sachen

15.1 Allgemeines

15.1.1 Begriff

Durchsuchung einer Sache ist die Suche in oder an einer Sache nach anderen Sachen oder Personen. Sie ist zu unterscheiden von der Untersuchung einer Sache, die darauf gerichtet ist, den Zustand oder Durchsuchung

Untersuchung — die Beschaffenheit einer Sache festzustellen (z. B. Explosionsgefahr).

Sache — Sache im Sinne von § 23 ASOG ist jeder körperliche Gegenstand, wie Taschen, Gepäckstücke, nicht am Körper befindliche Kleidungsstücke, Kraftfahrzeuge, auch Wohnwagen, Grundstücke usw., es sei denn, diese unterliegen als befriedetes Besitztum dem Schutz des Art. 13 GG; in diesem Falle ist deren Betreten und Durchsuchen in § 24 ASOG besonders geregelt.

15.1.2 Zweck

Eine Durchsuchung von Sachen kann über das Nahziel des Auffindens von Personen oder Sachen hinaus entweder dem Zweck der Verfolgung von Straftaten oder Ordnungswidrigkeiten oder dem Zweck der Gefahrenabwehr dienen. § 23 ASOG (ebenso § 18 ME) dient aus den gleichen Gründen wie § 22 ASOG allein der Gefahrenabwehr. Durchsuchungen zum Zweck der Verfolgung von Straftaten und Ordnungswidrigkeiten sind in den §§ 102 ff. StPO, 46 OWiG mit dem Ziel der Entdeckung von Beweismitteln und Spuren und des Ergreifens eines Verdächtigen abschließend geregelt.

15.1.3 Systematik

Die systematische Einordnung der Durchsuchung von Sachen entspricht der Regelung des § 22 ASOG (vgl. oben). Bei der Umschreibung der Eingriffsvoraussetzungen in Abs. 1 wird in den Nrn. 2 und 3 die Generalklausel präzisiert, in Nr. 4 erweitert. Nr. 1 regelt die Durchsuchung mitgeführter Sachen, die Nrn. 2 bis 4 erfassen die Durchsuchung nicht mitgeführter Sachen.

15.1.4 ME

Der ME enthält in § 18 Abs. 1 Nr. 1 (durch Verweisung auf § 17 Abs. 2 ME), Nr. 2 Buchst. b) und c), Nr. 4 und Nr. 6 ME abweichende Bestimmungen.

15.2 Voraussetzungen

15.2.1 Bei Durchsuchung einer Person

mitgeführte Sachen (Nr. 1) — § 22 Abs. 1 gestattet die Suche nach bestimmten Sachen in den Kleidern und am Körper einer Person. § 23 Abs. 1 Nr. 1 ASOG erweitert diese Befugnis auch auf die von dieser Person mitgeführten Sachen (z. B. Fahrzeuge, Koffer, Taschen). Mitgeführt ist eine Sache, wenn sie erkennbar dem unmittelbaren sofortigen Zugriff des Betroffenen (tatsächlicher Gewahrsamsinhaber) freisteht.

Suche nach Sachen oder Personen — Bei der Durchsuchung von Personen nach § 22 ASOG kommt naturgemäß nur die Suche nach Sachen in Betracht. Die Durchsuchung von Sachen dagegen umfaßt seit jeher auch die Suche nach Personen. § 23 Abs. 1 Nr. 1 ASOG geht von diesem herkömmlichen Begriff aus; er ermächtigt daher auch zur Suche nach Personen. Da es sich nur um eine Suche zur Gefahrenabwehr handeln kann, darf nach Personen gesucht werden, die nach § 18 ASOG in Gewahrsam genommen werden dürfen oder zu befreien oder sonst zu retten sind. Das ist im Hinblick auf § 23 Abs. 1 Nr. 2 ASOG von Bedeutung, wo ein konkreter Verdacht vorausgesetzt wird. Bei der Durchsuchung mitgeführter Sachen nach § 23 Abs. 1 Nr. 1 ASOG braucht dieser konkrete Verdacht jedoch in den Fällen der Nrn. 1, 4 und 5 von § 22 Abs. 1 ASOG (Durchsuchung bei Festnahmen und Durchsuchung an gefährlichen und gefährdeten Orten) nicht vorzuliegen.

ME

Der ME gestattet zusätzlich durch Verweisung auf den gesamten § 17 ME die Durchsuchung mitgeführter Sachen auch, wenn die Identität einer Person festgestellt werden soll und dies nach den Umständen zum Schutz von Personen erforderlich ist; es darf dann nach Waffen, anderen gefährlichen Werkzeugen und Explosivmitteln gesucht werden.

15.2.2 Zur Ingewahrsamnahme

nicht migeführte Sachen (Nr. 2)

Nr. 2 ergänzt Nr. 1 und erlaubt auch die Durchsuchung von Sachen, die nicht von einer Person mitgeführt werden. Nr. 2 gestattet die Suche nach Personen, die in Gewahrsam genommen werden dürfen; hierunter ist nur die Ingewahrsamnahme nach § 18 ASOG gemeint, denn es fehlt der Hinweis auf Freiheitsentziehungen nach anderen Rechtsvorschriften, wie er beispielsweise in § 22 Abs. 1 Nr. 1 ASOG enthalten ist. Gleichwohl wird man im Hinblick auf den dadurch deutlich zum Ausdruck gekommenen Zweck der Bestimmung, nämlich gegenwärtige erhebliche Gefahren abzuwehren, auch die Suche nach Personen für zulässig ansehen können, die befreit (z. B. eine entführte Geisel) oder gerettet (z. B. eine hilflose Person) werden sollen (so jetzt ausdrücklich § 18 Abs. 1 Nr. 2 ME).

Nr. 2 setzt stets voraus, daß Tatsachen die Annahme rechtfertigen, daß die gesuchte Person sich in der Sache befindet. Vermutungen sind nicht ausreichend.

15.2.3 Zur Sicherstellung

(Nr. 3)

Nr. 3 dient der Entdeckung von Sachen, die nach § 26 ASOG sichergestellt werden dürfen. Für die Voraussetzung des Eingriffs gelten die Ausführungen zu § 22 Abs. 1 Nr. 2 ASOG. Ebenso wie § 23 Abs. 1 Nr. 2 ergänzt auch Nr. 3 die Nr. 1, indem auch die Durchsuchung nicht mitgeführter Sachen erlaubt wird. Auch hier muß der

Schluß, daß sich eine andere gesuchte Sache in der Sache befindet, durch Tatsachen gerechtfertigt sein. Vermutungen sind nicht ausreichend. Die Bestimmung ist mit § 18 Abs. 1 Nr. 3 ME identisch.

15.2.4 An gefährdeten Orten

(Nr. 4) § 23 Abs. 1 Nr. 4 ist wie § 22 Abs. 1 Nr. 5 ASOG nicht nur ein Begleiteingriff zur Identitätsfeststellung (Eigensicherung) sondern dient als vorbereitender Eingriff für eine Sicherstellung nach § 26 Nr. 1 ASOG oder Ingewahrsamnahme nach § 18 ASOG der Verhinderung von Straftaten gegen ein möglicherweise gefährdetes Objekt im Sinne von § 15 Abs. 1 Nr. 4 ASOG oder die darin befindlichen Menschen. Auf die Ausführungen zu § 22 Abs. 1 Nr. 5 wird verwiesen. In Ergänzung von § 23 Abs. 1 Nr. 1 i. V. m. § 22 Abs. 1 Nr. 5 ASOG wird durch Nr. 4 die Durchsuchung auch nicht mitgeführter Sachen in oder an den bezeichneten Objekten erlaubt (z. B. abgestelltes Kfz). Gesucht werden darf wie bei den mitgeführten Sachen nach Nr. 1 nach anderen Sachen oder Personen, durch die oder mit deren Hilfe Straftaten gegen die möglicherweise gefährdeten Objekte oder die darin oder in unmittelbarer Nähe befindlichen Sachen oder Personen einschließlich der kontrollierenden Beamten verübt werden könnten.

Ziel der suche

Tatbestand

Voraussetzung für diesen Durchsuchungseingriff ist, daß

- Tatsachen die Annahme rechtfertigen, daß in oder an Objekten der in § 15 Abs. 1 Nr. 4 ASOG bezeichneten Art Straftaten begangen werden sollen (vgl. A 10.2.1.3) und
- die zu durchsuchende Sache sich in oder in unmittelbarer Nähe eines solchen Objektes befindet; konkrete Anhaltspunkte daß derartige Sachen oder Personen sich in der zu durchsuchenden Sache befinden, werden nicht vorausgesetzt.

Auch dies ist letztlich ein Gefahrerforschungseingriff. Die Bestimmung entspricht § 18 Abs. 1 Nr. 5 ME.

15.2.5 An gefährlichen Orten

§ 23 ASOG enthält im Gegensatz zu § 18 Abs. 1 Nr. 4 ME keine Befugnis zur Durchsuchung von nicht mitgeführten Sachen an gefährlichen Orten. Die hier klaffende Lücke dürfte gering sein. Entscheidend ist, wessen Zugriff die Sache unterliegt. Bekennt sich eine Person zu dieser Sache, ist sie in Wahrheit mitgeführt und darf nach Nr. 1 durchsucht werden. Bekennt sich niemand dazu, dürften die Voraussetzungen zur Sicherstellung der Sache selbst nach § 26 Nr. 3 ASOG gegeben sein, was naturgemäß auch eine Durchsuchung der Sache einschließt. Soweit es sich um Sachen in einer Wohnung handelt, ist in beiden Fällen der Eingriff nur nach § 24 ASOG zulässig.

15.2.6 An Kontrollstellen

§ 18 Abs. 1 Nr. 6 ME enthält im Gegensatz zum ASOG ferner die Befugnis, an Kontrollstellen, die gemäß § 9 Abs. 1 Nr. 4 ME zur Identitätsfeststellung eingerichtet sind, Fahrzeuge und darin enthaltene Sachen zu durchsuchen. Soweit nach dem in Berlin geltenden Recht Kontrollstellen eingerichtet werden dürfen (vgl. A 10.8), richtet sich die Zulässigkeit der Durchsuchung von Sachen zur Strafverfolgung nach den §§ 111, 102 StPO, zur Gefahrenabwehr nach dem allgemeinen § 23 ASOG.

15.3 Adressat

§ 23 ist eine die §§ 10 bis 13 ASOG ausschließende Sonderregelung (Realakt). Gleichwohl ist der Eingriff nicht adressatlos. Betroffen ist wie bei § 11 ASOG jeder dinglich oder schuldrechtlich Berechtigte sowie im Falle der Nr. 1 auch der tatsächliche Gewalthaber der Sache, auf den § 23 Abs. 2 verweist.

15.4 Form

Zum Schutz des Betroffenen verlangt § 23 Abs. 2 ASOG die Anwesenheit des Inhabers der tatsächlichen Gewalt, bei seiner Abwesenheit (auch infolge zwangsweiser Entfernung) die Anwesenheit eines Vertreters sowie nach Maßgabe des Gesetzeswortlautes die Ausstellung einer Bescheinigung über die Durchsuchung und ihren Grund. In § 18 Abs. 2 ME fehlt die ausdrückliche Voraussetzung, daß der Inhaber die Durchsuchung nicht stören darf.

15.5 Andere Eingriffe

Ebenso wie bei § 22 ASOG braucht einer Durchsuchung nach § 23 ASOG nicht notwendig eine Sicherstellung oder Ingewahrsamnahme zu folgen. Soweit die Durchsuchung auch der Eigensicherung dient (Gefahrerforschungseingriff), wird dieser Zweck vielfach bereits durch das Wissen um das Vorhandensein möglicherweise gefährlicher Gegenstände erfüllt. Ingewahrsamnahme und Sicherstellung erfordern stets das Vorliegen der strengeren Voraussetzungen der §§ 18 und 26 ASOG, d. h. bis auf § 26 Nr. 2 ASOG stets eine konkrete Gefahr.

Auch insoweit gilt, daß andere Maßnahmen (z. B. Festnahmen nach § 127 StPO oder Beschlagnahmen nach § 94 StPO) vorgenommen werden dürfen, wenn bei der Durchsuchung Personen oder Sachen gefunden werden, nach denen zwar nach § 23 ASOG nicht gesucht werden durfte, bei denen die Voraussetzungen dieser Rechtsvorschriften aber vorliegen.

Ähnlich der Regelung des § 22 ASOG umfaßt auch § 23 Abs. 1 Nr. 1 ASOG die Befugnis zur Freiheitsbeschränkung, nicht jedoch zur Freiheitsentziehung (vgl. A 14.4).

15.6 Hinweise

15.6.1 Untersuchung

Die Untersuchung von Sachen (z. B. Feststellung, ob ein verdächtiger Gegenstand eine Bombe ist, ein Tier unter einer ansteckenden Krankheit leidet usw.) ist von § 23 ASOG nicht erfaßt, kann jedoch auf § 14 Abs. 1 ASOG gestützt werden.

15.6.2 Razzia

Die Durchsuchung nicht mitgeführter Sachen ist auch in Form einer Razzia denkbar. Zusätzliche Voraussetzungen sind nicht erforderlich.

16. Betreten und Durchsuchen von Wohnungen

16.1 Allgemeines

16.1.1 Begriffe

Wohnung (Abs. 1 Satz 2)

„Wohnung" ist jede tatsächlich bewohnte oder Wohn-, Arbeits-, Betriebs- und Geschäftszwecken dienende Räumlichkeit sowie anderes befriedetes Besitztum. Wohnungen sind auch zu den genannten Zwecken genutzte bewegliche Sachen wie Schiffe, Wohnwagen, Zelte, Schlafkojen im Lkw. Zum befriedeten Besitztum gehören eingefriedete Grundstücke, es sei denn, sie werden land- oder forstwirtschaftlich genutzt und sind nur mit einer einfachen Umzäunung versehen (vgl. BVerfG DVBl. 1971/892).

Inhaber

„Inhaber" einer Wohnung ist diejenige natürliche oder juristische Person, die rechtmäßig die tatsächliche Gewalt über die Räumlichkeit ausübt, also auch Mieter, Untermieter, Hotelgäste. Inhaber ist also derjenige, dem das Grundrecht der Unverletzlichkeit der Wohnung nach Art. 13 GG zusteht. Bei Gemeinschaftsunterkünften, Internaten, Obdachlosenasylen sind nur die Leiter Inhaber.

Betreten

„Betreten" ist das körperliche Eindringen in eine Wohnung einschließlich der Kenntnisnahme von Personen, Sachen und Zuständen, die ohne jeglichen Aufwand wahrgenommen werden können. Es umfaßt die einfache Nach- und Umschau in der Wohnung, ohne daß der Standort von Sachen verändert oder diese geöffnet werden.

„Durchsuchen" ist das ziel- und zweckgerichtete Suchen nach Personen oder Sachen oder die Ermittlung eines Sachverhalts in einer Wohnung. Es umfaßt das Öffnen und Durchsuchen von Sachen, die Veränderung ihres Standortes, das Aufreißen von Wänden und Fußböden, soweit das im Einzelfall notwendig ist. Durchsuchen

„Einwilligung" ist die vorher erteilte Zustimmung zum Betreten oder Durchsuchen der Wohnung. Die Einwilligung kann neben dem oder für den Inhaber auch dessen gesetzlicher oder bevollmächtigter Vertreter erteilen. Einwilligung

16.1.2 Zweck

Das Betreten oder Durchsuchen einer Wohnung kann über das Nahziel des Aufenthalts in der Wohnung, der Kenntnisnahme oder des Auffindens von Personen, Sachen oder Zuständen hinaus entweder dem Zweck der Verfolgung von Straftaten oder Ordnungswidrigkeiten oder dem Zweck der Gefahrenabwehr dienen.

§ 24 ASOG (ebenso § 19 ME) dient allein der Gefahrenabwehr; das geht bereits aus seinem Wortlaut hervor. Die Durchsuchung von Wohnungen zum Zwecke der Verfolgung von Straftaten oder Ordnungswidrigkeiten ist durch die §§ 102 ff. StPO, 46 OWiG abschließend geregelt. Die Voraussetzungen des § 14 Abs. 2 Satz 2 ASOG für eine Anwendung des § 24 ASOG zur Strafverfolgung liegen daher nicht vor.

16.1.3 Systematik

Betreten und Durchsuchen einer Wohnung nach § 24 ASOG sind nicht wie z. B. der Gewahrsam oder die Sicherstellung das eigentliche Mittel zur Gefahrenabwehr, sondern lediglich Maßnahmen, die andere Amtshandlungen vorbereiten sollen (z. B. Gewahrsam, Sicherstellung, Identitätsfeststellung, Beobachtungen und andere notwendige Maßnahmen). Das ASOG regelt diesen Hilfseingriff wegen seiner Schwere in § 24 ASOG abschließend. Die tatbestandlichen Voraussetzungen für das Durchsuchen und Betreten einer Wohnung sind in Abs. 1 inhaltlich gleich geregelt. Über Abs. 1 hinaus erlaubt das ASOG keinerlei Durchsuchungen; vgl. dazu auch oben A 12.4. Lediglich für das Betreten von Wohnungen sind in § 24 Abs. 3 und Abs. 4 für gefährliche und öffentlich zugängliche Orte weitere erleichterte Eingriffstatbestände vorgesehen. Hilfseingriff

§ 24 Abs. 2 und § 25 ASOG regeln eingehend das Verfahren bei der Durchsuchung von Wohnungen. Das Verfahren beim Betreten von Wohnungen ist nicht geregelt. Verfahren

Kein Betreten und Durchsuchen im Sinne von § 24 ASOG liegt vor, wenn der Inhaber der Wohnung dies gestattet; in diesem Falle Einwilligung handelt es sich nicht um einen Eingriff. Doch ist stets genau zu prüfen, ob eine Einwilligung vorliegt. In der Regel wird der Inhaber den Eingriff lediglich dulden und keinen Widerstand leisten, was an der Qualität des Eingriffs aber nichts ändert.

Die §§ 24, 25 ASOG gelten nach § 14 Abs. 2 Satz 1 und 3 ASOG auch nicht, soweit Spezialbestimmungen bestehen (z. B. § 14 FwG, § 32 Abs. 2 BSeuchG, § 22 Abs. 2 GaststättenG). Sie gelten aber bei der allgemeinen Gefahrenabwehr insbesondere für die Polizei, wenn diese im Rahmen ihrer Zuständigkeit tätig wird.

16.1.4 ME

Der ME empfiehlt, die eingeschränkte Generalklausel des § 24 Abs. 1 ASOG um zwei Tatbestände in § 19 Abs. 1 Nrn. 1 und 2 ME zu erweitern, diese Eingriffe aber zur Nachtzeit nur bei gegenwärtiger erheblicher Gefahr zuzulassen (vgl. A 16.2.1). Im übrigen sieht er in § 19 ME nur Gefahren für Leib, Leben oder Freiheit einer Person oder Sachen von bedeutendem Wert als erhebliche Gefahren an. Die übrigen Bestimmungen entsprechen inhaltlich dem ASOG (zweifelhaft bei § 19 Abs. 3 ME).

16.2 Voraussetzungen

16.2.1 Betreten und Durchsuchen bei gegenwärtiger erheblicher Gefahr

Tatbestand

Abs. 1 setzt für das Betreten und für die Durchsuchung einer Wohnung in gleicher Weise eine gegenwärtige erhebliche Gefahr voraus (vgl. zu diesen Begriffen oben A 4.2.10). § 19 ME sieht Gefahren für Leib, Leben oder Freiheit einer Person oder für Sachen von bedeutendem Wert als „erheblich" an; dem ist für § 24 ASOG zu folgen.

Es kommt nicht darauf an, ob die Gefahr von der Wohnung selbst, von deren Inhaber, von anderen Personen oder von Sachen innerhalb oder außerhalb der Wohnung ausgeht. Die Gefahr kann bestehen für die Wohnung selbst oder die darin befindlichen Menschen oder Sachen oder auch für Menschen oder Sachen außerhalb der Wohnung. Voraussetzung ist nur, daß es sich um eine konkrete Gefahr für bedeutsame Rechtsgüter handelt, die zeitlich nahe ist. Das bedeutet, daß die Durchsuchung einer Wohnung nach Personen, Sachen oder einer Gefahrenquelle nur zulässig ist, wenn Tatsachen die Annahme rechtfertigen, daß sich diese in der Wohnung befinden.

eingeschränkte Generalklausel

Anders als die Befugnisnormen zur Durchsuchung von Personen und Sachen umschreibt Abs. 1 keine spezielle Gefahrenlage, sondern setzt lediglich eine qualifizierte konkrete Gefahr voraus, die es abzuwenden gilt. Welche Mittel im einzelnen eingesetzt werden dürfen, wonach gesucht werden darf, ob eine Durchsuchung oder nur ein Betreten in Betracht kommt, wie lange das Betreten und Durchsuchen dauern dürfen, muß daher im Einzelfall nach § 8 ASOG bestimmt werden. So hat sich z. B. Umfang und Ausmaß der Durchsuchung einer Wohnung auf das zu beschränken, was Anlaß und Zweck der Durchsuchung ist, nämlich die Ermittlung der Quelle einer gegenwärtigen erheblichen Gefahr, die Suche nach Personen oder Sachen, von denen eine gegenwärtige erhebliche Gefahr ausgeht oder denen eine solche Gefahr droht.

Vorführung, Sicherstellung

Da § 24 ASOG das Betreten und Durchsuchen von Wohnungen abschließend regelt, darf eine Wohnung zur Suche nach Personen, die gemäß § 17 Abs. 3 ASOG vorgeführt, oder Sachen, die nach § 26 ASOG sichergestellt werden dürfen, nicht bereits bei Vorliegen der dort genannten Voraussetzungen sondern erst bei gegenwärtiger erheblicher Gefahr betreten und durchsucht werden.

ME

Dem ME erscheint dies zu eng. Er empfiehlt daher in § 19 Abs. 1 Nrn. 1 und 2 ME, bereits die Voraussetzungen der §§ 17 Abs. 3 ASOG (§ 11 Abs. 3 ME), 18 ASOG (13 ME, soweit mit ASOG übereinstimmend) und 26 Nr. 1 ASOG (21 Nr. 1 ME) genügen zu lassen, wenn Tatsachen die Annahme rechtfertigen, daß sich die gesuchte Person oder Sache in der Wohnung befindet. Zur Nachtzeit soll dies jedoch nur bei gegenwärtiger erheblicher Gefahr (also unter den bereits jetzt im ASOG vorgesehenen Voraussetzungen) gelten.

16.2.2 Betreten gefährlicher Orte

Zweck

Während Durchsuchungen stets nur unter der Voraussetzung von Abs. 1 erlaubt sind, gewährt Abs. 3 ein erleichtertes Betretungsrecht an „gefährlichen" Orten. Wie bei § 15 Abs. 1 Nr. 3 ASOG bezweckt auch § 24 Abs. 3 ASOG die Verhütung von Straftaten und die Suche nach Verdächtigen, Verurteilten und illegal aufhältlichen Ausländern. Er dient der Gefahrerforschung und der Prävention durch behördliche Präsenz und ermöglicht die Identitätsfeststellung, wenn der gefährliche Ort eine Wohnung im Sinne von Abs. 1 Satz 2 ist.

Betreten

Betreten bedeutet wie in Abs. 1 die Befugnis, sich Eingang zu verschaffen, in der Wohnung zu verweilen und von Personen, Sachen und Zuständen Kenntnis zu nehmen, soweit dies ohne zusätzlichen Aufwand möglich ist. Es darf jedoch kein planmäßiges, zielgerichtetes Suchen oder Ausforschen eines für die freie Entfaltung der Persönlichkeit wesentlichen Intimbereichs stattfinden; dies wäre als typische Durchsuchungshandlung zu qualifizieren und unzulässig. Umfang und Ausmaß des Betretens werden vom Anlaß und Zweck im Einzelfall bestimmt (§ 8 ASOG).

Tatbestand

Tatbestandliche Voraussetzung von Abs. 3 ist, daß die Wohnung im Sinne von Abs. 1 Satz 2 ein in § 15 Abs. 1 Nr. 3 ASOG umschriebener „gefährlicher" Ort ist und das Betreten letztlich der Abwehr von abstrakten oder konkreten Gefahren für die öffentliche Sicherheit oder Ordnung im Sinne von § 1 Abs. 1 ASOG dient. Das umfaßt die vorbeugende Bekämpfung rechtswidriger Taten (A 4.4).

Deshalb braucht auch bei Eingriffen nach § 24 Abs. 3 ASOG im Augenblick des Betretens keine konkrete Gefahr vorzuliegen. So ist z. B. nicht erforderlich, daß zu diesem Zeitpunkt gerade eine Straftat begangen oder verabredet oder sich ein bestimmter Verdächtiger dort aufhält oder in einer Wohnung, die nachweislich der Prostitution dient, gerade eine Straftat begangen wird. Im Grunde handelt es sich hier um die bis in die gefährliche Wohnung verlängerte Streife. Es spielt keine Rolle, ob die nach § 15 Abs. 1 Nr. 3 vorgenommene Identitätsfeststellung in Form einer Razzia durchgeführt wird. Auch wenn der Tatbestand keine weitere Eingrenzung enthält, ist wegen der Bedeutung des Eingriffs doch abzuwägen, ob er im Einzelfall nach § 8 ASOG überhaupt erforderlich ist.

Art. 13 GG

Wenn auch eine konkrete Gefahr nicht vorzuliegen braucht, muß die Bestimmung dennoch im Sinne von Art. 13 Abs. 3 GG ausgelegt werden; das bedeutet, daß ein Betreten nur zum Schutz bedeutsamer Rechtsgüter (vgl. A 4.2.10) betreten werden darf. Um dies klarzustellen, läßt § 19 Abs. 3 ME das Betreten unter sonst dem ASOG entsprechenden Vorausstzungen nur „zu Abwehr dringender Gefahren" zu. Damit sind die Begriffe des Art. 13 GG gemeint. Der Entstehungsgeschichte ist nicht zu entnehmen, daß von der IMK hier der enge Gefahrenbegriff der Legaldefinition (konkrete Gefahr) verwendet wurde.

16.2.3 Betreten von öffentlich zugänglichen Räumen und Grundstücken

Zweck

Gegenüber Abs. 1 enthält Abs. 4 ein weiteres erleichtertes Betretungsrecht, das an sich selbstverständlich ist. Er soll den Behörden der Gefahrenabwehr zur Erfüllung ihrer Aufgaben den Zutritt zu solchen Räumen und Grundstücken gestatten, die auch der Öffentlichkeit zugänglich sind (Teilbereich der Wohnung im Sinne von Abs. 1 Satz 2).

Auch Abs. 4 dient der Gefahrenerforschung und der Prävention durch behördliche Präsenz und soll bei Vorliegen der entsprechenden Voraussetzungen die notwendigen Maßnahmen der Gefahrenabwehr (z. B. Identitätsfeststellungen) an öffentlichen Orten erlauben, die unter den Begriff der Wohnung im Sinne von § 24 Abs. 1 Satz 2 ASOG fallen. Umfang und Ausmaß des Betretens werden auch hier im Einzelfall durch Anlaß und Zweck nach § 8 ASOG begrenzt.

Tatbestand

Voraussetzung ist, daß es sich um eine Räumlichkeit (Grundstück oder Räume einschließlich Arbeits-, Betriebs- und Geschäftsräume) handelt, die entweder der Öffentlichkeit zugänglich sind oder die der Öffentlichkeit zugänglich waren (so jetzt auch ausdrücklich § 19 Abs. 4 ME), soweit sich darin noch Personen aufhalten, die diese Räumlichkeiten betreten haben, als sie noch öffentlich zugänglich waren (z. B. Gaststätte nach „Schließung"). Öffentlich zugänglich sind diejenigen Räumlichkeiten, deren Besuch im Prinzip jedermann freisteht wie z. B. Gaststätten, Theater, Lichtspielhäuser, Badeanstalten, Ausstellungen, Kaufhäuser, Geschäfts- oder Betriebsräume mit Publikumsverkehr, Spielsalons. Der Öffentlichkeit zugänglich sind auch Räumlichkeiten, deren Betreten bestimmten Personengruppen untersagt ist (z. B. Kindern und Jugendlichen, Personen in nicht erwünschter Kleidung). Ein Betreten nach Abs. 4 ist nicht zulässig, wenn die Räumlichkeit nur für einen sachlich oder personell abgegrenzten Personenkreis bestimmt ist (z. B. Betriebsangehörige, Lieferanten, Clubmitglieder) und Vorkehrungen getroffen sind, andere am Betreten der Räumlichkeiten zu hindern. Die Voraussetzung des Erwerbs einer Mitgliedskarte oder einer mit der Eintrittskarte verbundenen Clubmitgliedschaft stellt keine Hinderung im Sinne dieser Regelung dar.

Die Eingriffsbefugnis besteht nur für die Zeit, in der die Wohnung der Öffentlichkeit zugänglich ist, also während der Arbeits-, Betriebs- und Aufenthaltszeit. Wie in Abs. 3 wird auch nach Abs. 4 als Anlaß des Betretens keine konkrete Gefahr vorausgesetzt. Es wird lediglich verlangt, daß Zweck des Betretens die Gefahrenabwehr im Sinne von § 1 Abs. 1 ASOG ist, der auch die Abwehr abstrakter Gefahren einschließt. Im Grunde bedeutet auch diese Bestimmung die Verlängerung der Streife in öffentlich zugängliche Räume und Grundstücke.

16.3 Adressat

Die Eingriffe nach § 24 Abs. 3 und 4 richten sich stets gegen den Inhaber der dort umschriebenen Wohnungen. Da eine konkrete Gefahr nicht vorausgesetzt wird, sind die §§ 10 bis 13 ASOG nicht anwendbar. Eine Differenzierung nach verantwortlichen und nicht verantwortlichen Wohnungsinhabern ist nicht vorzunehmen und wäre angesichts des Zwecks der Vorschrift auch sinnlos.

Demgegenüber gelten die §§ 10 bis 13 ASOG jedoch für § 24 Abs. 1. Das ergibt sich aus der Systematik des ASOG, wonach diese Bestimmungen diejenigen Ermächtigungsnormen ergänzen, die eine konkrete Gefahr voraussetzen (ähnlich für das PVG OVG Berlin DÖV 74/27, bestätigt durch BVerwG NJW 75/130; anders anscheinend Samper für den teilweise vergleichbaren Art. 37 Bay. PAG, Anm. 8).

16.4 Form bei Durchsuchung

Formvorschriften für das Betreten von Wohnungen bestehen nicht. Für die Durchsuchung einer Wohnung gibt es jedoch strenge Bestimmungen in den §§ 24 Abs. 2 und 25 ASOG, die § 20 ME entsprechen.

16.4.1 Richterliche Anordnung

Grundsatz

Im Hinblick auf Art. 13 Abs. 2 GG muß die zuständige Behörde grundsätzlich vor Durchführung einer Durchsuchung eine richterliche Entscheidung über deren Zulässigkeit herbeiführen. Zuständig für diese Entscheidung ist in Berlin das Amtsgericht Tiergarten, vgl. § 24 Abs. 2 Satz 2 und 3 ASOG i. V. m. § 1 Abs. 4 der 2. VO über die Konzentration amtsgerichtlicher Zuständigkeiten vom 4. 12. 1972 (GVBl. S. 2301), zuletzt geändert durch VO vom 30. 7. 1975 (GVBl. S. 1838) i. V. m. § 1 der VO zur Übertragung einer Ermächtigung zur Regelung gerichtlicher Zuständigkeiten nach dem ASOG vom 14. 7. 1975 (GVBl. S. 1735).

Gefahr im Verzug

Nur ausnahmsweise kann die Durchsuchung auch ohne richterliche Entscheidung durchgeführt werden. Voraussetzung ist dafür jedoch nach § 24 Abs. 2 ASOG (ebenso § 20 Abs. 1 ME), daß die richterliche Entscheidung nicht rechtzeitig vor Eintritt des zu erwartenden Schadens ergehen würde (Gefahr im Verzuge). Für die Polizei wird im Hinblick auf § 4 Abs. 1 ASOG dies der Regelfall sein; für sie ist die Befugnis zur Anordnung der Durchsuchung nicht auf Hilfsbeamte der Staatsanwaltschaft beschränkt, da dies nur für die StPO gilt.

16.4.2 Anwesenheit

Entsprechend § 106 Abs. 1 StPO hat auch nach § 25 Abs. 1 ASOG der Wohnungsinhaber ein Anwesenheitsrecht. Die Pflicht zur Hinzuziehung eines Vertreters oder eines anderen Zeugen gilt auch bei selbstverschuldeter Abwesenheit des Wohnungsinhabers.

16.4.3 Durchsuchungsgrund

Entsprechend § 106 Abs. 2 StPO muß auch nach § 25 Abs. 2 ASOG dem Inhaber oder seinem Vertreter unverzüglich der Grund der Durchsuchung bekannt gegeben werden, es sei denn, daß dadurch der Zweck der Maßnahme gefährdet wird.

16.4.4 Niederschrift

Über die Durchsuchung ist nach näherer Bestimmung durch § 25 Abs. 3 ASOG eine Niederschrift zu fertigen, von der auf Verlangen eine Abschrift ausgehändigt werden muß. Ist dies ausnahmsweise bei dringender Gefahrenabwehr nicht möglich oder würde dadurch der Durchsuchungszweck gefährdet werden, ist die Durchsuchung nach Maßgabe von § 25 Abs. 4 ASOG nachträglich schriftlich zu bestätigen.

16.4.5 Folgen bei Nichtbeachtung

Die Nichtbeachtung der vorgeschriebenen Form hat unterschiedliche Wirkung. Wird der richterliche Vorbehalt nach § 24 Abs. 2 ASOG nicht beachtet, hat dies die Rechtswidrigkeit der Maßnahme zur Folge. Ein Verstoß gegen § 25 ASOG hat als Verfahrensfehler auf die Rechtmäßigkeit der Durchsuchung keinen Einfluß, wenn die materiellen Voraussetzungen vorliegen.

16.5 Weitere Eingriffe

Dem Betreten oder Durchsuchen einer Wohnung werden oft andere Maßnahmen wie Ingewahrsamnahme, Sicherstellung, Identitätsfeststellung oder Platzverweisung folgen, da sie zu diesem Zweck durchgeführt werden. Es kann sich jedoch während der Durchführung der Maßnahme die Notwendigkeit von Begleiteingriffen ergeben, z. B. Durchsuchung von Personen oder Sachen, Ingewahrsamnahme des Inhabers, soweit er stört. Es kann sich auch die Notwendigkeit zunächst völlig unbeabsichtigter Maßnahmen ergeben, z. B. Festnahme nach § 127 StPO, Durchsuchung der Wohnung nach § 102 ff. StPO usw., soweit die Voraussetzungen für diese Eingriffe vorliegen.

16.6 Hinweise

16.6.1 Razzia

Insbesondere in den Fällen von § 24 Abs. 3 und 4 ASOG kann ein gefährlicher und öffentlicher Ort betreten werden, um eine Identitätsfeststellung in Form einer Razzia durchzuführen. Die Zulässigkeit der Sammelkontrolle beurteilt sich nach § 15 Abs. 1 ASOG, durch § 24 ASOG ergeben sich keine zusätzlichen Erfordernisse.

Bezirk

Denkbar ist auch, daß eine Vielzahl von Wohnungen razziaartig betreten oder durchsucht werden soll (z. B. wenn ein ganzer Wohnblock nach dem Verbleib einer Geisel durchsucht werden soll). Auch hierfür stellt § 24 ASOG keine erhöhten Anforderungen. Auch dieser Eingriff ist qualitativ nicht anders als eine Einzeldurchsuchung zu werten und nimmt nur quantitativ eine andere Dimension an. Es gelten die allgemeinen Regeln, d. h. bei Eingriffen nach Abs. 1 ist § 13 ASOG zu beachten, wenn nicht ausgeschlossen werden kann, daß Wohnungen Nichtverantwortlicher betreten oder durchsucht werden müssen. Bei Eingriffen nach § 24 Abs. 3 und 4 ASOG ist eine solche Differenzierung entbehrlich. Im übrigen gilt § 8 ASOG, d. h. je größer der von der Razzia betroffene Kreis von Wohnungen ist, desto eher können Gründe der Verhältnismäßigkeit gegen eine solche Razzia sprechen.

StPO

Für den Bereich der Strafverfolgung ist neben der Befugnis aus § 103 Abs. 1 StPO in Satz 2 die Befugnis zur Durchsuchung eines Gebäudes geregelt, wenn aufgrund von Tatsachen anzunehmen ist, daß der Beschuldigte sich in dem Gebäude aufhält. Da sich die Bestimmung nur auf bestimmte Beschuldigte bezieht, erscheint nunmehr für die StPO die Durchsuchung eines ganzen Gebäudes oder Bezirkes nach anderen Beschuldigten, für die bisher Satz 1 herangezogen werden konnte, ausgeschlossen.

16.6.2 Verfassungsrechtliche Bedenken

Verfassungsrechtliche Bedenken sind insbesondere gegen § 24 Abs. 3, vor allem gegen die Zulässigkeit an Orten erhoben worden, die der Prostitution dienen. Es wird ein Verstoß gegen Art. 13 Abs. 3 GG angenommen, weil eine dringende Gefahr im Sinne dieser Bestimmung nicht vorliege. Dem ist folgendes entgegenzuhalten:

Dringende Gefahr im Sinne von Art. 13 Abs. 3 GG ist nach der Rechtsprechung des BVerwG (NJW 75/130) eine Gefahr für wichtige Rechtsgüter. Die in § 24 Abs. 3 ASOG bezeichneten Orte sind die Brennpunkte der Kriminalität. Gerade in Wohnungen, die der Prostitution dienen, werden erfahrungsgemäß Straftaten an Prostituierten oder ihren Kunden begangen; ähnliches gilt für die Treffpunkte von Illegalen und erst recht für die übrigen bezeichneten Orte. Doch selbst wenn man dies verneint, steht die Vorschrift mit der Rechtsprechung des Bundesverfassungsgerichtes zu Art. 13 Abs. 3 GG im Einklang.

Nach der Entscheidung in DVBl. 71/892 ff. muß die Auslegung des Begriffs „Eingriffe und Beschränkungen" in Art. 13 Abs. 3 GG dem verschiedenen Schutzbedürfnis einerseits der privaten Wohnräume und andererseits der Arbeits-, Betriebs- und Geschäftsräume Rechnung tragen. Das BVerfG mißt den reinen Geschäfts- und Betriebsräumen nur einen minderen Schutz bei, weil der Inhaber selbst durch seine Zweckbestimmung dieser Räume mit seiner Tätigkeit nach außen wirkt und deshalb auch die Interessen anderer und der Allgemeinheit berührt. Daraus leitet das BVerfG ein Kontroll- und Betretungsrecht der zuständigen Behörde ab. Die gleiche Situation besteht auch bei Wohnungen, die der Prostitution dienen und den anderen in § 24 Abs. 3 ASOG genannten Wohnungen; auch hier mindert der Inhaber durch seine eigene Tätigkeit sein Schutzbedürfnis mit der Folge, daß das Betreten derartiger Wohnungen nicht als Eingriffe und Beschränkungen des Wohnungsgrundrechts anzusehen ist. Die vom BVerfG aufgestellten Voraussetzungen für das Betreten von Geschäfts- und Betriebsräumen sind auch für § 24 Abs. 3 ASOG erfüllt, nämlich:

1. § 24 Abs. 3 ermächtigt zum Betreten zu einem erlaubten Zweck (Gefahrenabwehr) und ist zur Erreichung dieses Zwecks erforderlich (vgl. auch § 8 ASOG).
2. § 24 Abs. 3 i. V. m. § 8 ASOG lassen Zweck, Gegenstand und Umfang des Betretens deutlich erkennen.
3. Das Betreten ist nur in den Zeiten statthaft, zu denen die Wohnung normalerweise („erfahrungsgemäß") zu den bezeichneten Zwecken genutzt wird.

Aus den gleichen Erwägungen bestehen auch gegen § 24 Abs. 4 ASOG keine Bedenken.

16.7 Literatur

Zur Auslegung von Art. 13 GG vgl.
BVerfGE 17/232 ff.
BVerfG DVBl. 71/892.
BVerwG NJW 75/130.
BVerwGE 28/285.
Dagtoglou, Das Grundrecht der Unverletzlichkeit der Wohnung, JuS 1975/753.
Gentz, Die Unverletzlichkeit der Wohnung 1968.
Schwan, Art. 13 GG und die gefahrenabwehrenden Eingriffe in die Wohnungsfreiheit, DÖV 1975/661.

17. Sicherstellung

17.1 Allgemeines

17.1.1 Begriff

Sicherstellung

Sicherstellung im Sinne von § 26 ff. ASOG ist die Begründung eines öffentlich-rechtlichen Verwahrungsverhältnisses über eine Sache zum Zwecke der Gefahrenabwehr. Übt jemand die tatsächliche Gewalt über die Sache aus, umfaßt die Sicherstellung die Erklärung, daß dem Berechtigten die tatsächliche Verfügungsgewalt entzogen wird (Sicherstellungserklärung), das Verlangen der Herausgabe und die Begründung der tatsächlichen Gewalt durch die Behörde. Die Sicherstellung einer Sache, über die niemand die tatsächliche Verfügungsgewalt ausübt, erfolgt durch Begründung der tatsächlichen Verfügungsgewalt durch die Behörde. Die Behörde übt die tatsächliche Verfügungsgewalt durch Verwahrung nach § 27 ASOG aus, indem sie entweder die Sache in amtliche Verwahrung nimmt oder sie auf andere Weise aufbewahrt (z. B. durch einen Privatunternehmer, beispielsweise ein Tierheim) oder sonst sichert (z. B. Versiegelung einer Wohnung). Sachen im Sinne von § 26 ASOG sind bewegliche oder unbewegliche körperliche Gegenstände einschließlich Tiere (§ 90 BGB).

Beschlagnahme

Der Begriff der Beschlagnahme wird im ASOG nicht verwendet, um eine Verwechslung mit der Beschlagnahme nach der StPO auszuschließen. Teilweise ist es aber üblich, die Durchsetzung der Sicherstellung durch Anwendung unmittelbaren Zwanges als (polizeirechtliche) Beschlagnahme zu bezeichnen.

andere Begriffe

Das ASOG übernimmt den Sicherstellungsbegriff des ME, der eine Vereinheitlichung der in den Polizeigesetzen der Länder und des Bundes verwendeten unterschiedlichen Begriffe bewirken soll. Teilweise verstehen diese nur den in § 26 Nr. 3 ASOG umschriebenen Eingriff als Sicherstellung (z. B. § 27 BGSG), teilweise werden die in § 26 Nrn. 1 und 2 umschriebenen Eingriffe nicht als Sicherstellung sondern als Beschlagnahme bezeichnet (§ 27 BWPolG); davon wieder abweichend wird der Begriff der Beschlagnahme in Art. 24 Abs. 1 Nr. 2 BayPAG als zwangsweise Wegnahme definiert; gleichwohl wird die Beschlagnahme in Bayern als Grundeingriff, im BGSG ebenso wie vom ASOG dagegen als Vollstreckungseingriff angesehen. Der Begriff Sicherstellung wird auch in der StPO verwendet (z. B. §§ 94, 111 b StPO), hat dort aber eine andere Zielrichtung.

Die Sicherstellung ist zu unterscheiden von der Anforderung und Herausgabe von Sachen, mit deren Hilfe Gefahren abgewendet werden sollen. Während bei der Sicherstellung nach § 26 ASOG die Gefahr unmittelbar durch Wegnahme und Inbesitznahme der Sache abgewehrt werden soll, weil die Sache oder ihr Besitz gefährlich sind, wird in diesen Fällen die (ungefährliche) Sache zur Abwehr einer unabhängig von ihr bestehenden Gefahr gebraucht. Die Wegnahme dient nur mittelbar der Gefahrenabwehr, entscheidend ist die Benutzung der Sache durch die Behörde, um damit Gefahren abzuwehren. Soweit nicht Sonderregelungen eingreifen (z. B. § 13 FwG) ergibt sich die Befugnis aus der Generalklausel des § 14 Abs. 1 ASOG. Bereitstellen von Hilfsmitteln

17.1.2 Zweck

§§ 26 ff. ASOG betreffen nur die Sicherstellung zur Gefahrenabwehr. Dies ergibt sich aus dem Wortlaut und der Überlegung, daß Befugnisse nur im Rahmen der Aufgabe bestehen (§§ 1 Abs. 1, 2 Abs. 1, 4 Abs. 1 und 2 ASOG). Die Sicherstellung von Sachen zum Zwecke der Verfolgung von Straftaten und Ordnungswidrigkeiten ist abschließend in der StPO geregelt (vgl. § 94 StPO zur Erlangung von Beweismitteln; § 111 b StPO bei Vorliegen der Voraussetzungen für ihren Verfall oder ihre Einziehung; § 46 OWiG). Die Voraussetzungen des § 14 Abs. 2 Satz 2 ASOG für eine Anwendung des § 26 ASOG auch zum Zwecke der Strafverfolgung liegen nicht vor.

17.1.3 Systematik

§ 26 ASOG faßt alle Fälle der Sicherstellung des ASOG zusammen. Vorbereitende oder begleitende Eingriffe (Durchsuchungen) beurteilen sich nach den dafür bestehenden Sonderermächtigungen. Umgekehrt ist § 26 gegenüber § 20 Abs. 3 Satz 3 ASOG die speziellere Vorschrift (vgl. A 13.5). abschließende Regelung

Liegen neben den Voraussetzungen des § 26 ASOG auch die Voraussetzungen für die Wegnahme einer Sache nach anderen Rechtsvorschriften vor (z. B. Wegnahme eines Messers bei einer Messerstecherei auch nach § 94 StPO), kann die Wegnahme auf beide Rechtsgrundlagen gestützt werden. Konkurrenz

Wird die Sache nicht freiwillig herausgegeben, kann die Sicherstellungsanordnung durch Zwangsmaßnahmen nach den Vorschriften des VwVG und UZwG Bln durchgesetzt werden, also durch Zwangsgeld, Ersatzvornahme (Abschleppen eines Kraftfahrzeuges durch einen Unternehmer) und unmittelbaren Zwang (z. B. Entreißen der Sache durch Anwendung körperlicher Gewalt). Zwang

17.1.4 Presserechtliche Sicherstellung

§ 26 ASOG betrifft nicht die Sicherstellung von Presseerzeugnissen. Soweit diese zum Zwecke der Strafverfolgung in Betracht kommt, gilt die Regelung der StPO. Die Sicherstellung zur Gefahrenabwehr wird durch die – im übrigen durch die Neuregelung der StPO obsolet gewordenen – §§ 12 ff. des Berliner Pressegesetzes ausgeschlossen.

17.1.5 ME

Den Bestimmungen des ASOG entsprechen die §§ 21 bis 24 ME; sie enthalten nur redaktionelle Unterschiede.

17.2 Voraussetzungen

17.2.1 Gegenwärtige Gefahr

Tatbestand (Nr. 1) Ebenso wie § 24 Abs. 1 ASOG umschreibt auch § 26 Abs. 1 ASOG keine spezielle Gefahrenlage. Er enthält eine gegenüber § 14 ASOG eingeschränkte Generalklausel, indem er voraussetzt, daß eine konkrete gegenwärtige Gefahr für die öffentliche Sicherheit oder Ordnung bestehen muß. Zu diesen Begriffen vgl. oben A 3, 4. Die Gefahr braucht nicht erheblich zu sein.

Die gegenwärtige Gefahr kann ausgehen von der Sache selbst (z. B. Giftmüll, einsturzgefährdetes Haus), vom Zustand des Besitzers (z. B. Wegnahme eines gefährlichen Werkzeuges oder Wegnahme des Autoschlüssels bei einem Volltrunkenen) oder von der Absicht des Besitzers (z. B. Wegnahme einer Sache, mit der eine Straftat begangen werden soll). Welche Sachen sichergestellt werden dürfen, beurteilt sich nach dem Einzelfall unter Beachtung der §§ 8 bis 9 ASOG.

Adressat Da eine konkrete Gefahr vorausgesetzt wird, müssen ergänzend die Voraussetzungen der §§ 10 bis 13 ASOG vorliegen.

17.2.2 Bei Freiheitsentziehungen

Zweck (Nr. 2) Nr. 2 bezweckt ähnlich wie § 22 Abs. 1 Nr. 1 ASOG die Abwehr von Gefahren, die bei Freiheitsentziehungen auftreten können (Verletzung von Personen oder Sachen, Flucht des Festgehaltenen, Befreiung anderer sowie Störung der Ordnung im Gewahrsam). Das ergibt sich aus der Begründung zu § 26 ASOG. Allerdings reicht hier im Gegensatz zu § 22 Abs. 1 Nr. 1 ASOG die rechtliche Möglichkeit einer Freiheitsentziehung nicht aus; es wird vielmehr vorausgesetzt, daß der Betroffene, dem eine Sache weggenommen werden soll, festgehalten wird, d. h. daß ihm im Sinne von Art. 104

Tatbestand

Abs. 2 GG die Freiheit bereits entzogen ist. Rechtsgrundlage für das Festhalten können sowohl die Vorschriften des ASOG (Sistierung, Vorführung, Gewahrsam) als auch andere Rechtsvorschriften (z. B. § 127 StPO) sein; auch bei derartigen Freiheitsentziehungen bestehen die gleichen Gefahrenlagen.

Vorausgesetzt wird ferner, daß eine mißbräuchliche Verwendung wie sie z. B. § 32 BGSG umschreibt, nicht ausgeschlossen werden kann. Die Sicherstellung ist also zulässig, wenn nicht ausgeschlossen werden kann, daß die Sache benutzt wird, um Polizeibeamte oder Dritte anzugreifen, sich selbst zu töten oder zu verletzen, eigene oder fremde Sachen zu beschädigen oder um die eigene oder fremde Flucht zu ermöglichen oder zu erleichtern (z. B. Waffen, Werkzeuge, Gürtel, Krawatten, Nadeln, Rasierklingen, Geld, Ausweispapiere). Das stellt jetzt § 21 Nr. 3 ME ausdrücklich klar.

keine konkrete Gefahr

Das Gesetz verlangt keine konkrete Gefahr, also keine hinreichende Wahrscheinlichkeit, daß der Betroffene die Sache tatsächlich mißbräuchlich benutzen wird. Mangels Erkenntnisse über den Betroffenen ist diese Prognose in der Regel dem Beamten nicht möglich. Wegen der besonders hohen Gefahren ist der Eingriff daher bereits erlaubt, wenn die mißbräuchliche Verwendung nicht ausgeschlossen werden kann. Welcher Grad an Wahrscheinlichkeit für die mißbräuchliche Verwendung danach vorliegen muß, ist nicht ganz eindeutig. Nach dem Sinn und Zweck der Vorschrift und ihrer Formulierung dürfte die abstrakte Möglichkeit des Mißbrauchs ausreichen (ebenso für Art. 23 BayPAG *Samper*, Anm. 19; unklar *Einwag/Schoen*, Anm. 5 zu § 28 BGSG, die gegenüber der konkreten Gefahr die Beweislast praktisch als umgekehrt ansehen, aber gleichwohl Anhaltspunkte fordern, die es nicht als ausgeschlossen erscheinen lassen, der Festgehaltene werde die Sache mißbräuchlich verwenden).

Adressat

§ 26 Nr. 2 ASOG richtet sich gegen denjenigen, der festgehalten wird und die betreffende Sache mit sich führt. Es schließt infolgedessen die Anwendung der §§ 10 bis 13 ASOG aus. Ob Nr. 2 darüber hinaus auch die Sicherstellung von Sachen umfaßt, die eine andere Person mit sich führt, die aber, wenn sie der Festgehaltene erhält, von diesem mißbräuchlich verwendet werden könnten (z. B. wenn der Besucher ein Messer mit sich führt), ist sehr zweifelhaft (so aber *Berg/Hein* § 26 B 2 b). Die Wortinterpretation schließt diese Auslegung nicht ganz aus. Nach dem Sinn von § 26 Nr. 2, der an § 22 Abs. 1 Nr. 1 ASOG anschließt und den Art. 28 Abs. 1 Nr. 2 und 23 Abs. 3 BayPAG nachgebildet ist, dürfte ein solcher Eingriff aber nach Nr. 2 nicht zulässig sein.

Übermaßverbot

Nr. 2 ist eine notwendige aber sehr weitgehende Eingriffsermächtigung. Sie findet ihre Einschränkung im Einzelfall durch die §§ 8 und 9 ASOG. Welche Sachen sichergestellt werden müssen, wird sich aus dem Zweck des Festhaltens ergeben; so wird sich z. B. die Sicherstellung bei einer Sistierung oder Vorführung auf andere Sachen erstrecken als bei einer Festnahme oder einem Schutzgewahrsam.

17.2.3 Zum Schutz privater Rechte

Tatbestand (Nr. 3)

Nr. 3 bezweckt den Schutz des Eigentümers und tatsächlichen Gewalthabers bei Gefährdung von Sachen. Voraussetzung ist, daß Tatsachen die Annahme rechtfertigen, daß ein Verlust oder die Beschädigung einer Sache bevorstehen (z. B. wenn Sachen nach einem Unfall ungeschützt dem direkten Zugriff Dritter ausgesetzt sind). Obwohl der Wortlaut dies nicht ausdrücklich festlegt, muß es sich um eine konkrete Gefahr handeln. Im Gegensatz zu § 26 Nr. 1 braucht die Gefahr jedoch nicht gegenwärtig zu sein. Die Vorschrift schließt damit an § 4 Abs. 2 ASOG an.

Zuständigkeit

Im Gegensatz zu Nr. 1, wonach von der Sache selbst oder ihrer Verwendung durch den Besitzer eine Gefahr ausgeht, ist bei Nr. 3 das private Recht des Eigentümers oder rechtmäßigen Inhabers der Sache Schutzobjekt. Die Befugnis nach Nr. 3 ist nur im Rahmen des § 4 Abs. 2 ASOG gegeben, also wenn gerichtlicher Schutz nicht rechtzeitig zu erlangen ist und ohne polizeiliche Hilfe die Verwirklichung des Rechts vereitelt oder wesentlich erschwert ist. Ebenso wie bei der Aufgabe nach § 4 ASOG kann sich auch bei der Befugnis nach § 26 Nr. 3 ASOG eine Überschneidung mit der Befugnis nach § 26 Nr. 1 ASOG ergeben (z. B. bei Hausbesetzungen). Da Nr. 3 weitergeht als Nr. 1 und nicht die Gegenwärtigkeit der Gefahr voraussetzt, dürfte Eingriffskonkurrenz bestehen.

Adressat

Soweit eine Person über eine Sache die tatsächliche Gewalt ausübt, richtet sich Nr. 3 gegen diese Person; hier wird die Verfügungsmacht entzogen. Da Nr. 3 die konkrete Gefahr der Verletzung oder Beschädigung voraussetzt, müssen hierbei die Voraussetzungen der §§ 10 bis 13 ASOG vorliegen. Übt niemand die tatsächliche Gewalt aus (z. B. Sachen in einem Schaufenster nach einem Einbruch), ist der Eigentümer betroffen. Hat der Berechtigte der Sicherstellung zugestimmt, liegt ihm gegenüber kein Eingriff vor.

17.3 Form

Ähnlich der Regelung bei der Durchsuchung ist auch bei einer Sicherstellung nach § 27 Abs. 2 ASOG eine Bescheinigung auszustellen, die die sichergestellten Sachen bezeichnet und den Grund der Sicherstellung angibt. Notfalls ist eine Niederschrift über die Sicherstellung aufzunehmen. Eigentümer und rechtmäßiger Inhaber der tatsächlichen Gewalt sind unverzüglich zu unterrichten. Eine Verletzung der Formvorschrift führt nicht zur Rechtswidrigkeit der Sicherstellung selbst, wenn die materiellen Voraussetzungen gegeben sind.

17.4 Dauer

Wie bereits nach § 8 Abs. 3 ASOG ist die Maßnahme nach § 29 Abs. 1 Satz 1 ASOG aufzuheben, wenn die Voraussetzungen der Sicherstellung weggefallen sind. Wegen der besonderen Probleme bei der Sicherstellung mußte jedoch die Herausgabe der Sache besonders geregelt werden, da Betroffener (z. B. der Dieb) und zu Schützender (Berechtigter) oft auseinanderfallen. Nach § 29 Abs. 1 Satz 1 ist die Sache an denjenigen herauszugeben, bei dem sie sichergestellt worden ist. Die Herausgabe an einen Dritten gemäß Satz 2 kommt nur dann in Betracht, wenn die Herausgabe an den Betroffenen rechtlich oder tatsächlich nicht möglich ist (z. B. wenn dadurch erneut die Voraussetzungen für eine Sicherstellung eintreten würden oder die Person des Betroffenen oder sein Aufenthaltsort unbekannt und auch nicht mit zumutbarem Aufwand zu ermitteln ist). Der Dritte hat, falls seine Besitzberechtigung nicht bekannt ist, diese glaubhaft zu machen. Die Behörde ist nicht verpflichtet, die ihr glaubhaft erscheinenden Tatsachenangaben näher zu überprüfen.

17.5 Verwertung, Vernichtung, Herausgabe des Erlöses, Kosten

Die Sicherstellung ist grundsätzlich solange aufrecht zu erhalten, wie die Gründe für die Maßnahme fortbestehen. Das ist bisweilen nicht möglich oder für die Behörde unzumutbar. § 28 ASOG erlaubt daher unter bestimmten Voraussetzungen die Verwertung der Sache durch Versteigerung, ihre Unbrauchbarmachung oder ihre Vernichtung. Ein Erlös ist nach § 29 Abs. 2 ASOG an den Berechtigten herauszugeben und notfalls zu hinterlegen. Die Kosten der Sicherstellung und des Verfahrens fallen den nach den §§ 10 und 11 ASOG Verantwortlichen gemäß § 29 Abs. 3 ASOG zur Last.

17.6 Literatur

Zur Sicherstellung von Fahrzeugen durch Abschleppen:
Steckert, Zulässigkeit und Kosten polizeilich veranlaßter Ab-

schleppmaßnahmen von verkehrswidrig abgestellten Kraftfahrzeugen, DVBl. 1971/243 ff.

OVG Münster DVBl. 1973/922; 1975/588 (unmittelbare Ausführung der Sicherstellung von verkehrswidrig auf Gehwegen abgestellten Kfz. durch Sofortvollzug; unmittelbare Ausführung durch Normalvollzug liegt dagegen vor, wenn ein Verkehrszeichen das Parken verbietet und dessen Anordnung durch das Abschleppen durchgesetzt wird, BVerwG NJW 1978/656).

18. Einzelne Maßnahmen nach der Generalermächtigung

18.1 Allgemeines

Standardmaßnahmen

Das ASOG differenziert nicht danach, ob eine Maßnahme typisch für eine Behörde ist und häufig getroffen wird, so daß sie als Standardmaßnahme besonders zu regeln ist, oder ob sie nicht so häufig getroffen wird, so daß sie in der Generalermächtigung ihre ausreichende gesetzliche Regelung finden könnte. Das ASOG unterscheidet vielmehr, ob eine Maßnahme eine konkrete Gefahr voraussetzt (dann soll die Generalermächtigung des § 14 Abs. 1 ASOG gelten) oder ob andere Voraussetzungen gelten sollen (dann soll dieser Eingriff besonders geregelt werden); auf die Häufigkeit oder Besonderheit der Maßnahme wird nicht abgestellt.

Systematik ASOG

Aus diesem Grunde sind Eingriffe, auch wenn sie häufig getroffen werden (z. B. Platzverweisung, Auskunftsverlangen, Beobachtung von Personen, Einsatz optischer und akustischer Hilfsmittel, Unterbindung strafbarer Handlungen usw.), zulässig, wenn die Voraussetzungen der §§ 14, 10 bis 13 und 8 ASOG erfüllt sind. Im folgenden werden einige „klassische“ Standardmaßnahmen, die im ASOG nicht besonders geregelt worden sind, unter dem Gesichtspunkt ihrer Zulässigkeit nach § 14 Abs. 1 ASOG erläutert und im übrigen einige Literaturhinweise zu anderen Maßnahmen der Generalermächtigung gegeben. Im ME ist die Platzverweisung besonders geregelt.

18.2 Platzverweisung

18.2.1 Allgemeines

Begriff

Die Platzverweisung ist das Gebot an eine oder mehrere Personen, einen bestimmten Ort für eine begrenzte Zeit zu verlassen, oder das Verbot, diesen Ort für diese Zeit zu betreten. Sie erstreckt sich auch auf Fahrzeuge oder andere Sachen (z. B. Tiere), die der Betroffene mit sich führt. Sie umfaßt auch das Verbot, einer Person oder einem Fahrzeug zu folgen.

Die Platzverweisung gilt allein der Gefahrenabwehr, auch wenn sie anläßlich einer Maßnahme nach anderen Rechtsvorschriften vorgenommen wird. Zweck

Sonderregelungen wie z. B. § 15 VersG (Auflösung von Versammlungen) gehen vor. Eine Spezialregelung enthält auch § 164 StPO, der auch eine Platzverweisung als milderes Mittel gegenüber einer Festnahme bei Störung von Amtshandlungen nach der StPO zuläßt. Systematik

Die Platzverweisung ist zu unterscheiden vom öffentlich-rechtlichen Hausverbot, dessen Zulässigkeit aus dem Hausrecht abgeleitet wird (vgl. *Ehlers*, Gesetzesvorbehalt und Hausrecht der Verwaltungsbehörden, DÖV 1977/738). Hausverbot

Der ME schlägt in § 12 ME eine ausdrückliche Regelung vor. Materiell bestehen jedoch keine Unterschiede zum ASOG. ME

18.2.2 Voraussetzungen

Nach § 14 Abs. 1 ASOG ist Voraussetzung das Bestehen einer im Einzelfall bevorstehenden Gefahr für die öffentliche Sicherheit oder Ordnung. Zu diesen Begriffen vgl. oben A 3, 4. Eine derartige konkrete Gefahr besteht z. B. bei Ansammlungen von Schaulustigen, die die Leichtigkeit des Verkehrs beeinträchtigen (Verstoß gegen § 1 StVO) oder wenn Einsätze anderer Behörden oder der eigenen Behörde behindert werden, z. B. Einsätze von Polizei, Feuerwehr und anderen Staatsorganen. konkrete Gefahr

Zweifelhaft ist, wieweit eine Platzverweisung anläßlich einer Radarverkehrskontrolle zulässig ist. Die Platzverweisung wird zulässig sein, soweit der Einsatz der Polizei tatsächlich behindert wird (vgl. dazu OLG Köln DAR 1959/247, Bay.ObLG NJW 1963/1884, OLG Düsseldorf DAR 1959/327, KG VRS 19/58. Radarkontrolle

18.2.3 Weitere Eingriffe

Soweit mit einer Platzverweisung weitere Eingriffe verbunden sind, müssen die einschlägigen Rechtsgrundlagen vorhanden sein. So kann die Maßnahme auch in einer Wohnung erfolgen, wenn die Voraussetzungen zum Betreten der Wohnung gegeben sind. Selbst der Inhaber der Wohnung kann an deren Betreten gehindert werden oder aus ihr verwiesen werden, wenn er stört; Voraussetzung dürfte dann jedoch das Vorliegen einer gegenwärtigen erheblichen Gefahr im Sinne von § 24 ASOG sein, soweit nicht die Voraussetzungen von § 24 Abs. 3 oder 4 ASOG vorliegen. Zwangsweise durchgesetzt wird die Platzverweisung im normalen Verwaltungszwangsverfahren nach dem VwVG und dem UZwG Bln.

Führt die Platzverweisung nicht zum Ziel, wird als letztes Mittel die Ingewahrsamnahme nach § 18 ASOG oder die Festnahme nach § 164 StPO in Betracht kommen.

18.2.4 Literatur

Zur Platzverweisung nach Art. 16 Bay.PAG vgl. *Samper*, Komm. zum bayerischen Polizeiaufgabengesetz, zu Art. 16.

18.3 Auskunftsverlangen

18.3.1 Allgemeines

Begriff

Zur Erfüllung ihrer Aufgaben ist die zuständige Behörde darauf angewiesen, Informationen und Auskünfte zu erhalten. Dies geschieht in der Regel durch schlicht-hoheitliche Bitte im Rahmen ihrer Aufgaben nach § 1 Abs. 1 ASOG und § 163 StPO. Die Auskunft kann aber auch in der Weise verlangt werden, daß der Betroffene hoheitlich verpflichtet wird, die erbetene Auskunft zu geben. Dieses Auskunftsverlangen ist hier gemeint.

Zweck

Eine Auskunft kann dem Zweck der Gefahrenabwehr, der Verfolgung von Straftaten und Ordnungswidrigkeiten oder anderen Zwecken dienen. Im ASOG ist nur das Auskunftsverlangen zur Gefahrenabwehr erfaßt.

Systematik

§ 17 Abs. 3 ASOG (ebenso § 11 Abs. 3 und 4 ME) setzt nach seiner Begründung ein Auskunftsverlangen voraus, enthält aber nicht selbst die erforderliche Rechtsgrundlage. Mangels anderer Regelung im ASOG kommt als Rechtsgrundlage daher nur § 14 Abs. 1 ASOG (§ 8 Abs. 1 ME) in Betracht. Eine Vollstreckung dieses Verwaltungsaktes ist nach § 11 VwVG zulässig. Vgl. zur Rechtsgrundlage auch die abweichende Ansicht von *Sigrist*, Die Polizei 1978/69 ff.

18.3.2 Voraussetzungen

StPO

Im Strafverfahren ist zwischen dem Beschuldigten und den Zeugen und Sachverständigen zu unterscheiden. Dem Beschuldigten steht es frei, sich zu einer Beschuldigung zu äußern oder nichts zur Sache auszusagen (§ 136 Abs. 1 Satz 2 StPO). Zeugen und Sachverständige haben das, was ihnen von dem Gegenstand der Vernehmung bekannt ist, im Zusammenhang anzugeben (§ 69 Abs. 1 Satz 1, § 72 StPO); sie haben jedoch die in den §§ 52 ff. StPO angegebenen Zeugnisverweigerungsrechte. Die Vernehmung (Aussageverlangen) kann vom Richter, vom Staatsanwalt und von der Polizei durchgeführt werden (§§ 136 a, 161 a, 163 a Abs. 3, § 163 a Abs. 4 und 5 StPO). Während jedoch Richter und Staatsanwalt berechtigt sind, das Erscheinen des Beschuldigten sowie der Zeugen und Sachverständigen anzuordnen (Vorführung), steht diese Befugnis der Polizei nicht zu; sie kann die Aussage auch nicht wie Richter und Staatsanwalt erzwingen (§§ 51, 70, 77, 161 a Abs. 2 StPO).

Auch im Bußgeldverfahren kann der Beschuldigte nicht zu einer Aussage gegen seinen Willen verpflichtet werden (§ 55 OWiG); dort ist ihm im Vorverfahren sogar nur Gelegenheit zur Äußerung zu geben. Die Anordnung der Vorführung von Zeugen und Sachverständigen ist dem Richter vorbehalten (§ 46 Abs. 5 OWiG). Auch im Bußgeldverfahren kann die Polizei von Sachverständigen und Zeugen eine Aussage nicht erzwingen. OWiG

Das ASOG will diese abschließenden Regelungen nicht abändern. Abgesehen von der Frage, ob § 14 Abs. 1 ASOG überhaupt für die Strafverfolgung Bedeutung erlangen kann, ergibt sich dies aus § 14 Abs. 2 Satz 2 ASOG, wonach das ASOG eine abschließende Regelung nicht ergänzen will. Bei Gefahrenabwehr

Auch bei der Gefahrenabwehr ist die zuständige Behörde häufig auf Auskünfte angewiesen. Dies ist für viele Ordnungsbehörden spezialgesetzlich geregelt (z. B. § 32 Abs. 2 Satz 2 BSeuchG, § 41 BImSchG, § 25 SprengstoffG). Soweit nichts geregelt ist, gilt gemäß § 14 Abs. 2 Satz 2 ASOG die Generalermächtigung des § 14 Abs. 1 ASOG als Eingriffsgrundlage. Auskunft kann also verlangt werden, wenn dies die erforderliche Maßnahme zur Abwehr einer konkreten Gefahr für die öffentliche Sicherheit oder Ordnung (zu den Begriffen vgl. A 3, 4) ist. Erforderlich kann die Auskunft z. B. sein, wenn darüber Auskunft gegeben werden soll, ob jemand eine vermißte oder entführte Person gesehen hat, eine gesuchte Person wiedererkennt oder wo die Schlüssel zu einem gefährdeten Objekt liegen usw.

18.3.3 Adressat

Da eine konkrete Gefahr vorliegen muß, müssen ergänzend auch die Voraussetzungen der §§ 10 bis 13 ASOG vorliegen.

18.3.4 Rechtsgrundlage bei mehreren Zwecken

Das Auskunftsverlangen kann zugleich dem Zweck der Strafverfolgung dienen. Zweifelhaft ist, wie weit die dort eingeräumten Aussageverweigerungsrechte auch dem polizeirechtlich zur Gefahrenabwehr in Anspruch Genommenen zustehen. Eine Abwägung sollte bedenken, daß die Aussageverweigerungsrechte auf dem Gedanken beruhen, daß es unzumutbar ist, sich selbst oder einen Angehörigen einer Straftat zu bezichtigen und an der eigenen Überführung oder der eines Angehörigen mitzuwirken. Demgegenüber kann es bei der Gefahrenabwehr um den Schutz hochwertiger Rechtsgüter gehen. Im Einzelfall kann daher der Gesichtspunkt der Gefahrenabwehr durchaus höher zu bewerten sein (z. B. wird sich ein Bombenleger nicht auf ein Aussageverweigerungsrecht berufen können, wenn von ihm zur Abwehr der Explosionsgefahr Auskünfte verlangt werden).

18.3.5 Andere Eingriffe

Die Auskunft kann an sich überall von dem Betroffenen verlangt werden. Ist der Ort jedoch eine Wohnung, darf diese nur unter den Voraussetzungen des § 24 ASOG betreten werden. Soll der Betroffene die Aussage auf der Dienststelle oder an einem anderen Ort machen, kann er zu diesem Zweck nach § 17 ASOG vorgeladen und vorgeführt werden (z. B. bei Gegenüberstellung, Konfrontation mit Bildern, Tonbandaufnahmen usw.). Als Zwangsmaßnahme zur Erlangung der Auskunft kommt nach den Vorschriften des VwVG nur das Zwangsgeld in Betracht.

18.3.6 Literatur

Heise, Polizeigesetz Nordrhein-Westfalen, 1975, Anm. 14 ff. zu § 24.

Wacke, Das Recht der Polizei auf Auskünfte, Die Polizei 1962 S. 161 ff., 210 ff.

Drews/Wacke/Vogel/Martens, Gefahrenabwehr II, S. 84 bis 86.

Günther, Das Ankunftsrecht der Ordnungsbehörden in NRW, Staats- und Kommunalverwaltung, 1965/74; 1966/61.

18.4 Untersuchung einer Person

18.4.1 Allgemeines

Begriff — Die Untersuchung einer Person ist darauf gerichtet, Zustand, Beschaffenheit und Funktion des Körpers einer Person (insbesondere durch körperlichen Eingriff) festzustellen (z. B. Feststellung einer Krankheit oder Suche im Innern des Körpers beispielsweise nach verschluckten Gegenständen).

Zweck — Die Untersuchung kann im Ergebnis entweder der Strafverfolgung oder der Gefahrenabwehr dienen. Die Untersuchung zum Zweck der Strafverfolgung zu Beweiszwecken ist in § 81 a StPO abschließend geregelt. Die Voraussetzungen des § 14 Abs. 2 Satz 2 ASOG für eine Ergänzung der StPO durch das ASOG liegen somit nicht vor. Die Untersuchung von Personen zum Zwecke der Gefahrenabwehr ist teilweise in Spezialgesetzen wie § 36 BSeuchG, § 4

GeschlKrG geregelt. Das ASOG enthält (ebenso wie der ME) bis auf § 16, der die Feststellung von Körpermerkmalen zuläßt, keine besondere Regelung.

18.4.2 Voraussetzungen

Zweifelhaft ist, ob die Untersuchung einer Person nach §§ 14 Abs. 1 ASOG, 8 ME zugelassen ist. Sie ist sicherlich vom Wortlaut dieser Auffangklausel umfaßt. Bei verfassungskonformer Auslegung der Generalermächtigung des ASOG muß man jedoch sagen, daß diese als Rechtsgrundlage für Untersuchungen, jedenfalls soweit sie als Eingriffe in die körperliche Unversehrtheit anzusehen sind, d. h. also soweit sie einen medizinischen Eingriff erfordern, nicht ausreicht, da § 47 ASOG im Gegensatz zu § 7 ME Art. 2 Abs. 2 Satz 1 GG nicht einschränkt (anders auch § 38 PolG NRW, vgl. deshalb hierzu *Heise,* Polizeigesetz in Nordrhein-Westfalen mit Erläuterungen, Komm. 1975, Anm. 2 zu § 28). ASOG?

Auch § 22 Abs. 1 UZwG Bln enthält nur teilweise eine Rechtsgrundlage, da diese Bestimmung nach ihrer Entstehungsgeschichte auf die Entdeckung einer Krankheit bei einer festgehaltenen Person zugeschnitten ist (vgl. unten C 6) und nur der gesundheitlichen Betreuung von Gefangenen und Untergebrachten dient (KG JR 1975/118), also nicht der Abwehr anderer Gefahren (z. B. Suche nach verschluckten Gegenständen). UZwG

Damit scheidet die Untersuchung einer Person im Bereich der Gefahrenabwehr weitgehend aus. In der Mehrzahl der Fälle wird der Gesichtspunkt der Gefahrenabwehr jedoch zugleich durch § 81 a StPO gewahrt oder es liegt eine Einwilligung vor, bzw. kann vermutet werden. Einwilligung, StPO

18.5 Hinweise zu anderen Eingriffen

Thomas, Rechtsgrundlagen der Observation, Kriminalist 1977/87 ff.

Riegel, Bemerkungen zum Musterentwurf eines einheitlichen Polizeigesetzes des Bundes und der Länder, BayVBl. 1977/683, 684. Observation und beobachtende Fahndung

Fischer/Gröppe, Die Daten im Melderecht, DVBl. 1977/229 ff.

Schwan, Datenschutz, Vorbehalte des Gesetzes und Freiheitsgrundrechte, Verw.Arch 66 (1975) 120 ff. (insbes. S. 127 ff.). Informationssammlung

Dietel, Das Recht des Polizeibeamten am eigenen Bild, Deutsche Polizei 1977, Heft 7 S. 30 ff. und Heft 8 S. 28 ff. Recht am eigenen Bild

Krüger, Rechtsfragen zur Dokumentation und Beweissicherung der Polizei bei Großveranstaltungen, Die Polizei 1977/249 ff., 249 ff. Einsatz technischer Hilfsmittel

Groydke/Schröder, Aufzeichnungen vom Telefongespräch zur Sprecheridentifizierung, Kriminalistik 1971/281 ff.
Lazzer/Rohlf, Der Lauschangriff JZ 1977/207 ff.
Burghard, Der Einsatz technischer Hilfsmittel im Ermittlungsverfahren, Deutsche Polizei, 1972/153 ff., 178 ff.
Krause/Nehring, Strafverfahrensrecht in der Polizeipraxis 1978, S. 150 ff. über technische Ermittlungshilfen.

19. Vollzugshilfe

19.1 Allgemeines

19.1.1 Begriff und Zweck

Vollzugshilfe im Sinne der §§ 3, 4 und 30 ASOG liegt vor, wenn Polizei oder Feuerwehr auf Ersuchen einer anderen Behörde mit Vollzugsbeamten oder deren Ausrüstung aushelfen, um Handlungen, Duldungen oder Unterlassungen durch Anwendung unmittelbaren Zwanges gegen Personen durchzusetzen. Die Vollzugshilfe ist, wie sich aus dem Wortlaut und der Begründung zu § 30 Abs. 1 ASOG ergibt, nicht auf die Gefahrenabwehr beschränkt. Sie ist auch zugelassen, wenn Handlungen, Duldungen oder Unterlassungen im Bereich der Leistungsverwaltung mit unmittelbarem Zwang durchzusetzen sind (z. B. Schulzuführungen).

19.1.2 Systematik

Der Begriff der Vollzugshilfe ist umstritten. Das ASOG sieht sie als besonderen Fall der Amtshilfe an. Es gelten daher gemäß § 30 Abs. 4 ASOG die Grundsätze der Amtshilfe, d. h. die §§ 4 bis 8 VwVfG, entsprechend.

gesteigerte Amtshilfe

Vollzugshilfe ist ein Fall, der sog. gesteigerten Amtshilfe. Davon spricht man, wenn die Amtshilfe nach außen wirkt und unmittelbar in die Rechte von Personen eingreift. In diesen Fällen verlangt die herrschende Meinung neben Art. 35 GG eine besondere gesetzliche Regelung, weil dadurch die bestehende Zuständigkeitsordnung für Eingriffsmaßnahmen geändert wird (vgl. den Überblick von *Menger/Erichsen* mit Nachw. zur Geltung des Gesetzesvorbehaltes für Zuständigkeitsregelungen, Verw.Arch. 1970/375 ff.). Die §§ 4 bis 8 VwVfG regeln nur die einfache Amtshilfe. Das ASOG bezeichnet nur solche Maßnahmen der gesteigerten Amtshilfe als Vollzugshilfe, bei denen unmittelbarer Zwang gegen Personen angewendet wird;

andere Fälle (z. B. unmittelbarer Zwang gegen Sachen) sind nicht erfaßt; gesteigerte Amtshilfe in dieser Form darf deshalb nicht geleistet werden (vgl. Begründung zu § 4 Abs. 3 ASOG). Demgegenüber erfaßt § 25 ME alle Fälle des unmittelbaren Zwanges.

Besondere gesetzliche Regelungen der Amtshilfe (z. B. §§ 758 Abs. 3 ZPO, 33 Abs. 2 Satz 1 FGG, 335 Abs. 3 AO) gehen den §§ 30 bis 32 ASOG vor. Ebenso bleiben die gesetzlich geregelten Fälle der Amtshilfe (z. B. § 15 Abs. 2 VwVG) unberührt. Das gilt auch für die §§ 161 StPO und 152 GVG, soweit man derartige Fälle der Unterstellung überhaupt als Amtshilfe bezeichnen kann. Schließlich bleibt auch die normale Verpflichtung zur Amtshilfe (Art. 35 GG, §§ 4 bis 8 VwVfG) bestehen. Spezialnorm

19.1.3 ME

Der Regelung des ASOG entsprechen die Vorschläge des ME in den §§ 25 bis 27 ME bis auf § 25 Abs. 1 ME, der auch Zwang gegen Sachen umfaßt, und § 30 Abs. 2 ASOG, der im ME fehlt, weil sich dieser nur mit der Polizei befaßt.

19.2 Voraussetzungen

19.2.1 Polizei

§ 30 Abs. 1 ASOG setzt voraus:

- ein Vollzugshilfeersuchen einer anderen Behörde in der Form des § 31 ASOG. Behörde ist jede Stelle, die Aufgaben der öffentlichen Verwaltung wahrnimmt (§ 1 Abs. 4 VwVfG), einschließlich der Gerichte und Parlamentspräsidenten. Das konkrete Ersuchen kann sich auch auf eine Vielzahl von Fällen oder eine Fallgruppe beziehen. Ersuchen
- die Anwendung unmittelbaren Zwanges gegen Personen. Die Anwendung unmittelbaren Zwanges gegen Sachen ist nach der Begründung zum ASOG (zu § 4 Abs. 3 ASOG) ebenso nicht umfaßt wie die Anwendung von Zwangsgeld oder Ersatzvornahme. Der Musterentwurf läßt dagegen auch unmittelbaren Zwang gegen Sachen zu. u. Z. gegen Personen
- Die zuständige Behörde darf nicht die Möglichkeit haben, ihre Maßnahmen selbst zu vollstrecken. Diese Voraussetzung ist erfüllt, wenn sie überhaupt keine oder nicht genug befugte Dienstkräfte besitzt und ihre Maßnahme nicht auf andere Weise z. B. durch Zwangsgeld oder Ersatzvornahme selbst durchsetzen kann. Für Voraussetzungen und Grenzen der Vollzugshilfe gilt im übrigen gemäß § 30 Abs. 4 ASOG § 5 VwVfG entsprechend. letzte Möglichkeit

19.2.2 Feuerwehr

Zusätzliche Voraussetzung für die Berliner Feuerwehr ist nach § 30 Abs. 2 ASOG, daß die Vollzugshilfe im Zusammenhang mit ihren Aufgaben steht (z. B. unmittelbarer Zwang beim Transport zur Unterbringung Geisteskranker). Diese Regelung fehlt naturgemäß im ME.

19.3 Verantwortung

Die ersuchte Behörde ist nur für die Art und Weise der Durchführung verantwortlich. Die in Vollzugshilfe durchzuführende Maßnahme bleibt eine Maßnahme der ersuchenden Behörde; sie allein hat deren Rechtmäßigkeit zu vertreten.

19.4 Ablehnung der Vollzugshilfe

Ein Vollzugshilfeersuchen darf nur gestellt werden, wenn alle Rechtmäßigkeitsvoraussetzungen des Eingriffs erfüllt sind. Gleichwohl darf die ersuchte Behörde nicht die Rechtmäßigkeitsvoraussetzungen oder die Zweckmäßigkeit der erbetenen Maßnahme nachprüfen, denn nur die ersuchende Behörde ist Herrin des Verfahrens. Eine Ausnahme dürfte nur bei offensichtlich rechtswidrigen Maßnahmen zulässig sein.

Trotz Vorliegens der Voraussetzungen von § 30 ASOG darf oder braucht die ersuchte Behörde Vollzugshilfe nicht zu leisten, wenn die Voraussetzungen des nach § 30 Abs. 4 ASOG entsprechend anwendbaren § 5 Abs. 2 und 3 VwVfG vorliegen.

19.5 Verfahren

§ 31 ASOG Vollzugshilfeersuchen müssen schriftlich gestellt werden und haben Grund und Rechtsgrundlage der Maßnahme anzugeben. Nur in Eilfällen kann das Ersuchen formlos gestellt werden, ist jedoch auf Verlangen unverzüglich schriftlich zu bestätigen (§ 31 ASOG). Um
§ 32 ASOG einer Umgehung des Art. 104 Abs. 2 GG vorzubeugen, ist bei Freiheitsentziehungen ferner auch die richterliche Entscheidung über die Zulässigkeit der Freiheitsentziehung vorzulegen oder in dem Ersuchen zu bezeichnen. Kann die ersuchende Behörde eine richterliche Anordnung nicht rechtzeitig einholen, hat die ersuchte Behörde auch derartigen Ersuchen nachzukommen; die ersuchende Behörde muß jedoch auf diesen Umstand hinweisen. Die ersuchte Behörde muß nach § 32 Abs. 2 ASOG die festgehaltene Person entlassen, wenn die ersuchende Behörde diese nicht übernimmt oder die rich-

terliche Entscheidung nicht unverzüglich beantragt. Im übrigen gelten die §§ 20, 21 ASOG entsprechend.

19.6 Hinweise

19.6.1 Rechtshilfe

Rechtshilfe ist die Vornahme richterlicher Handlungen zur Unterstützung von Behörden, d. h. von Gerichten oder Verwaltungsbehörden (z. B. §§ 156 GVG, 115 bis 117 RVO).

19.6.2 Amtshilfe

Amtshilfe ist die Hilfeleistung zwischen Behörden durch nichtrichterliche Handlungen. Es kommen nur rein innerbehördliche Tätigkeiten in Betracht. Die Verpflichtung hierzu ergibt sich aus Art. 35 GG und den §§ 4 bis 8 VwVfG.

19.6.3 Gesteigerte Amtshilfe

Hilfeleistungen, die nach außen wirken und in subjektive Rechte von Personen eingreifen, werden überwiegend als gesteigerte Amtshilfe bezeichnet und bedürfen im Hinblick auf den Vorbehalt des Gesetzes einer besonderen Rechtsgrundlage. Um eine derartige Regelung handelt es sich in den §§ 30 bis 32 ASOG.

19.6.4 Ermittlungshilfe

Auch die sog. Ermittlungshilfe wird als besonderer Fall der Amtshilfe angesehen. Darunter versteht man die Hilfe, die auf Ersuchen einer Behörde für eine andere Behörde durch Feststellung von Tatsachen, die für die Wahrnehmung öffentlicher Aufgaben notwendig sind, geleistet wird. Soweit sie in Rechte von Personen eingreift, bedarf auch sie als gesteigerte Amtshilfe einer Rechtsgrundlage; auf die §§ 30 ff. ASOG kann sie mangels Anwendung unmittelbaren Zwanges nicht gestützt werden.

19.6.5 Vollstreckungshilfe

Bisweilen wird auch der Begriff der Vollstreckungshilfe gebraucht. Damit ist oft die Unterstützung eines Vollstreckungsorgans bei der Vollstreckungstätigkeit gemeint (z. B. im Falle von § 758 Abs. 3 ZPO); insoweit bestehen gegen diesen Begriff keine Bedenken. Meist wird damit aber der polizeiliche Schutz bei Vollstreckungshandlungen ohne Mithilfe bei der eigentlichen Vollstreckungstätigkeit gemeint sein. Dies ist jedoch keine Amtshilfe sondern eigene Aufgabe der Polizei nach § 4 Abs. 1 ASOG, da ihr im Rahmen des Schutzes der öffentlichen Sicherheit auch der Schutz der Organe des Staates obliegt.

19.7 Literatur

Leinius, Rechts- und Amtshilfe – Begriffe und allgemeine Grundsätze, Recht im Amt 1973/182.

Leinius, Zum Verhältnis von Sitzungspolizei, Hausrecht, Polizeigewalt und Vollzugshilfe NJW 1973/448 dazu auch OVG Berlin NJW 1973/1246.

Arndt, Amtshilfe NJW 1963/26.

Dreher, Die Amtshilfe, 1959.

Scheer, Die polizeiliche Vollzugshilfe, Staats- und Kommunalverwaltung 1957/83.

Moll, Das Problem der Amtshilfe DVBl. 1954/697.

Noack, Die Vollstreckungsgewalt des Gerichtsvollziehers und die Unterstützung bei Brechung des Widerstandes durch die Polizei, Die Polizei, 1976/186.

Teil B: Maßnahmen des Verwaltungszwanges

1. Systematik des Verwaltungsvollstreckungsgesetzes

1.1 Überblick

Die Eingriffsmaßnahmen des ASOG sind Verwaltungsakte (VA) und verpflichten den Betroffenen zu einem Handeln, Dulden oder Unterlassen. Kommt er dieser Verpflichtung nicht freiwillig nach, kann (Oppurtunitätsprinzip) die Behörde ihre Maßnahme zwangsweise durchsetzen. Hierfür sieht das Verwaltungsvollstreckungsgesetz (VwVG) des Bundes, das gemäß § 5 Abs. 2 des Gesetzes über das Verfahren der Berliner Verwaltung vom 8. 12. 1976 (GVBl. S. 2735) auch für die Behörden des Landes Berlin als Landesrecht gilt, in Übereinstimmung mit § 28 ME zwei Verfahrensarten vor:

- Normalvollzug (§ 6 Abs. 1 VwVG)
- Sofortvollzug (§ 6 Abs. 2 VwVG).

1.2 Prüfschema

Die nachfolgenden Ausführungen sollen die Rechtmäßigkeitsvoraussetzungen aufzeigen, die bei der Durchführung des Verwaltungszwanges zu beachten sind. In beiden Verfahrensarten müssen bei der Prüfung, ob eine getroffene oder eine zu treffende Maßnahme rechtmäßig ist, folgende Stationen einer Rechtmäßigkeitsprüfung bedacht werden:

1. Formelle Rechtmäßigkeit
   1.1 Zuständigkeit
   1.2 Zulässigkeit der Vollstreckung
   1.3 Verfahren
2. Materielle Rechtmäßigkeit
   2.1 Ermächtigung zur Anwendung von Zwangsmitteln
   2.2 Adressat
   2.3 Allgemeine Rechtmäßigkeitsvoraussetzungen
      2.3.1 Verhältnismäßigkeit
      2.3.2 kein Ermessensfehler

1.3 Spezialregelungen

Zusätzlich zu den Vorschriften des VwVG sind die Bestimmungen des Gesetzes über die Anwendung unmittelbaren Zwanges bei der Ausübung öffentlicher Gewalt durch Vollzugsbeamte des Landes Berlin (UZwG Bln) zu beachten. Im übrigen gehen Spezialvorschriften in anderen Gesetzen dem VwVG vor (z. B. §§ 8 Abs. 4, 11 Abs. 6 StRG).

2. Normalvollzug von Verwaltungsakten nach § 6 Abs. 1 VwVG

2.1 Formelle Rechtmäßigkeit

2.1.1 Zuständigkeit (§ 7 VwVG)

sachliche Z. Vollstreckungsbehörde ist diejenige Verwaltungsbehörde (Ordnungsbehörde und Polizei), die für den Erlaß des zu vollstreckenden VA zuständig ist. Sie vollzieht auch Beschwerdeentscheidungen. Die §§ 3, 8 Abs. 1 und 19 UZwG Bln bestimmen zusätzlich, welcher Beamte zur Anwendung unmittelbaren Zwanges befugt ist.

örtliche Z. Die für den Erlaß des VA örtlich zuständige Behörde ist auch für seinen Vollzug örtlich zuständig.

Vollzugshilfe Für die Bezirksämter untereinander gilt § 8 VwVG; muß eine Zwangsmaßnahme außerhalb der Bezirksgrenzen ausgeführt werden, so hat das Bezirksamt, in dessen Grenzen die Maßnahme auszuführen ist, auf Ersuchen den Verwaltungszwang in Amtshilfe durchzuführen.

Bei der Anwendung unmittelbaren Zwanges sind Polizei und eingeschränkt auch Feuerwehr nach den §§ 30 bis 32 ASOG zur Vollzugshilfe verpflichtet. Die Verpflichtung zur Amtshilfe bleibt unverändert (§ 15 Abs. 2 Satz 2 VwVG, Art. 35 GG).

Vollzugsbeamte Welcher Beamte innerhalb der zuständigen Behörde den Verwaltungszwang anordnen und durchführen darf, ergibt sich aus dem Geschäftsverteilungsplan. Für die Anwendung unmittelbaren Zwanges enthält das UZwG Bln Sonderbestimmungen.

Schutz bei Vollstreckung Widerstand des Pflichtigen kann nach § 15 Abs. 2 Satz 1 VwVG durch die zuständige Behörde gebrochen werden. Die Polizei hat unabhängig davon nach § 4 Abs. 1 ASOG das Vollstreckungsorgan zu schützen. Hierbei hat sie die Befugnisse des ASOG.

2.1.2 Zulässigkeit der Verwaltungsvollstreckung

Ein VA, der auf Vornahme einer Handlung (z. B. Herausgabe einer Sache) oder Duldung oder Unterlassung gerichtet ist (Grundmaßnahme), darf nach § 6 Abs. 1 VwVG erst zwangsweise durchgesetzt werden, wenn

1. entweder der VA unanfechtbar geworden ist (also erst, wenn die Rechtsmittelfrist abgelaufen oder ein Urteil rechtskräftig ist), — Unanfechtbarkeit

2. oder ein Rechtsmittel keine aufschiebende Wirkung hat. Normalerweise haben Widerspruch und Anfechtungsklage aufschiebende Wirkung (§ 80 Abs. 1 VwGO). Es gibt jedoch folgende Ausnahmen: — Wirkung von Rechtsmitteln
   a) Kraft Gesetzes fehlt die aufschiebende Wirkung von Rechtsbehelfen — kraft Gesetzes
      - bei der Anforderung von öffentlichen Abgaben und Kosten (§ 80 Abs. 2 Nr. 1 VwGO),
      - bei unaufschiebbaren Maßnahmen von Polizeivollzugsbeamten (§ 80 Abs. 2 Nr. 2 VwGO),
      - in anderen durch Bundesgesetz vorgeschriebenen Fällen (§ 80 Abs. 2 Nr. 3 VwGO) (z. B. § 6 Abs. 2 VereinsG, 21 Abs. 3 AuslG, § 35 Abs. 2 BSeuchG);
      - soweit sie sich gegen Maßnahmen richten, die in der Verwaltungsvollstreckung getroffen werden (§ 4 AGVwGO) (z. B. Androhung und Festsetzung von Zwangsmitteln).
   b) Kraft Anordnung der Behörde entfällt die aufschiebende Wirkung, wenn die Behörde oder die Widerspruchsbehörde die sofortige Vollziehung des VA anordnet (§ 80 Abs. 2 Nr. 4 VwGO). — durch Anordnung

      Das kann in jeder Lage des Verwaltungsverfahrens geschehen. Voraussetzung ist
      - ein öffentliches Interesse oder
      - das überwiegende Interesse eines Beteiligten an der sofortigen Vollziehung.

      Die Anordnung der sofortigen Vollziehung muß außer bei Notstandsfällen nach § 80 Abs. 3 VwGO schriftlich begründet werden. Die Wiederholung des Gesetzeswortlauts ist nicht ausreichend.

Fehlt oder entfällt hiernach die aufschiebende Wirkung eines noch möglichen Rechtsmittels, darf ein Grund-VA nach § 6 Abs. 1 VwVG vollzogen werden, auch wenn er noch nicht unanfechtbar ist. Für den Rechtsschutz gilt § 80 Abs. 4 bis 7 VwGO. — Vollziehbarkeit

„sofortiger Vollzug“ In § 6 Abs. 1 VwVG ist anscheinend die Anwendung des Verwaltungszwanges ferner möglich, wenn der sofortige Vollzug des GrundVA angeordnet wird. Mit „sofortiger Vollzug“ ist hier aber in Wirklichkeit die Anordnung der sofortigen Vollziehung des § 80 VwGO gemeint. Dies ist aber nur einer der Fälle, in denen ein Rechtsmittel keine aufschiebende Wirkung hat; der ME hat diesen Unterfall deshalb nicht mehr erwähnt.

2.1.3 Verfahren

2.1.3.1 Androhung (§ 13 VwVG)

Grundsatz Zwangsmittel dürfen im Normalfall nur festgesetzt und angewendet werden, wenn sie zuvor gemäß § 13 Abs. 1 Satz 1 VwVG durch VA angedroht worden sind. Hierbei müssen die übrigen Voraussetzungen des Verwaltungszwanges vorliegen.

Ausnahme Die Androhung darf nach § 13 Abs. 1 Satz 1 VwVG unterbleiben, wenn die Voraussetzungen des Sofortvollzuges gegeben sind, also der Verwaltungszwang ohne vorausgehenden VA angewendet werden darf. Darüber hinaus kann die Bestimmung dahin ausgelegt werden, daß die Androhung auch entfallen kann, wenn zwar ein VA bereits ergangen ist, aber die Gefahrenabwehr so dringend geworden ist, daß für eine Androhung im normalen gedehnten Verfahren keine Zeit bleibt; hier kann sofort in das Eilverfahren übergegangen werden (vgl. *Kirchhof,* Grundfälle zum Polizeirecht, JuS 1975/511). Dies berücksichtigt auch § 34 Abs. 1 Satz 2 ME, wonach eine Androhung entbehrlich wird, wenn die Umstände sie nicht zulassen. Für den unmittelbaren Zwang bestehen Sonderregelungen in den §§ 10, 16 Abs. 2 Satz 2 und 21 UZwG Bln.

Form Für die Androhung ist in § 13 Abs. 1 Satz 1 VwVG die schriftliche Form vorgeschrieben. Da sie ein VA ist, muß sie mit einer Rechtsmittelbelehrung versehen werden. Die Androhung kann mit dem zu vollziehenden VA verbunden werden. Sie soll mit dem Grund-VA verbunden werden, wenn seine sofortige Vollziehung nach § 80 Abs. 2 Nr. 4 VwGO angeordnet wird oder ein Rechtsmittel nach § 80 Abs. 2 Nrn. 1 bis 3 VwGO keine aufschiebende Wirkung hat (§ 13 Abs. 2 VwVG). Die Androhung ist nach § 4 AGVwGO, § 6 Abs. 1 VwVG sofort vollziehbar.

Frist In der Androhung ist eine angemessene Frist (§ 13 Abs. 1 Satz 1 VwVG) für die Erfüllung der Verpflichtung zu bestimmen. Die Erfüllung innerhalb der Frist muß möglich und unter Berücksichtigung der behördlichen Interessen angemessen sein (vgl. BVerwGE 17/83 ff.) § 34 Abs. 1 Satz 2 ME erklärt dagegen eine Frist für entbehrlich, wenn eine Duldung oder Unterlassung erzwungen werden soll.

Die Androhung muß das anzuwendende Zwangsmittel genau bezeichnen (§ 13 Abs. 3 VwVG), also insbesondere die genaue Höhe eines Zwangsgeldes angeben (§ 13 Abs. 5 VwVG). Mehrere Zwangsmittel dürfen nicht gleichzeitig angedroht werden (§ 13 Abs. 3 Satz 2 VwVG), aber gemäß § 13 Abs. 6 VwVG nacheinander (anders dagegen § 34 Abs. 3 ME, der eine gleichzeitige Androhung unter Angabe der Reihenfolge zulassen will). Inhalt

Bei der Androhung der Ersatzvornahme müssen (nach § 34 Abs. 4 ME „sollen") die voraussichtlichen Kosten angegeben werden (§ 13 Abs. 4 VwVG). Das Recht auf Nachforderung bleibt unberührt; es kann auch ein Kostenvorschuß verlangt werden (BVerwG NJW 76/1703). Kostenvorschuß

Die Androhung ist in jedem Fall nach den Vorschriften des VwZustG zuzustellen (§ 13 Abs. 7 Satz 1 VwVG). Zustellung

Wenn das zunächst angedrohte Mittel erfolglos ist, dürfen Zwangsmittel wiederholt und hierbei erhöht oder gewechselt werden, bis die Verpflichtung erfüllt ist (§ 13 Abs. 6 VwVG) oder der VA sich sonst erledigt hat. Danach ist auch der Übergang vom Normalverfahren in das Sofortverfahren möglich, wenn dies zur Gefahrenabwehr notwendig ist. Da es sich um Beugemittel handelt, sind Zwangsmittel auch neben einer Strafe oder Geldbuße anwendbar (so jetzt ausdrücklich § 29 Abs. 3 ME; vgl. auch Anhang 6). Wiederholung

2.1.3.2 Festsetzung (§ 14 VwVG)

Die Festsetzung des Zwangsmittels ist die Anordnung, daß das Zwangsmittel nun angewendet werden soll. Voraussetzung ist, daß der Pflichtige die Frist für die Erfüllung der ihm auferlegten Verpflichtung nicht erfüllt hat. Auch die Festsetzung wird als VA angesehen (BVerwGE 28/305). Es ist demgemäß ein Bescheid mit Rechtsmittelbelehrung zuzustellen. Die Festsetzung ist nach § 4 AGVwGO, § 6 Abs. 1 VwVG sofort vollziehbar. Der ME hält die gesonderte Festsetzung jedenfalls für die Polizei für entbehrlich.

2.1.3.3 Anwendung des Zwangsmittels (§ 15 VwVG)

Zwangsmittel dürfen nur angewendet werden, wenn der Grund-VA sowie Androhung und Festsetzung des Zwangsmittels unanfechtbar sind oder ein Rechtsmittel keine aufschiebende Wirkung hat (z. B. weil der Grund-VA nach § 80 VwGO für sofort vollziehbar erklärt wurde). Alle drei VA'e müssen einander entsprechen: Nur das angedrohte Zwangsmittel darf festgesetzt und angewendet werden (vgl. § 15 Abs. 1 VwVG). Grund-VA und Andro- Beginn hung können oder sollen in einem Bescheid zusammengefaßt sein; die Festsetzung muß stets gesondert erfolgen. Die Anwendung folgt der Festsetzung nach. Der ME enthält dazu keine Regelung.

Einstellung des Vollzuges

Zwangsmittel dürfen nicht mehr angewendet werden und ihr Vollzug ist einzustellen, wenn

1. der Zweck des Vollzuges erreicht ist (§ 15 Abs. 3 VwVG), die Verpflichtung also freiwillig oder zwangsweise erfüllt ist,
2. der Zweck des Vollzuges nicht mehr erreicht werden kann (vgl. für den Grund-VA bereits § 8 Abs. 3 ASOG),
3. der zu vollziehende VA aufgehoben ist, oder
4. der Vollzug des VA sonst unzulässig geworden ist, z. B. weil die Voraussetzungen des § 6 VwVG nicht mehr vorliegen (etwa weil die Anordnung der sofortigen Vollziehung wieder aufgehoben wurde oder der Grund-VA nach Änderung der Sach- und Rechtslage nicht mehr rechtmäßig ist).

2.2 Materielle Voraussetzungen

2.2.1 Ermächtigung zur Anwendung von Zwangsmitteln

Es sind nur drei Zwangsmittel zulässig:
- Ersatzvornahme (§ 10 VwVG)
- Zwangsgeld (§ 11 VwVG) und
- Unmittelbarer Zwang (§ 12 VwVG).

Im einzelnen sind folgende Voraussetzungen vorgeschrieben:

2.2.1.1 Ersatzvornahme (§ 10 VwVG)

Tatbestand

Der Betroffene erfüllt nicht die ihm durch Verwaltungsakt auferlegte Verpflichtung zur Vornahme einer vertretbaren Handlung (Handlung, deren Vornahme durch einen anderen möglich ist).

Rechtsfolge

Die Vollzugsbehörde darf das Zwangsmittel der Ersatzvornahme anwenden, d. h. sie kann (Opportunitätsprinzip) einen Dritten mit der Vornahme der Handlung auf Kosten des Pflichtigen beauftragen.

Hinweise

1. Nimmt die Behörde anstelle des Pflichtigen die Handlung selbst vor, so handelt es sich nach dem ausdrücklichen Wortlaut der §§ 10 und 12 VwVG um unmittelbaren Zwang. Der ME rechnet dagegen auch die Selbstvornahme zur Ersatzvornahme (vgl. §§ 30, 33 ME).

2. Duldung und Unterlassung sind stets unvertretbare Handlungen, ebenso die Herausgabe einer Sache.

3. Mit dem „Dritten“ schließt die Behörde i. d. R. einen privatrechtlichen Vertrag. Nur in Ausnahmefällen wird seine hoheitliche Inanspruchnahme nach § 13 ASOG in Betracht kommen.

4. Zwischen dem Dritten und dem Pflichtigen wird regelmäßig weder eine vertragliche noch eine sonstige öffentlich-rechtliche Beziehung bestehen, allenfalls können Ansprüche aus den §§ 823 ff. BGB entstehen.

2.2.1.2 Zwangsgeld (§ 11 VwVG)

Tatbestand

Der Betroffene erfüllt nicht die ihm durch eine Eingriffsmaßnahme auferlegte Verpflichtung zur Vornahme

a) einer unvertretbaren Handlung, Duldung oder Unterlassung, die nur von seinem Willen abhängt (also einer Handlung, die durch einen anderen nicht vorgenommen werden kann.) oder

b) einer vertretbaren Handlung, wenn die Ersatzvornahme untunlich ist (im ME ist diese Abgrenzung gegenüber der Ersatzvornahme nicht enthalten; danach soll die Polizei nach pflichtgemäßem Ermessen entscheiden).

Rechtsfolge

Die Vollzugsbehörde kann (Opportunitätsprinzip) ein Zwangsgeld zwischen 3,– und 2 000,– DM auferlegen. Kann auch das Zwangsgeld nicht beigetrieben werden, kann der Pflichtige nach § 16 VwVG in Ersatzzwangshaft genommen werden.

Hinweise

1. Der Begriff „untunlich" ist ein unbestimmter aber bestimmbarer Gesetzesbegriff, dessen Auslegung durch die Verwaltungsbehörde vom Verwaltungsgericht in vollem Umfange nachgeprüft werden kann (OVG Berlin DÖV 1959/758). Er bedeutet so viel wie „schlechterdings unangemessen".

2. Das Zwangsgeld kommt praktisch nur für die Erfüllung von Ordnungsaufgaben in Betracht. Für die polizeilichen Aufgaben nach § 4 Abs. 1 ASOG kann es allenfalls bei der Vorladung nach § 17 Abs. 3 ASOG in Betracht kommen (vgl. hierzu auch A 12.3 und 4, aber auch *Berg/Hein,* Allgem. POR für Berlin, 1976 § 17 Anm. II).

3. Ist das Zwangsgeld uneinbringlich, so kann das Verwaltungsgericht auf Antrag der Vollzugsbehörde nach Anhörung des Pflichtigen durch Beschluß Ersatzzwangshaft (1 Tag bis 2 Wochen) anordnen. Voraussetzung ist ferner, daß der Betroffene bei Androhung des Zwangsgeldes darauf hingewiesen wurde (§ 16 VwVG).

ME

4. Der ME sieht in § 31 Abs. 1 ME einen Rahmen von 5,– bis 5 000,– DM vor. Es muß schriftlich festgesetzt werden. Der ME verpflichtet die Polizei, dem Betroffenen eine angemessene Zahlungsfrist einzuräumen. Es soll im Verwaltungszwangsverfahren (also nach den §§ 1 bis 5 VwVG) beigetrieben werden. Vgl. im einzelnen § 31 ME.

2.2.1.3 Unmittelbarer Zwang (§ 12 VwVG)

Begriff Die genaue Begriffsbestimmung enthält § 2 UZwG Bln. Danach ist unmittelbarer Zwang die Einwirkung auf Personen oder Sachen durch

a) körperliche Gewalt, d. h. jede unmittelbare körperliche Einwirkung auf Personen oder Sachen,
b) Hilfsmittel der körperlichen Gewalt (z. B. Fesseln, Diensthunde, Dienstpferde, Dienstfahrzeuge, Wasserwerfer, technische Sperren, Sprengmittel (Nr. 10 AVPolUZwG Bln) und andere körperliche Gegenstände
und
c) Waffen;
das sind nur die dienstlich zugelassenen
1. allgemeinen Waffen
   a) Schußwaffen: Pistolen (§ 36 Abs. 4 ME will auch Revolver zulassen) Gewehre einschl. Karabiner, Maschinenpistolen
   b) Hiebwaffen: Schlagstöcke
   c) Reizstoffe: Tränengas
2. besondere Waffen
   a) Maschinengewehre
   b) Handgranaten.

Andere Waffen dürfen nicht verwendet werden. Ebenso sind andere Formen des unmittelbaren Zwanges nicht zulässig.

ME § 36 ME zählt demgegenüber Reiz- und Betäubungsstoffe zu den Hilfsmitteln der körperlichen Gewalt (kein materieller Unterschied bei der Anwendung).

Tatbestand Der unmittelbare Zwang ist das schärfste Mittel (*Wacke*, JZ 1962/138). Seine Anwendung setzt nach § 12 VwVG voraus, daß

a) entweder Ersatzvornahme oder Zwangsgeld nicht zum Ziele führen oder feststeht, daß sie nicht zum Ziele führen können
b) oder diese Zwangsmittel untunlich sind.

Weitere Zulässigkeitsvoraussetzungen enthält das UZwG (vgl. auch die Ausführungsvorschriften für Vollzugsbeamte der Polizeibehörde zum UZwG Bln (AVPolUZwG Bln) vom 21. September 1973 (ABl. S. 1242), zuletzt geändert durch VV v. 16. 7. 1976 (ABl. S. 1110.

Rechtsfolge Die Behörde kann (Opportunitätsprinzip)

a) den Pflichtigen zu der Handlung Duldung oder Unterlassung zwingen (indem sie auf seine Person oder seine Sachen körperlich einwirkt) oder

b) die Handlung anstelle des Pflichtigen selbst vornehmen (Selbstvornahme).

Wird die Handlung durch einen beauftragten Dritten vorgenommen, handelt es sich um Ersatzvornahme nach § 10 VwVG. Der ME zählt abweichend auch die Selbstvornahme zur Ersatzvornahme (§ 30 ME).

Wohnungsdurchsuchung

Ergibt sich bei der Anwendung unmittelbaren Zwanges die Notwendigkeit, eine Wohnung zu betreten oder zu durchsuchen, ist dies nur unter den Voraussetzungen des § 24 ASOG und des Art. 13 GG zulässig. Aus § 12 VwVG ergibt sich trotz der Einschränkung des Art. 13 in § 7 UZwG Bln diese Befugnis nicht, da hierfür eine spezielle Regelung erforderlich ist (vgl. aber *Pioch*, Gesetz über den unmittelbaren Zwang, 1963, Anm. 3 zu § 3, vgl. ferner oben A 12.4).

Sicherstellung Beschlagnahme

Eine sichergestellte Sache ist in amtliche Verwahrung zu nehmen (§ 27 ASOG). Wird sie nicht freiwillig herausgegeben, kommt der Verwaltungszwang nach dem VwVG in Betracht (Beschlagnahme). Die Herausgabe ist eine unvertretbare Handlung, daher kommen Zwangsgeld und unmittelbarer Zwang in Betracht. Das gleiche gilt für den Abtransport beweglicher Sachen, z. B. Abschleppen von Kraftfahrzeugen (vgl. *Engelhardt*, Anm. 1.2 zu § 12 VwVG).

Vorführung

Kommt der Pflichtige einer Vorladung nicht nach, darf auch diese zwangsweise nach den Vorschriften des VwVG durch Zwangsgeld oder durch unmittelbaren Zwang durchgesetzt werden. § 17 Abs. 3 ASOG beschränkt jedoch die Zulässigkeit des Verwaltungszwanges durch die Polizei auf die dort bezeichneten Fälle (vgl. oben A 12.3).

Willenserklärung

Unmittelbarer Zwang zur Abgabe einer Erklärung ist ebenso wie die Anwendung von Hypnose, Täuschung, Mißhandlung, Quälerei usw. verboten. Diese unserer Rechtsordnung immanenten Grundregeln sind in den §§ 11 Abs. 4 (durch Verweisung auf § 136 a StPO) und 33 Abs. 2 ME ausdrücklich hervorgehoben.

Kosten

Die Kosten des unmittelbaren Zwanges können bei dem Vollzug nach § 6 Abs. 1 VwVG dem Pflichtigen nach § 19 VwVG auferlegt werden. Für die Fälle des Sofortvollzuges nach § 6 Abs. 2 VwVG enthält § 12 ASOG die speziellere Regelung. Abgesehen davon gibt es in Berlin aufgrund des Gesetzes über Gebühren und Beiträge für Polizei- und Feuerwehr jeweils besondere Benutzungsgebührenordnungen mit pauschalierenden Regelungen.

2.2.2 Adressat

Das Verwaltungszwangsverfahren richtet sich gegen denjenigen, der Adressat des zu vollziehenden VA ist. Das VwVG enthält darüber keine Vorschriften. Für die Anwendung unmittelbaren Zwanges gibt es jedoch im UZwG Bln Sonderbestimmungen; so ist aus dem Gedanken der Verhältnismäßigkeit heraus der Schußwaffengebrauch gegen Kinder verboten. Gegen Behörden und juristische Personen des öffentlichen Rechts ist der Verwaltungszwang verboten (§ 17 VwVG), soweit er nicht ausdrücklich zugelassen ist.

2.2.3 Allgemeine Rechtmäßigkeitsvoraussetzungen

2.2.3.1 Grundsatz der Verhältnismäßigkeit

Ähnlich wie § 8 ASOG (und § 2 ME) bestimmt § 9 Abs. 2 VwVG, daß auch das Verwaltungszwangsverfahren dem Grundsatz der Verhältnismäßigkeit entsprechen muß:

Möglichkeit Geeignetheit

Die Zwangsmittel müssen möglich und geeignet sein (Folgerung aus Satz 2).

Mildestes Mittel

Von mehreren möglichen und geeigneten Zwangsmitteln ist dasjenige anzuwenden, das den Betroffenen und die Allgemeinheit am wenigsten belastet (Satz 2). Insbesondere der unmittelbare Zwang darf nur gewählt werden, wenn der Zweck der Maßnahme auf andere Weise nicht erreichbar erscheint oder andere Zwangsmittel keinen rechtzeitigen Erfolg versprechen.

Angemessenheit

Auch das mildeste Zwangsmittel darf nicht angewendet werden, wenn es zu der Bedeutung des Erfolges (abzuwehrende Gefahr) nicht in einem angemessenen Verhältnis steht und einen außerverhältnismäßigen Schaden bewirken würde (Satz 1).

zeitliches Übermaß

Die Anwendung von Zwangsmitteln kann auch allein durch ihre Dauer unverhältnismäßig sein. Wenn der Zweck des Zwanges erreicht ist oder nicht mehr erreicht werden kann (§§ 15 Abs. 3 VwVG, 8 Abs. 3 ASOG), fehlen schon die verfahrensmäßigen Voraussetzungen seiner Anwendung.

2.2.3.2 Kein Ermessensfehler

Die Anwendung von Zwangsmitteln steht im pflichtgemäßen Ermessen der Behörde. Ihr dürfen daher keine Ermessensfehler im Sinne von § 114 VwGO unterlaufen. Im Einzelfall kann sich das Ermessen bei besonders hohen Gefahren oder besonders hoher Intensität der Störung auf die Verpflichtung zum Eingreifen reduzieren. Eine Verletzung des Anspruchs auf fehlerfreie Ermessensausübung kann zu Amtshaftungsansprüchen führen.

2.3 Literatur

Hoffmann, Der Begriff der Ersatzvornahme im neuen Polizeirecht, DÖV 1967/296 ff.

3. Sofortvollzug ohne vorausgehenden Verwaltungsakt

Für Eilfälle regelt § 6 Abs. 2 VwVG den Sofortvollzug. Er kommt insbesondere für polizeiliche Maßnahmen im Rahmen ihrer Zuständigkeit nach § 4 Abs. 1 ASOG in Betracht. Begriff

Der Sofortvollzug nach § 6 Abs. 2 VwVG (vom VwVG auch als sofortiger Vollzug bezeichnet, vgl. § 6 Abs. 2, § 14 Satz 2 VwVG) ist zu unterscheiden von der sofortigen Vollziehung des § 80 Abs. 2 Nr. 4 VwGO. Diese sofortige Vollziehung ist in § 6 Abs. 1 VwVG gemeint. Das Gesetz gebraucht dort leider fälschlich ebenfalls dafür den Begriff des sofortigen Vollzuges.

3.1 Formelle Rechtmäßigkeit

3.1.1 Zuständigkeit

Für die sachliche und örtliche Zuständigkeit der Vollzugsbehörde und die Vollzugshilfe gelten die gleichen Grundsätze wie für den Normalvollzug nach § 6 Abs. 1 VwVG.

Auch für die Vollzugsbeamteneigenschaft gilt nichts Abweichendes.

3.1.2 Zulässigkeit des Sofortvollzuges

Bei der Abwehr von Gefahren (Hauptfall ist insbesondere die Verhütung von Straftaten und Ordnungswidrigkeiten) wird der Zweck der Eingriffsmaßnahme oft nicht erreicht werden können, wenn das normale gestreckte Verwaltungszwangsverfahren eingehalten werden müßte. Dies darf nach § 6 Abs. 1 VwVG erst betrieben werden, wenn der vorher erlassene Grund-VA unanfechtbar geworden ist oder ein Rechtsmittel keine aufschiebende Wirkung hat. § 6 Abs. 2 VwVG (inhaltlich auch gleichlautend § 28 Abs. 2 ME) erlaubt daher in Eilfällen die Anwendung der Zwangsmittel auch ohne daß vorher ein VA erlassen wird. Zweck

Voraussetzung ist:

1. Der Sofortvollzug darf nur zur Abwehr einer „drohenden" Gefahr (gemeint ist die konkrete Gefahr im Sinne von § 14 Abs. 1 ASOG) angewandt werden. Die Verhinderung von Straftaten und Ordnungswidrigkeiten sind beispielhafte Unterfälle der Abwehr einer konkreten Gefahr (und deshalb in § 28 Abs. 2 ME neben der „Abwehr einer Gefahr" nicht mehr besonders erwähnt). Gefahr
2. Der Sofortvollzug muß notwendig sein. Das ist dann der Fall, wenn die Gefahr im Normalvollzug nicht oder nicht rechtzeitig notwendig

abgewehrt werden kann (OVG Münster DÖV 1964/682), also insbesondere, wenn Maßnahmen gegen Personen nach den §§ 10, 11 oder § 13 ASOG nicht oder nicht rechtzeitig möglich sind (so ausdrücklich jetzt § 28 Abs. 2 ME). Der unbestimmte Gesetzesbegriff „notwendig" ist gerichtlich voll nachprüfbar (OVGE 7/27).

Eingriffsbefugnis

3. Die Behörde muß hierbei innerhalb ihrer gesetzlichen Befugnisse handeln.
   Es müssen also alle Voraussetzungen (insbes. § 12 ASOG) für den Erlaß des Grund-VA gegeben sein, der nur wegen der besonderen Eilbedürftigkeit unterbleiben darf.

§ 12 ASOG Im Ergebnis sind die Voraussetzungen des Sofortvollzuges nach § 6 Abs. 2 VwVG (§ 28 Abs. 2 ME) deckungsgleich mit denen der unmittelbaren Ausführung einer Maßnahme nach § 12 ASOG (§ 5 a ME) geregelt. Der Sofortvollzug ist polizeirechtlich gesehen die unmittelbare Ausführung einer Maßnahme der Gefahrenabwehr. Sein Zweck ist es, daß neben den Bestimmungen des § 12 ASOG in diesen Eilfällen auch die zusätzlichen Bestimmungen des VwVG für den Sofortvollzug Anwendung finden (vgl. hierzu auch *Götz*, S. 161 und oben A 5.7).

3.1.3 Verfahren

Androhung Beim Sofortvollzug kann die Androhung der Ersatzvornahme oder des unmittelbaren Zwanges nach § 13 Abs. 1 Satz 1 VwVG entfallen. Ausnahmsweise ist jedoch nach § 10 UZwG Bln der Gebrauch von Schußwaffen auch beim Sofortvollzug stets anzudrohen (nach § 39 Abs. 2 ME entfällt die Androhung, wenn das zur Abwehr einer gegenwärtigen Gefahr für Leib oder Leben erforderlich ist). Der Gebrauch von Schußwaffen, Hiebwaffen, Reizstoffen und Hilfsmitteln der körperlichen Gewalt mit Ausnahme technischer Sperren gegen eine Menschenmenge ist sogar stets wiederholt anzudrohen (§§ 16 Abs. 2, 21 UZwG Bln, 39 Abs. 3 ME).

Festsetzung Eine Festsetzung der Zwangsmittel ist nicht erforderlich (§ 14 Satz 2 VwVG).

Beginn Der Sofortvollzug darf nur angewendet werden, wenn die Voraussetzungen des § 6 Abs. 2 VwVG gegeben sind. § 15 Abs. 1 VwVG betrifft nicht den Sofortvollzug.

Einstellung des Vollzuges Für die Einstellung des Sofortvollzuges gilt das gleiche wie beim Normalvollzug. Ersatzvornahmen und unmittelbarer Zwang im Sofortvollzug dürfen nicht mehr angewendet werden, wenn

1. der Zweck des Vollzuges erreicht ist (§ 15 Abs. 3 VwVG),
2. der Zweck des Vollzuges nicht mehr erreicht werden kann oder

3. die Voraussetzungen des § 6 Abs. 2 VwVG nicht mehr vorliegen. Das ist insbesondere der Fall, wenn die Voraussetzungen des § 12 ASOG nicht mehr vorliegen und der GrundVA wegen Änderung der Sach- und Rechtslage nicht mehr erlassen werden dürfte. Dieser Prüfung kommt beim Sofortvollzug besondere Bedeutung zu.

3.2 Materielle Voraussetzungen

3.2.1 Ermächtigung zur Anwendung von Zwangsmitteln

Beim Sofortvollzug können nur Ersatzvornahme und unmittelbarer Zwang angewendet werden. Insoweit gilt das gleiche wie beim Normalvollzug. Aus der Natur der Sache unanwendbar ist jedoch das Zwangsgeld.

3.2.2 Adressat

Der Sofortvollzug richtet sich gegen denjenigen, der Adressat des nur wegen seiner Eilbedürftigkeit unterbliebenen Grund-VA gewesen wäre.

3.2.3 Allgemeine Rechtmäßigkeitsvoraussetzungen des Sofortvollzuges

3.2.3.1 Grundsatz der Verhältnismäßigkeit

Es gilt das gleiche wie beim Normalvollzug, doch kommt dem Grundsatz der Verhältnismäßigkeit beim Sofortvollzug besondere Bedeutung zu (§ 9 Abs. 2 VwVG, § 2 ME).

3.2.3.2 Kein Ermessensfehler

Es gilt das gleiche wie beim Normalvollzug.

3.3 Literatur

BVerwGE 26/164.
OVGE 7/27 ff.
OVG Münster DVBl. 1973/924 ff.
Zur Durchsetzung von Parkverboten vgl. BVerwG NJW 1978/656 ff.

Teil C: Maßnahmen des unmittelbaren Zwanges

1. Systematik des UZwG Bln

1.1 Begriff

Unmittelbarer Zwang ist die hoheitliche Einwirkung auf Personen oder Sachen durch körperliche Gewalt, durch Hilfsmittel der körperlichen Gewalt und durch Waffen (§ 2 Abs. 1 UZwG Bln). Zu den Begriffen vgl. oben B 2.2.1.3).

1.2 Zwangsermächtigung in anderen Gesetzen

Grundsatz

Unmittelbarer Zwang ist nur zulässig, wenn auch die durchzusetzende Maßnahme (Grund-, Primärmaßnahme) rechtmäßig und die Anwendung von unmittelbarem Zwang gesetzlich zugelassen ist (§ 1 Abs. 1 UZwG Bln). Sonst ist die Anwendung unmittelbaren Zwanges selbst bei Berücksichtigung der Vorschriften des UZwG Bln (ebenso § 35 Abs. 1 ME) rechtswidrig.
Unmittelbarer Zwang kommt in Betracht:

VA

1. Zur Durchsetzung von Verwaltungsakten (z. B. nach ASOG, FwG, VersG). In diesen Fällen ist unmittelbarer Zwang nur zulässig, wenn zunächst die Voraussetzungen des VwVG erfüllt sind.

Eingriffe nach StPO

2. Zur Durchsetzung von Eingriffen nach der Strafprozeßordnung. In diesen Fällen ist unmittelbarer Zwang nur zulässig, wenn die Ermächtigungen der StPO erfüllt sind. Ein dem VwVG entsprechendes Gesetz, das die Vollstreckung dieser Justizakte regelt, gibt es nicht. Die Zulässigkeit ihrer Vollstreckung ist der StPO selbst zu entnehmen (vgl. hierzu *Götz*, S. 144). Für die Polizei ergibt sich die Zulässigkeit zur Anwendung unmittelbaren Zwanges z. B. für folgende Eingriffe:
   - Festnahme (§§ 163 b, 127, 112, 113, 164 StPO)
   - Durchsuchung (§§ 111, 102 ff. StPO)
   - Sicherstellung/Beschlagnahme (§§ 94 ff. StPO)
   - Blutprobeentnahme (§ 81 a StPO)
   - Erkennungsdienstliche Behandlung (§ 81 b StPO)
   - Vollstreckung von Haftbefehlen (§ 457 StPO).

3. Zur Durchführung von Eingriffsmaßnahmen nach dem OWiG. In diesen Fällen gilt das gleiche wie bei den Eingriffsmaßnahmen nach der StPO. Auch insoweit gibt es kein Gesetz, das deren Vollstreckung regelt. Eingriffe nach OWiG
Die Zulässigkeit der Vollstreckung ist unmittelbar den Vorschriften des OWiG bzw. der StPO zu entnehmen. Insbesondere folgende Eingriffsmaßnahmen können von der Polizei durch unmittelbaren Zwang durchgesetzt werden:
- Festnahme zur Identitätsfeststellung (§ 54 OWiG)
- Sicherstellung/Beschlagnahme (§§ 94 StPO, 53 Abs. 2, 46 OWiG)
- Durchsuchung (§§ 102 StPO, 53 Abs. 2, 46 OWiG)
- Festnahme (§§ 164 StPO, 53 Abs. 2, 46 OWiG).

1.3 Art und Weise des Zwanges

„wie"

Ist die Behörde zur Anwendung unmittelbaren Zwanges durch andere Gesetze ermächtigt, müssen für die Art und Weise der Anwendung des unmittelbaren Zwanges zusätzlich die Bestimmungen des UZwG Bln beachtet werden (§ 1 Abs. 1 UZwG Bln; ebenso § 35 Abs. 1 ME).

Konkretisierung der Grundermächtigung

Das UZwG Bln schränkt die in § 12 VwVG und in den Vorschriften der StPO und des OWiG gegebenen Ermächtigungen zur Anwendung unmittelbaren Zwanges aus Gründen der Verhältnismäßigkeit der Mittel ein. Diese Einschränkungen gehen bei den einzelnen Mitteln des unmittelbaren Zwanges unterschiedlich weit. Dementsprechend wird im folgenden dargestellt:

1. Unmittelbarer Zwang mit Ausnahme von Schußwaffen
2. Anwendung von Schußwaffen gegen Sachen
3. Anwendung von Schußwaffen gegen Personen
4. Einsatz besonderer Waffen
5. Zwangsuntersuchung, Zwangsernährung, Zwangsbehandlung

Erforderlichkeit

Die Regelungen sind notwendig, weil die Primärmaßnahme nur zu bestimmten Eingriffen in die Grundrechte ermächtigt. Wenn zur Durchsetzung der Primärmaßnahme jedoch unmittelbarer Zwang angewendet werden muß, sind in der Regel weitere Grundrechtseingriffe erforderlich. § 12 VwVG und die Einzelbestimmungen in der StPO und im OWiG sind als pauschale Ermächtigungen zu unbestimmt. Um dem Vorbehalt des Gesetzes genüge zu tun, schafft das UZwG Bln die erforderliche Konkretisierung.

Subsidiarität

Soweit andere Gesetze die Anwendung unmittelbaren Zwanges regeln, gehen diese Spezialregelungen vor (z. B. Strafvollzugsgesetz, § 176 GVG, § 81 c Abs. 4 StPO, § 116 Abs. 4 und 5 StPO); sie bleiben nach § 1 Abs. 3 UZwG Bln unberührt.

Kompetenz

Es besteht Einigkeit, daß trotz § 6 EGStPO die StPO und das OWiG im Hinblick auf die Zwangsvorschriften durch den Landesgesetzgeber ergänzt werden dürfen (vgl. z. B. *Schenke,* JR 1970/48; *Götz,* S. 144; *Krüger,* S. 81 ff.). Zur Klarstellung schlägt die IMK jetzt vor, dies ausdrücklich in einem neuen § 6 a EGStPO deutlich zu machen.

1.4 Notwehr, Notstand

Wirkung von StGB, BGB

Das UZwG Bln berührt nicht die Vorschriften über Notwehr und Notstand. Sie regeln nicht den hoheitlichen Zwang und stellen keine Eingriffsgrundlage für staatliches Handeln dar. Erfüllt ein Beamter in Ausübung seines Dienstes den Tatbestand einer Strafnorm, kann er sich jedoch zusätzlich zu dem Rechtfertigungsgrund der Amtsausübung nach den Vorschriften des UZwG Bln auf Notwehr und Notstand berufen. Gleiches gilt für den ME (vgl. § 35 Abs. 2 ME sowie *Kirchhof,* Notwehr und Nothilfe des Polizeibeamten aus öffentlich-rechtlicher Sicht, in Aktuelle Probleme des Polizeirechts, Schriftenreihe der Hochschule Speyer, Bd. 64, S. 67 ff.; *Amelung,* Erweitern allgemeine Rechtfertigungsgründe, insbesondere § 34 StGB, die Eingriffsbefugnisse des Staates? NJW 1977/833; *Schwabe,* NJW 1977/1902; *Götz,* S. 170). Z. B. könnte er sich auf Notwehr berufen, wenn er in Ausübung des Dienstes bei der Festnahme eines Verdächtigen schießt, um dessen anders nicht abwendbaren Angriff mit einem Messer abzuwehren; er könnte sich aber nicht auf den Rechtfertigungsgrund der rechtmäßigen Amtsausübung berufen, weil § 11 UZwG Bln den Gebrauch der Schußwaffe zur Verhinderung von Vergehen, die nicht mit Schußwaffen oder Explosivmitteln begangen werden, nicht zuläßt (anders aber § 42 Abs. 1 Nr. 1 ME).

Rechtmäßigkeit staatlichen Eingriffs

Das bedeutet, daß dem Beamten persönlich strafrechtlich kein Vorwurf gemacht werden kann. Gleichwohl wäre aber diese Maßnahme als Eingriff des Staates mangels Rechtsgrundlage rechtswidrig, da sie nicht durch § 11 UZwG Bln gedeckt ist. Dieses mögliche Auseinanderklaffen der Rechtmäßigkeit ein und derselben Handlung ist nicht ganz zu verhindern. Der ME hat es durch weitgehende Inkorporation der Notwehrregelung vermindert, aber auch nicht ganz beseitigen können. Er bestimmt ausdrücklich im § 35 Abs. 2 ME, daß die zivil- und strafrechtlichen Wirkungen nach den Vorschriften über Notwehr und Notstand unberührt bleiben. Die gleiche Regelung wollte das UZwG Bln durch § 1 Abs. 3 treffen. Vgl. auch unten (4.2.3.1) unter 4.

Soweit ein Beamter in den genannten Fällen zwar zivil- und strafrechtlich gerechtfertigt ist, gleichwohl aber die durch ihn veranlaßte Maßnahme des Staates rechtswidrig ist, kann ein Disziplinarvergehen vorliegen. Im Falle der Notwehr dürfte allerdings ein Vorwurf ausscheiden. Im Falle der Nothilfe wird der Staat aber von seinen Repräsentanten die Beachtung der Bestimmungen seiner Gesetze über den unmittelbaren Zwang verlangen können (vgl. *Götz*, S. 171, *Kirchhof*, a. a. O. S. 78). Disziplinarmaßnahme?

1.5 ME

Der ME folgt der Konzeption des UZwG Bln im vollen Umfang. Während der erste Unterabschnitt des vierten Abschnitts des ME dem zweiten Abschnitt des VwVG entsprechend nur für Verwaltungsakte gilt, beziehen sich die §§ 35 bis 44 ME auch auf Zwangsermächtigungen in anderen Gesetzen und entsprechen auch in den Einzelregelungen weitgehend den Bestimmungen des UZwG Bln. Auf Abweichungen wird im folgenden jeweils hingewiesen.

1.6 Prüfschema

UZwG Bln und die §§ 35 bis 44 ME enthalten ebenso wie das ASOG eine Vielzahl von Anforderungen an die Rechtmäßigkeit von Eingriffsmaßnahmen. Der sogenannte Vorbehalt des Gesetzes ist auch bei den Vorschriften über Zwangsmaßnahmen in mehrere „Teilvorbehalte" aufteilt. Soll eine Zwangsmaßnahme getroffen werden, oder eine bereits getroffene Maßnahme des unmittelbaren Zwanges auf ihre Rechtmäßigkeit überprüft werden, müssen vor allem folgende Stationen einer Rechtmäßigkeitsprüfung bedacht werden:

1. Formelle Rechtmäßigkeit
   - 1.1 Zuständigkeit
   - 1.2 Zulässigkeit der Vollstreckung
   - 1.3 Verfahren
2. Materielle Rechtmäßigkeit
   - 2.1 Ermächtigung zur Anwendung unmittelbaren Zwanges
   - 2.2 Adressat
   - 2.3 Allgemeine Rechtmäßigkeitsvoraussetzungen
     - 2.3.1 Verhältnismäßigkeit der Mittel
     - 2.3.2 Kein Ermessensfehler.

Dieses Schema wird auch bei der Darstellung der unter C 1.3 genannten fünf Gruppen von Zwangsmitteln im folgenden verwendet werden.

1.7 Hilfeleistung für Verletzte

Wird bei der Anwendung unmittelbaren Zwanges jemand verletzt, ist ihm, soweit es die Lage zuläßt, Beistand zu leisten und insbesondere ärztliche Hilfe zu verschaffen (§ 5 UZwG Bln).

1.8 Handeln auf Anordnung

Jeder Beamte hat den Weisungen seines Vorgesetzten Folge zu leisten. Hat er Bedenken gegen die Rechtmäßigkeit einer Anordnung, steht ihm nach § 22 LBG ein Remonstrationsrecht zu. Da es bei der Anwendung unmittelbaren Zwanges, insbesondere bei geschlossenen Einsätzen, oft auf schnelles Handeln ankommt, wird der Beamte seine Bedenken gegen die Rechtmäßigkeit einer Anordnung in der Regel nicht rechtzeitig vorbringen können. § 6 UZwG Bln (ebenso § 37 ME) verkürzt daher die Möglichkeit der Remonstration. Hat der Beamte auf Anordnung eine Straftat begangen, trifft ihn eine Schuld nur, wenn er erkannt hat oder wenn es nach den ihm bekannten Umständen offensichtlich gewesen ist, daß er durch die Befolgung der Anordnung eine Straftat begehen werde.

2. Unmittelbarer Zwang mit Ausnahme von Schußwaffen

Der unmittelbare Zwang durch Anwendung von

1. körperlicher Gewalt
   (d. h. gemäß § 2 Abs. 2 UZwG Bln: durch unmittelbare körperliche Einwirkung auf Personen oder Sachen)
2. Hilfsmitteln der körperlichen Gewalt
   (d. h. gemäß § 2 Abs. 3 UZwG Bln z. B. Fesseln, Diensthunde, -pferde, -fahrzeuge, Wasserwerfer, technische Sperren und andere geeignete Sachen wie Sprengmittel, vgl. Nr. 10 AVPolUZwG Bln)
3. Schlagstöcken
   (§ 2 Abs. 4 Nr. 1 b) UZwG Bln)
4. Tränengas
   (§ 2 Abs. 4 Nr. 1 c) UZwG Bln; nach Nr. 12 AVPolUZwG Bln ist nur Chloracetophenon zulässig)

ist an folgende rechtliche Voraussetzungen gebunden:

2.1 Formelle Rechtmäßigkeit

2.1.1 Sachliche und örtliche Zuständigkeit

Sachlich und örtlich zuständig ist die für den Erlaß der zu vollstreckenden Maßnahme zuständige Behörde (für die Vollstreckung von VA'en gilt § 7 VwVG). Ein unzuständiger Beamter würde nicht mehr in rechtmäßiger Ausübung seines Dienstes handeln; der unmittelbare Zwang wäre nach § 1 Abs. 1 UZwG Bln unzulässig. Behörde

§ 1 Abs. 1 UZwG Bln konkretisiert § 7 VwVG dahin, daß unmittelbarer Zwang nur durch Vollzugsbeamte des Landes Berlin angewendet werden darf. Die Vollzugsbeamten sind in § 3 UZwG Bln abschließend genannt. Die unter § 3 Nr. 7 UZwG Bln genannten sonstigen Bediensteten sind solche, die von der zuständigen Behörde mit der Anwendung unmittelbaren Zwanges allgemein durch Geschäftsverteilungsplan oder im Einzelfall beauftragt sind (z. B. Sozialarbeiter bei der Unterbringung von Geisteskranken). Vollzugsbeamte

Die Anwendung von Hiebwaffen, Reizstoffen und Hilfsmitteln der körperlichen Gewalt ist nach § 19 UZwG Bln nur den Vollzugsbeamten des § 3 UZwG Bln gestattet, die damit dienstlich ausgerüstet sind.

Der ME enthält keine entsprechende Vorschrift, weil seine Bestimmungen nur für die Polizei gelten sollen. ME

2.1.2 Zulässigkeit der Vollstreckung

Nach § 1 Abs. 1 UZwG Bln darf unmittelbarer Zwang nur angewendet werden, wenn seine Anwendung in einem anderen Gesetz zugelassen ist. Verweisung

Die Anwendung unmittelbaren Zwanges zur Gefahrenabwehr setzt daher nach § 6 VwVG (§ 28 ME) voraus, daß Gefahrenabwehr

- eine Anordnung unanfechtbar geworden ist oder ein Rechtsmittel keine aufschiebende Wirkung hat (Normalvollzug nach § 6 Abs. 1 VwVG) oder
- der Sofortvollzug zur Gefahrenabwehr notwendig ist, weil die Gefahr sonst nicht oder nicht rechtzeitig abgewehrt werden kann und die Voraussetzungen für den Erlaß eines Grund-VA gegeben sind (Sofortvollzug nach § 6 Abs. 2 VwVG).

Ob die Anwendung unmittelbaren Zwanges zur Verfolgung von Straftaten und Ordnungswidrigkeiten zulässig ist, muß den Einzelbestimmungen in StPO und OWiG entnommen werden. Da die Einzelbestimmungen darüber in der Regel nichts ausdrücklich bestimmen (Ausnahme z. B. § 81 a Abs. 6 Satz 2 StPO), kann davon ausgegangen werden, daß in allen nicht geregelten Fällen die Vollstreckung von Anordnungen zulässig ist, wenn die Anordnung nicht StPO, OWiG erfüllt wird und ohne unmittelbaren Zwang ihre Durchsetzung gefährdet erscheint.

2.1.3 Verfahren

2.1.3.1 Gefahrenabwehr

Normalvollzug

Zur Durchsetzung von Verwaltungsakten gelten die §§ 13 bis 15 VwVG. Im Normalvollzug ist daher die Anwendung unmittelbaren Zwanges (z. B. Räumung einer Wohnung durch die Bauaufsicht) nach § 13 Abs. 1 VwVG schriftlich anzudrohen, nach § 14 VwVG festzusetzen und nach § 15 VwVG anzuwenden. Hierbei finden § 80 VwGO und § 4 AG VwGO i. V. m. § 6 Abs. 1 VwVG Anwendung. Das genaue Mittel des unmittelbaren Zwanges (z. B. Anwendung körperlicher Gewalt) wird in dem Bescheid nicht erwähnt, da bei einer zu frühzeitigen Festlegung bei der Anordnung der Grundsatz der Verhältnismäßigkeit bei der Anwendung nicht mehr gewahrt werden könnte.

Sofortvollzug

Für Eilfälle, in denen der Sofortvollzug nach § 6 Abs. 2 VwVG zulässig ist, kann die Androhung und die Festsetzung des unmittelbaren Zwanges entfallen. Bei der Polizeibehörde wird das die Mehrzahl der Fälle sein (z. B. Brechen von Widerstand durch Judo-Griffe).

2.1.3.2 Maßnahmen nach StPO, OWiG

Für Maßnahmen zur Verfolgung von Straftaten und Ordnungswidrigkeiten ist eine Androhung und Festsetzung nicht vorgeschrieben. Doch wird der Grundsatz der Verhältnismäßigkeit hier in der Regel ebenfalls zumindest eine Androhung gebieten, soweit nicht Eilfälle vorliegen.

2.1.3.3 Menschenmenge

Für die Anwendung von Hilfsmitteln der körperlichen Gewalt (mit Ausnahme technischer Sperren), Schlagstöcken und Tränengas fordert § 21 UZwG Bln (ebenso § 39 Abs. 3 ME) als verschärfende Spezialregelung gegenüber § 13 VwVG für den Einsatz gegen eine Menschenmenge stets eine Androhung (also auch bei Sofortvollzug). Die Androhung ist in jedem Fall sogar zu wiederholen. Damit soll sichergestellt werden, daß sie verstanden wird und Gelegenheit besteht, sich sonst in der geforderten Weise zu verhalten. Für die Anwendung körperlicher Gewalt gegen eine Menschenmenge, die sich praktisch nur gegen einzelne Personen in der Menschenmenge richten kann, verbleibt es bei der Regelung des § 13 VwVG.

2.1.3.4 ME

Der ME enthält in § 39 Abs. 1 ME eine umfassende Regelung für die Androhung unmittelbaren Zwanges (Bestimmungen, die den §§ 14 u. 15 VwVG entsprechen, fehlen im ME). Danach ist unmittelbarer Zwang stets anzudrohen, es sei denn die Umstände (z. B. Sofortvollzug) lassen dies nicht zu. Das gilt auch für Maßnahmen nach StPO und OWiG. Bei Gebrauch von technischen Sperren u. Dienstpferden kann von der Androhung abgesehen werden (§ 39 Abs. 3 ME).

2.2 Materielle Voraussetzungen

2.2.1 Ermächtigung zur Anwendung unmittelbaren Zwanges

Körperliche Gewalt
Hilfsmittel
Schlagstock
Tränengas

Unmittelbarer Zwang darf nur angewendet werden, wenn seine Anwendung gesetzlich zugelassen ist (§ 1 Abs. 1 UZwG Bln). Nur die Art und Weise seiner Anwendung richtet sich nach dem UZwG Bln (§ 1 Abs. 2 UZwG Bln).

Danach gilt für Verwaltungsakte § 12 VwVG. Unmittelbarer Zwang ist zulässig, wenn entweder Ersatzvornahme oder Zwangsgeld nicht zum Ziele führen oder feststeht, daß sie nicht zum Ziele führen können oder diese Zwangsmittel untunlich sind (ebenso § 33 ME).

Für Eingriffe zur Verfolgung von Straftaten und Ordnungswidrigkeiten gelten die entsprechenden Einzelbestimmungen in StPO und OWiG, soweit diese auch unmittelbaren Zwang zulassen.

2.2.2 Adressat

Adressat ist der Adressat der zu vollziehenden Maßnahme.

2.2.3 Allgemeine Rechtmäßigkeitsvoraussetzungen

2.2.3.1 Verhältnismäßigkeit

Allgemeines

Für die Anwendung unmittelbaren Zwanges enthält § 4 UZwG Bln eine den § 9 VwVG verdrängende Spezialregelung gleichen Inhalts. Die für alle Zwangsmaßnahmen nach dem UZwG Bln geltende Regelung ist erforderlich, weil § 9 VwVG nur für VA'e gelten würde und es für Zwangsmaßnahmen zur Verfolgung von Straftaten und Ordnungswidrigkeiten an einer vergleichbaren Bestimmung in der StPO und im OWiG fehlt. Zu § 4 UZwG Bln gibt es für den Schußwaffengebrauch in § 9 UZwG Bln konkretisierende Regelungen. Der ME enthält entsprechende Regelungsvorschläge in den §§ 2 und 41 ME. Der Grundsatz der Verhältnismäßigkeit erfordert:

Möglichkeit
Geeignetheit

Der unmittelbare Zwang muß möglich und geeignet sein (§ 4 Abs. 1 Satz 1 UZwG Bln), den Zweck der zu vollziehenden Maßnahme herbeizuführen; anderenfalls muß der unmittelbare Zwang unterbleiben.

Mildestes Mittel

Es darf nur das mildeste Mittel des unmittelbaren Zwanges angewendet werden (§ 4 Abs. 1 Satz 1).

Kann der Zweck der zu vollziehenden Maßnahmen bereits durch Zwangsgeld oder Ersatzvornahme erreicht werden, und sind diese Zwangsmittel nicht untunlich, so darf überhaupt kein Zwang angewendet werden (§ 12 VwVG). Ist der unmittelbare Zwang grundsätzlich zulässig, muß nach § 4 UZwG Bln von den möglichen und geeigneten Maßnahmen diejenige getroffen werden, die den einzelnen oder die Allgemeinheit am wenigsten beeinträchtigt (mildestes Mittel). Sofern also möglich und geeignet, sind Hilfsmittel der körperlichen Gewalt vor Hieb- und Stichwaffen, körperliche Gewalt vor dem Einsatz von Hilfsmitteln, gütliches Zureden vor der Anwendung körperlicher Gewalt, leichte Formen der körperlichen Gewalt vor schweren Formen der körperlichen Gewalt anzuwenden. Das anzuwendende Mittel darf jedoch auch nicht zu milde sein, wenn der Zweck der zu vollziehenden Maßnahme erreicht werden soll.

Angemessenheit

Es dürfen nur angemessene Mittel angewendet werden (§ 4 Abs. 2 UZwG Bln). Die Folgen der Anwendung der Zwangsmittel dürfen zu dem Zweck, der mit der zu vollziehenden Maßnahme erreicht werden soll, nicht außer Verhältnis stehen. Ggf. muß auch das nach § 4 Abs. 1 UZwG Bln ausgewählte Zwangsmittel unterbleiben, auch wenn es von mehreren geeigneten Mitteln das mildeste ist.

Zeitliches Übermaß

Der Grundsatz der Verhältnismäßigkeit ist auch in zeitlicher Hinsicht zu wahren. Die Anwendung unmittelbaren Zwanges kann bereits durch ihre Dauer unverhältnismäßig werden. Ist der Zweck der zu vollziehenden Maßnahme erreicht, ist der Vollzug auf jeden Fall einzustellen. Es ist also eine permanente Prüfung der Eignung und Zulässigkeit der Mittel des unmittelbaren Zwanges erforderlich (vgl. § 4 Abs. 1 Satz 2 UZwG Bln).

2.2.3.2 Kein Ermessensfehler

Der unmittelbare Zwang steht im pflichtgemäßen Ermessen der Behörde. Hierbei dürfen keine Ermessensfehler im Sinne von § 114 VwGO gemacht werden.

2.2.3.3 Einsatz von Tränengas

Die Beachtung der allgemeinen Rechtmäßigkeitsvoraussetzungen beim Einsatz von Tränengas umschreibt Nr. 90 AVPolUZwG wie folgt: „Tränengas darf eingesetzt werden, wenn die Anwendung milderer Mittel nicht zum Ziele führt oder offensichtlich keinen Erfolg verspricht und damit der Gebrauch anderer Waffen vermieden werden kann; mildere Mittel sind in der Regel körperliche Gewalt und die Hilfsmittel der körperlichen Gewalt. Tränengas kann insbesondere gegen eine Menschenmenge eingesetzt werden, die sich beharrlich weigert, Anordnungen der Polizei nachzukommen oder Gewalttaten begeht. In geschlossenen Räumen ist von dem Gebrauch von Tränengas abzusehen, wenn von vornherein erkennbar mit einer offenbar nicht geringfügigen Beeinträchtigung Unbeteiligter zu rechnen ist. Springende Tränengaswurfkörper dürfen in geschlossenen Räumen nicht eingesetzt werden. Tränengaswurfkörper, die mit dem Gewehr verschossen werden, dürfen nur unter den Voraussetzungen über den Gebrauch der allgemeinen Schußwaffen und der besonderen Waffen eingesetzt werden."

2.3 Sonderfall: Fesselung von Personen

Spezialermächtigung

§ 20 UZwG Bln (weitgehend identisch mit § 40 ME) stellt eine Spezialregelung gegenüber § 20 Abs. 3 Satz 2 ASOG dar. Abweichend von § 1 Abs. 1 UZwG Bln ist sie als eigenständige Eingriffsgrundlage ausgestaltet. Daher kann die Prüfung, ob diese Art des unmittelbaren Zwanges in anderen Vorschriften (z. B. § 127 StPO) zugelassen ist, unterbleiben. Spezialregelungen gehen aber vor (z. B. § 119 StPO). Nicht anwendbar sind auch die Vorschriften der §§ 13 bis 15 VwVG über Androhung, Festsetzung und Anwendung von Zwangsmitteln; das UZwG Bln enthält hier keine Bestimmungen.

Tatbestand

§ 20 UZwG Bln setzt voraus, daß eine Person im Gewahrsam von Vollzugsbeamten im Sinne der §§ 3 und 19 UZwG Bln ist. Hinzukommen muß nach Abs. 1:

- die hinreichende Wahrscheinlichkeit (Gefahr im Sinne von § 14 ASOG), daß sie andere Personen angreifen, Widerstand leisten oder Sachen beschädigen wird,
- die auf besonderen Umständen begründete Besorgnis, daß sie sich aus dem Gewahrsam befreien wird oder befreit werden soll oder ein tatsächlicher Fluchtversuch vorliegt (der ME verlangt auch hier, daß Tatsachen diese Annahme rechtfertigen), oder
- die hinreichende Wahrscheinlichkeit, daß sie sich selbst töten oder beschädigen wird.

Strafgefangene, die wegen eines Verbrechens zu Freiheitsstrafe von mindestens einem Jahr verurteilt sind, und Sicherheitsverwahrte dürfen bei Überführungen, Ausführungen und Vorführungen durch die Polizei stets gefesselt werden (§ 20 Abs. 2 UZwG Bln). Im ME fehlt diese Ermächtigung.

Andere Regelungen

Die Fesselung von Untersuchungsgefangenen richtet sich nach § 119 Abs. 5 und 6 StPO. Die Fesselung von Strafgefangenen durch Strafvollzugsbeamte regelt das Strafvollzugsgesetz.

Verhältnismäßigkeit

Anwendbar ist jedoch § 4 UZwG Bln; danach kommt eine Fesselung in Betracht, wenn mildere Zwangsmittel nicht zum Ziele führen würden, wenn mit Rücksicht auf Unbeteiligte von der Schußwaffe kein Gebrauch gemacht werden dürfte oder ein Schußwaffengebrauch wegen Geringfügigkeit der Straftat unzulässig wäre. Die Fesselung kann nach § 4 Abs. 1 Satz 2 UZwG Bln auch durch ihre Dauer unverhältnismäßig werden.

3. Anwendung von Schußwaffen gegen Sachen

Die Anwendung allgemeiner Schußwaffen (Pistole, Gewehr, Karabiner, Maschinenpistole, vgl. § 2 Abs. 4 Nr. 1 a) UZwG Bln; § 36 Abs. 4 ME sieht auch den Revolver vor) gegen Sachen ist an folgende rechtliche Voraussetzungen gebunden:

3.1 Formelle Rechtmäßigkeit

3.1.1 Sachliche und örtliche Zuständigkeit

Behörde

Sachlich und örtlich zuständig ist die für den Erlaß der zu vollziehenden Maßnahme zuständige Behörde. Für Verwaltungsakte ergibt sich dies aus § 7 VwVG, im übrigen aus den Vorschriften der StPO und des OWiG.

Vollzugsbeamte

Unmittelbarer Zwang durch Anwendung von Schußwaffen durch die zuständige Behörde darf nur von Vollzugsbeamten im Sinne von § 3 UZwG Bln ausgeübt werden, die dienstlich mit Schußwaffen ausgerüstet sind (§ 8 Abs. 1 UZwG Bln). Vgl. hierzu unten C 4.1.1.

Da der ME nur für die Vollzugspolizei gedacht ist, fehlt dort diese Regelung als selbstverständlich.

3.1.2 Zulässigkeit der Vollstreckung

Es gelten die Ausführungen zur Anwendung des unmittelbaren Zwanges im allgemeinen (vgl. oben C 2.1.2). Die Anwendung von Schußwaffen zur Durchsetzung von Maßnahmen des OWiG ist allerdings unzulässig (*Krüger*, S. 56). Die Zulässigkeit zur Strafverfolgung muß den Einzelbestimmungen der StPO entnommen werden, deren Auslegung allerdings teilweise umstritten ist (vgl. z. B. zu § 127 StPO *Götz,* S. 144).

3.1.3 Verfahren

Die Anwendung von Schußwaffen gegen Sachen muß nach der Spezialregelung des § 10 UZwG Bln dem anwesenden oder erreichbaren Adressaten des zu vollziehenden Eingriffs stets, also auch im Falle des Sofortvollzuges nach § 6 Abs. 2 VwVG, angedroht werden. Ist der Adressat nicht rechtzeitig erreichbar, darf nach § 13 Abs. 1 Satz 1 VwVG die Schußwaffe ohne Androhung nur angewendet werden, wenn die Voraussetzungen des § 6 Abs. 2 VwVG vorliegen; das ergibt die Auslegung des § 10 UZwG Bln, der sich wegen seiner Stellung im UZwG Bln nur auf Fälle bezieht, in denen der Pflichtige anwesend ist. Androhung

Soweit danach die Anwendung von Schußwaffen gegen Sachen dem anwesenden oder erreichbaren Adressaten angedroht werden muß, entbindet § 10 UZwG Bln von dem Erfordernis der Schriftlichkeit und erlaubt neben einer mündlichen Androhung auch eine Androhung durch Warnschuß. § 10 UZwG Bln verdrängt damit zugleich neben § 13 Abs. 1 Satz 1 VwVG den § 13 Abs. 7 (hinsichtlich der Zustellung), § 14 (hinsichtlich der Festsetzung) und § 15 Abs. 1 VwVG (hinsichtlich der Anwendung); auch eine Rechtsmittelbelehrung ist nicht erforderlich. Die Androhung ist aber nur zulässig, soweit auch die Anwendung des Schußwaffengebrauchs selbst zulässig ist. Form

Die Androhung kann nach § 13 Abs. 2 Satz 2 VwVG mit dem Erlaß eines Verwaltungsaktes verbunden werden; Polizeivollzugsbeamte sollen sie danach mit dem durchzusetzenden Verwaltungsakt verbinden, da ihre Anordnungen nach § 80 VwGO sofort vollziehbar sind.

Zum Zeitpunkt der Androhung vgl. unten C 4.1.3; sie muß so rechtzeitig erfolgen, daß der Pflichtige die Anordnung noch ausführen kann.

Nach der umfassenden Regelung des § 39 Abs. 1 ME kann von der grundsätzlich erforderlichen Androhung abgesehen werden, wenn die Umstände sie nicht zulassen (z. B. wenn Sofortvollzug notwendig ist). ME

3.2 Materielle Rechtmäßigkeit

3.2.1 Ermächtigung zum Gebrauch von Schußwaffen gegen Sachen

3.2.1.1 Grundsatz

UZwG Bln und ME enthalten keine Sonderbestimmungen. Es gilt daher folgendes:

bei Verfolgung von Straftaten

Zur Durchsetzung von Maßnahmen der Verfolgung von Straftaten muß sich die Ermächtigung aus den Einzelbestimmungen der StPO ergeben (z. B. Schußwaffengebrauch gegen ein Tier zur Ermöglichung der Durchsuchung nach den §§ 102 ff. StPO). Das OWiG gestattet nicht die Anwendung von Schußwaffen.

bei Gefahrenabwehr

In der Regel werden Verwaltungsakte zum Zwecke der Gefahrenabwehr durchzusetzen sein. In diesen Fällen muß § 12 VwVG (§ 33 ME) erfüllt sein. Es muß also feststehen, daß Ersatzvornahme oder Zwangsgeld nicht zum Ziele führen oder führen können, oder diese Zwangsmittel müssen untunlich sein.

bei Ermächtigung gegen Personen

Ferner ist der Schußwaffengebrauch gegen Sachen stets zulässig, wenn die Vorausstzungen der §§ 11 bis 18 UZwG Bln gegeben sind. In diesen Fällen muß nach § 9 Abs. 1 Satz 2 UZwG Bln nämlich zunächst gegen die Sache vorgegangen werden, wenn der Zweck der Maßnahme damit erreicht werden kann (ebenso § 41 Abs. 1 Satz 2 i. V. m. den §§ 42 bis 44 ME).

3.2.1.2 Einschränkung

bei Gefährdung Unbeteiligter

Falls bei dem Schußwaffengebrauch gegen eine Sache mit hoher Wahrscheinlichkeit Menschen gefährdet werden, darf die Schußwaffe gegen die Sache nur unter den strengeren Voraussetzungen des Schußwaffengebrauchs gegen Personen nach den §§ 11 bis 18 UZwG Bln eingesetzt werden. Diese Lage ist insbesondere beim Schußwaffengebrauch gegen Fahrzeuge gegeben, es sei denn, eine Gefährdung von Personen erscheint ausgeschlossen (z. B. Schuß auf Hinterreifen eines Lkw). Deshalb darf zwar auf ein Fahrzeug geschossen werden, wenn gegen den Fahrer die Voraussetzungen des Schußwaffengebrauchs gegeben sind; fehlen diese aber gegenüber dem Beifahrer, ist der Schußwaffengebrauch i. d. R. wegen Gefährdung Unbeteiligter unzulässig; ganz abgesehen davon, daß er nur ganz selten geeignet ist, das Fahrzeug schnell anzuhalten und durch ein außer Kontrolle geratenes Kfz erhebliche Gefahren verursacht werden können.

3.2.2 Adressat

Wenn sich auch der Schußwaffengebrauch gegen eine Sache richtet, so bleibt dieser Eingriff dennoch eine Maßnahme des unmittelbaren Zwanges. Adressat einer Maßnahme des unmittelbaren Zwanges ist der Adressat der zu vollziehenden Eingriffsmaßnahme.

3.2.3 Allgemeine Rechtmäßigkeitsvoraussetzungen

Verhältnismäßigkeit

Es gelten die Ausführungen über den Grundsatz der Verhältnismäßigkeit bei der Ausführung unmittelbaren Zwanges im allgemeinen unter C 2.2.3. Insbesondere dürfen Schußwaffen nach § 9 Abs. 1 Satz 1 UZwG Bln nur angewendet werden, wenn andere (mildere) Maßnahmen des unmittelbaren Zwanges erfolglos angewendet sind oder offensichtlich keinen Erfolg versprechen. Im übrigen gilt § 4 UZwG Bln. Entsprechendes ist in den §§ 2 und 41 Abs. 1 Satz 1 ME vorgesehen.

Gefährdung Unbeteiligter

Unmittelbarer Zwang ist auch unangemessen, wenn durch ihn Unbeteiligte gefährdet werden. Das ist für die Anwendung von Schußwaffen in § 9 Abs. 2 Satz 2 UZwG (ebenso § 41 Abs. 4 ME) Bln ausgesprochen. Sind die mit hoher Wahrscheinlichkeit gefährdeten Personen selbst Adressat einer behördlichen Handlung, ist der Schußwaffengebrauch gegen die Sache nur unter den erschwerten Voraussetzungen der §§ 11 bis 18 UZwG Bln zulässig. Sind die gefährdeten Personen Unbeteiligte, so ist der Schußwaffengebrauch gegen die Sache verboten (z. B. Schuß auf flüchtendes Kraftfahrzeug auf belebter Straße, oder wenn Unbeteiligte im Kraftfahrzeug sitzen). Anderes gilt, wenn die Gefährdung Unbeteiligter sich beim Einschreiten gegen eine Menschenmenge oder eine bewaffnete Gruppe nicht vermeiden läßt (§ 9 Abs. 2 Satz 2 UZwG Bln). Der ME will nach § 41 Abs. 4 ME eine Gefährdung zulassen, wenn der Schußwaffengebrauch das einzige Mittel zur Abwehr einer gegenwärtigen Lebensgefahr ist.

ME

Ermessensfehler

Auch der Schußwaffengebrauch gegen Sachen steht im pflichtgemäßen Ermessen der Polizei. Ermessensfehler im Sinne von § 114 VwGO machen ihn rechtswidrig.

4. Anwendung von Schußwaffen gegen Personen

Die Anwendung allgemeiner Schußwaffen (Pistole, Gewehr, Karabiner, Maschinenpistole, vgl. § 2 Abs. 4 Nr. 1 a) UZwG Bln; § 36 Abs. 4 ME sieht auch Revolver vor) gegen Personen ist an folgende rechtliche Voraussetzungen gebunden:

4.1 Formelle Rechtmäßigkeit

4.1.1 Zuständigkeit

Behörde

Sachlich und örtlich zuständig ist die für die zu vollziehende Maßnahme zuständige Behörde (§ 7 VwVG oder StPO).

Vollzugsbeamte

Die zuständige Behörde darf unmittelbaren Zwang durch Anwendung von Schußwaffen nur durch Vollzugsbeamte im Sinne von § 3 UZwG Bln ausüben, die dienstlich mit Schußwaffen ausgerüstet sind (§ 8 Abs. 1 UZwG Bln). Danach kommt in Berlin als zuständige Behörde praktisch nur der Polizeipräsident in Berlin in Betracht. Der ME gilt nach seiner Konzeption sowieso nur für die Vollzugspolizei. Für die Vollzugsbeamten im Justizvollzug gilt allein das Strafvollzugsgesetz. Für die Zollbeamten im Zollgrenzdienst gilt das UZwG des Bundes.

Innerhalb der Polizeibehörde können alle Vollzugsbeamten im Sinne des § 163 LBG und die Freiwillige Polizei-Reserve mit den allgemeinen Schußwaffen ausgerüstet werden, also die Vollzugsbeamten der Schutzpolizei, der Kriminalpolizei, des Gewerbeaußendienstes und die Angehörigen der Freiwilligen Polizei-Reserve.

Wachpolizei

Die Angehörigen der Wachpolizei sind keine Polizeivollzugsbeamten. Gemäß den alliierten Anordnungen BK/O (47) 227 vom 30. September 1947 und BK/O (71) 2 vom 28. Mai 1971 (GVBl. S. 956) darf die Wachpolizei „unter den gleichen Bedingungen und Verhältnissen wie die Berliner Polizei Waffen tragen und von diesen Gebrauch machen". Da sie keine hoheitlichen Aufgaben wahrnehmen, dürfen sie die Schußwaffe daher nur im Rahmen der Notwehr- und Notstandsbestimmungen verwenden. Vgl. auch Anh. 7.3.

4.1.2 Zulässigkeit der Vollstreckung

Verweisung

Nach § 1 Abs. 1 UZwG Bln darf unmittelbarer Zwang, also auch die Anwendung von Schußwaffen gegen Personen, nur angewendet werden, wenn seine Anwendung in einem anderen Gesetz zugelassen ist.

Gefahrenabwehr

Die Anwendung von Schußwaffen gegen Personen zur Gefahrenabwehr setzt daher nach § 6 VwVG (§ 28 ME) voraus, daß
- eine Anordnung unanfechtbar geworden ist oder ein Rechtsmittel keine aufschiebende Wirkung hat (Normalvollzug nach § 6 Abs. 1 VwVG) oder
- der Sofortvollzug zur Gefahrenabwehr notwendig ist, weil die Gefahr sonst nicht oder nicht rechtzeitig abgewehrt werden kann und die Voraussetzungen für den Erlaß des Grund-VA gegeben sind (Sofortvollzug nach § 6 Abs. 2 VwVG).

Strafverfolgung

Ob die Anwendung unmittelbaren Zwanges zur Strafverfolgung zulässig ist, muß den Einzelbestimmungen der StPO entnommen werden. Da die Einzelbestimmungen darüber nichts bestimmen, kann davon ausgegangen werden, daß in allen nicht geregelten Fällen die Vollstreckung von Anordnungen nach der StPO zulässig ist, wenn die Anordnung nicht erfüllt wird und ohne unmittelbaren Zwang ihre Durchsetzung gefährdet erscheint. Die näheren Zulässigkeitsvoraussetzungen umschreiben die §§ 12 bis 14 UZwG Bln (ihnen entsprechen § 42 Abs. 1 Nrn. 3 und 4 ME).

Das OWiG gestattet nicht die Anwendung von Schußwaffen gegen Personen. OWiG

4.1.3 Verfahren

Ein Schußwaffengebrauch ist nur dann rechtmäßig, wenn zuvor die Anwendung von Schußwaffen der betroffenen Person nach § 10 UZwG Bln, also auch im Falle des Sofortvollzuges nach § 6 Abs. 2 VwVG, angedroht worden ist. Das gilt sowohl für Maßnahmen zur Gefahrenabwehr gegenüber den nach §§ 10, 11 ASOG Betroffenen, als auch bei Maßnahmen zur Strafverfolgung und Strafvollstreckung gegenüber Verdächtigen oder Verurteilten. § 10 UZwG Bln verdrängt somit § 13 Abs. 1 Satz 1 VwVG. Androhung

§ 39 Abs. 2 ME will demgegenüber von der grundsätzlich erforderlichen Androhung absehen, wenn das zur Abwehr einer gegenwärtigen Gefahr für Leib oder Leben erforderlich ist. ME

Die Androhung (auch in Form eines Warnschusses) darf nur erfolgen, wenn auch die Voraussetzungen für die Anwendung des Zwangsmittels im übrigen vorliegen (insbesondere die §§ 4, 9, 11 bis 17 UZwG Bln). Davon gibt es nur für den Schußwaffengebrauch im Bereich der DL eine Ausnahme, wenn eine Gefährdung anderer Rechtsgüter als Leib oder Leben in Berlin (West) eintritt; in diesem Falle dürfen Warnschüsse abgegeben werden, auch wenn die Voraussetzungen eines gezielten Schusses nicht vorliegen (im ME nicht vorgesehen). Voraussetzung

Gegenüber einer Menschenmenge muß der Schußwaffengebrauch nach § 16 Abs. 2 UZwG Bln stets und mindestens zweimal angedroht werden, damit Gelegenheit besteht, sich zu entfernen oder sonst der Aufforderung gemäß zu verhalten (ebenso § 39 Abs. 3 Satz 2 ME). Menschenmenge

Nach § 17 Abs. 1 Satz 2 UZwG Bln brauchen an der Demarkationslinie Warnschüsse nur abgegeben werden, sofern es die Lage noch zuläßt. Damit wird dem Notwehrgedanken Rechnung getragen und die ursprüngliche Regelung für den Sofortvollzug wieder eingeführt. Diese Berliner Sonderregelung fehlt im ME. Demarkationslinie

Bei der Anwendung von allgemeinen Schußwaffen im Rahmen eines zulässigen Einsatzes von besonderen Waffen gelten auch für die allgemeinen Schußwaffen die besonderen Regeln des § 18 UZwG Bln, wonach eine Androhung auch insoweit nicht erforderlich ist. Lediglich die Sonderbestimmungen des § 17 UZwG Bln müssen an der Demarkationslinie beachtet werden. Besondere Waffen

§ 39 Abs. 2 ME sieht demgegenüber zwar grundsätzlich auch für besondere Waffen eine Androhung vor, will aber eine Ausnahme ME gelten lassen bei gegenwärtiger Gefahr für Leib oder Leben; diese dürfte aber in den Fällen der §§ 18 UZwG Bln und 44 ME regelmäßig vorliegen.

Zeitpunkt der Androhung

Nach dem Sinn des § 10 UZwG Bln, der sich insbesondere aus seiner Stellung zu den §§ 11 bis 18 UZwG Bln ergibt, muß der Schußwaffengebrauch kurz vor seiner Anwendung angedroht werden, um dem Betroffenen die Ernsthaftigkeit der Lage besonders eindringlich vor Augen zu führen. Eine Belehrung z. B. bei der Festnahme einer Person, daß bei Flucht geschossen werde, oder eine Geste der Eigensicherung ersetzt nicht die durch § 10 UZwG Bln geforderte Androhung.

§ 10 UZwG Bln soll dem Pflichtigen eine letzte Möglichkeit einräumen, die geforderte Handlung vorzunehmen. Er bezieht sich durchweg auf Fälle, in denen die geforderte Handlung sofort vorzunehmen ist. Er verdrängt daher auch § 13 Abs. 1 Satz 2 VwVG, der dem Pflichtigen eine angemessene Frist zur Vornahme der geforderten Handlung gewähren will. Wenn daher zwar eine formelle Fristsetzung entfällt, ist dem Sinn und Zweck einer Androhung nach doch zu fordern, daß zwischen Androhung und Anwendung der Schußwaffen eine der Situation angemessene kurze Zeitspanne liegt, in der der Pflichtige die geforderte Handlung, Duldung oder Unterlassung auch vornehmen kann. Entsprechendes gilt für § 39 ME.

Form

Über die Form der Androhung ist in § 10 UZwG Bln nur bestimmt, daß auch der Warnschuß eine zulässige Art der Androhung ist. Der Schußwaffengebrauch darf daher auch mündlich angedroht werden. § 10 UZwG Bln verdrängt somit bei der Vollziehung von Verwaltungsakten die Formvorschrift des § 13 Abs. 1 Satz 1 VwVG sowie § 13 Abs. 7 (hinsichtlich der Zustellung); auch eine Rechtsmittelbelehrung ist nicht erforderlich. Unanwendbar sind auch die §§ 14 und 15 VwVG (vgl. oben C 3.1.3). Zwischen Warnschuß und mündlicher Androhung kann nicht frei gewählt werden. Soweit möglich und zumutbar, muß nach dem Grundsatz der Verhältnismäßigkeit die mündliche Androhung als milderes und die Allgemeinheit weniger gefährdendes Mittel gewählt werden.

4.2 Materielle Rechtmäßigkeit

4.2.1 Ermächtigung zum Gebrauch von Schußwaffen gegen Personen

Systematik

Die §§ 11 bis 18 UZwG Bln (§§ 42 bis 44 ME) enthalten enumerativ die Befugnisse zum Schußwaffengebrauch gegen Personen. In diesen Ermächtigungen werden keine neuen Befugnisse geschaffen, sondern die allgemein in § 12 VwVG oder in den Bestimmungen der StPO gegebenen Ermächtigungen zur Anwendung unmittelbaren Zwanges präzisiert und aus Gründen der Verhältnismäßigkeit eingeschränkt. Als Spezialregelung machen sie daher die Prüfung dieser allgemeinen Ermächtigung entbehrlich, zumal die Voraussetzungen des § 12 VwVG in § 9 Abs. 1 Satz 1 UZwG Bln wiederholt werden.

Übersicht

Schußwaffengebrauch gegen Personen kommt nur in folgenden Fällen in Betracht:

1. Schußwaffengebrauch gegen einzelne Personen,
   1.1 um sie angriffsunfähig zu machen:
   - zur Verhinderung von Straftaten und Befreiungsversuchen (§§ 11, 15 UZwG Bln),

   1.2 um sie fluchtunfähig zu machen:
   - zum Anhalten von Personen einschließlich der Vereitelung ihrer Flucht und zur Wiederergreifung (§§ 12 bis 14 UZwG Bln);
2. Schußwaffengebrauch gegen eine gewalttätige Menschenmenge, um sie angriffsunfähig zu machen (§ 16 UZwG Bln).
3. Schußwaffengebrauch an der Demarkationslinie, um die Feuereinstellung zu erreichen (§ 17 UZwG).
4. Schußwaffengebrauch im Zusammenhang mit dem Einsatz besonderer Waffen (§ 18 UZwG Bln).

Zu den einzelnen Ermächtigungen ist folgendes zu bemerken:

4.2.1.1 Schußwaffengebrauch zur Verhinderung rechtswidriger Taten (§ 11 UZwG Bln)

Zweck

Zweck des Schußwaffengebrauchs ist die Verhütung bestimmter Straftaten (Gefahrenabwehr). Er dient der Durchsetzung vor allem von Anordnungen nach § 14 ASOG, die Ausführung oder Fortsetzung einer Straftat zu unterlassen. Durch seinen engen Tatbestand übernimmt § 11 UZwG Bln nur teilweise die jedermann nach § 32 StGB zustehende Berechtigung zur Notwehr/Nothilfe.

Voraussetzung

Der in der Anwendung der Schußwaffe liegende Verwaltungsakt setzt die gegenwärtige Gefahr der Verwirklichung

a) eines Verbrechens oder
b) eines Vergehens unter Anwendung oder Mitführen von Schußwaffen oder Explosivmitteln voraus.

Das bedeutet:

gegenwärtig

- Die Ausführung oder Fortsetzung einer rechtswidrigen Tat muß unmittelbar bevorstehen. Der Begriff entspricht der „gegenwärtigen Gefahr" in § 13 ASOG und dem „gegenwärtigen Angriff" in § 32 StGB. Die Tatausführung muß also unmittelbar oder in allernächster Zeit zu erwarten oder bereits angefangen sein. Die Fortsetzung kann verhindert werden, solange die Gefahr andauert. Spätestens nach der Beendigung der Tat (wohl zu eng Nr. 49 AVPolUZwG Bln, der von Vollendung spricht) sind diese Voraussetzungen nicht mehr gegeben (dann kommt § 12 UZwG Bln in Betracht).

Verbrechen – Die rechtswidrige Tat muß sich den Umständen nach als Verbrechen darstellen. Verbrechen sind rechtswidrige Taten, die im Mindestmaß mit Freiheitsstrafe von einem Jahr oder darüber bedroht sind (§ 12 Abs. 1 StGB). Schärfungen oder Milderungen, die nach den Vorschriften des allgemeinen Teils des StGB oder für besonders schwere oder minder schwere Fälle vorgesehen sind, bleiben für die Einteilung außer Betracht (§ 12 Abs. 3 StGB); entscheidend ist also der allgemeine Strafrahmen. Auch der strafbare Versuch und die strafbare Vorbereitungshandlung sind Verbrechen.

Vergehen – Stellt sich die rechtswidrige Tat den Umständen nach nur als Vergehen dar, muß sie zusätzlich unter Anwendung oder Mitführen von Schußwaffen oder Explosivmitteln begangen werden. Das ist bei einem Diebstahl nicht der Fall, wenn der Täter „nur" ein Messer angewendet (§ 244 Nr. 3 StGB) hat.

Explosivmittel sind Stoffe oder Gegenstände, die nach Zündung eine plötzliche Druckwirkung entfalten. Schußwaffen oder Explosivmittel müssen bei der Tatausführung vorhanden sein und mit ihr in Zusammenhang stehen.

Vergehen sind rechtswidrige Taten, die im Mindestmaß mit einer Freiheitsstrafe von weniger als einem Jahr oder die mit Geldstrafe bedroht sind (§ 12 Abs. 2 StGB). Schärfungen oder Milderungen bleiben auch hierfür außer Betracht.

rechtswidrige Tat – Rechtswidrige Tat bedeutet, daß Tatbestand und Rechtswidrigkeit einer Strafnorm erfüllt sein müssen. Anhaltspunkte für Verschulden brauchen nicht vorzuliegen.

Anscheinsgefahr Da § 11 UZwG Bln eine Vorschrift der Gefahrenabwehr ist, sind auch die Grundsätze der Anscheinsgefahr anwendbar. Es reicht daher als Voraussetzung aus, wenn die im Augenblick der Schußabgabe objektiv erkennbaren Umstände (Tatsachen) bei verständiger Würdigung den Schluß auf einen Straftäter rechtfertigen. Vermutungen und Spekulationen sowie Putativgefahren reichen nicht aus (vgl. hierzu A 4.2.6 bis 8).

Das gleiche gilt für die Einordnung der rechtswidrigen Tat als Verbrechen oder Vergehen. Es kommt darauf an, ob bei verständiger Würdigung der objektiv erkennbaren Umstände im Augenblick der Entscheidung über den Schußwaffengebrauch der weitere Geschehensablauf die Tatbestandsmerkmale eines Verbrechens oder Vergehens unter Anwendung von Schußwaffen oder Explosivmitteln erfüllen würde.

Besondere Sorgfalt ist bei der Prüfung angebracht, ob sich ein Geschehen als Vergehen unter Anwendung von Schußwaffen darstellt. Einerseits ist die Vorschrift wegen der weitreichenden Folgen für den Betroffenen eng auszulegen, weil der Gesetzgeber hier ausdrücklich das äußere Erscheinungsbild eines Vorganges und nicht dessen eigentliche Bedeutung als Kriterium für die Zulässigkeit des Schußwaffengebrauchs ausreichen läßt. Andererseits sind für die Frage, mit welchem Maß an Sicherheit eine Schußwaffe erkennbar sein muß, auch die weitreichenden Folgen für das Opfer und den Beamten selbst zu bedenken. Über das schwerste Zwangsmittel des Schußwaffengebrauchs ist in der Regel in einer Situation zu entscheiden, in der sofort gehandelt werden muß und keine Zeit zu langwierigen Untersuchungen zur Verfügung steht (vgl. hierzu auch *Krüger*, S. 59ff.). Man sollte in diesem Zusammenhang die ständige Rechtsprechung des BVerwG (NJW 1974/810 und S. 815 sowie bereits 1970/715) zum Verhältnis der Anforderungen an den Grad der Wahrscheinlichkeit eines Schadens zu seiner Schwere heranziehen. Es müssen an den Grad der Wahrscheinlichkeit eines Angriffs mit einer Schußwaffe zwar hohe Anforderungen gestellt werden, sie dürfen aber nicht überspannt werden. bei Schußwaffen u. Explosivmittel

§ 11 UZwG Bln entspricht inhaltlich § 42 Abs. 1 Nr. 2 ME. Der ME will darüber hinaus in Nr. 1 § 32 StGB auch insoweit in das öffentliche Recht übernehmen, als es um die Abwehr von gegenwärtigen Gefahren für Leib (d. h. schwere Gesundheitsgefahren) oder Leben geht. Nach § 11 UZwG Bln ist in diesen Fällen der Schußwaffengebrauch nur zulässig, wenn es sich um ein Verbrechen handelt oder der Täter Schußwaffen oder Explosivmittel mit sich führt. ME

4.2.1.2 Schußwaffengebrauch zum Anhalten flüchtiger Verdächtiger (§ 12 UZwG Bln)

Zweck der Maßnahme ist das erstmalige Anhalten von Personen mit dem Ziel der Identitätsfeststellung oder der Festnahme zum Zwecke der Strafverfolgung. Hat bereits Gewahrsam bestanden und soll der Betroffene wiederergriffen werden oder soll seine Flucht aus bestehendem Gewahrsam vereitelt werden, gilt § 14 UZwG Bln. § 12 UZwG Bln setzt folgendes voraus: Zweck zulässiger Grundeingriff

– Identitätsfeststellung oder Festnahme müssen zulässig sein. Der Tatbestand des § 12 UZwG Bln enthält eine Verweisung auf die Zulässigkeit der Grundmaßnahme. Wegen des Zusammenhangs mit dem zweiten Tatbestandsmerkmal „dringender Tatverdacht" kommen als Rechtsgrundlage die §§ 111 und 163 b StPO, soweit dringender Tatverdacht gegen die kontrollierte Person besteht, § 127 StPO sowie die Vorschriften über Haftbefehle und Steckbriefe in Betracht (§§ 114 StPO, 72 JGG; 230 Abs. 2, 236, 329 StPO; § 12, 10, 30 DAG, § 131 StPO, § 30 DAG). Die Vorschrift soll damit den Strafanspruch des Staates sichern. Damit kommen die gefahrenabwehrenden Vorschriften des ASOG als Rechtsgrundlage für die Identitätsfeststellung oder Festnahme nicht in Betracht.

dringender Verdacht eines Verbrechens

– Der Betroffene muß eines Verbrechens dringend verdächtig sein. Damit wird das erste Tatbestandsmerkmal weiter eingeschränkt. Dringender Verdacht besteht wie in § 127 oder 112 StPO, wenn mit hoher Wahrscheinlichkeit angenommen werden muß, daß der Flüchtende der Täter ist (vgl. *Krüger*, S. 62). Der Begriff Verbrechen und Vergehen ist der gleiche wie in § 11 UZwG Bln;

dringender Verdacht eines Vergehens

– oder der Betroffene muß eines Vergehens dringend verdächtig sein; in diesem Falle müssen jedoch Anhaltspunkte vorliegen, daß er auf der Flucht Schußwaffen oder Explosivmittel mit sich führt. Hierfür genügt es nicht, daß Schußwaffen bei der Tatausführung verwendet wurden. Voraussetzung ist vielmehr, daß Anhaltspunkte dafür vorhanden sind (= Tatsachen, die die Annahme rechtfertigen), daß der Verdächtige auf der Flucht Schußwaffen oder Explosivmittel mit sich führt. Genau wie bei § 11 lit b) UZwG Bln muß auch insoweit sorgfältig geprüft werden, ob dieses Tatbestandsmerkmal gegeben ist.

Fluchtversuch

– Der Betroffene muß auf der Flucht sein. Die Flucht muß bereits versucht sein, die Absicht genügt nicht. Andererseits läßt die Vorschrift den Schußwaffengebrauch nicht nur im unmittelbaren Anschluß an die Tat, sondern auch zu einem späteren Zeitpunkt zu.

ME

§ 12 UZwG Bln entspricht inhaltlich § 42 Abs. 1 Nr. 3 ME. Das UZwG Bln hebt lediglich deutlicher hervor, daß der Betroffene die Schußwaffe oder das Explosivmittel auf der Flucht mit sich führen muß.

4.2.1.3 Schußwaffengebrauch zum Anhalten flüchtender Straftäter (§ 13 UZwG Bln)

Zweck

Zweck der Vorschrift ist die Sicherung des staatlichen Strafanspruchs. Sie betrifft die Fälle, wenn ein Verurteilter bereits vor Beginn der Vollstreckung sich ihr zu entziehen versucht. Hat bereits Gewahrsam bestanden und soll der Verurteilte wiederergriffen werden oder soll seine Flucht aus bestehendem Gewahrsam vereitelt werden, gilt § 14 UZwG.

Voraussetzung für den Schußwaffengebrauch ist:

Tatbestand

- Der Betroffene muß zu Freiheitsstrafe (einschließlich Jugendstrafe und Ersatzfreiheitsstrafe) oder Sicherungsverwahrung rechtskräftig verurteilt sein (Straftäter);
- Er muß sich der erstmaligen Festnahme durch Flucht entziehen. Fluchtverdacht reicht nicht aus.
- Als Rechtsgrundlage für die Festnahme muß ein Vorführungs- oder Haftbefehl oder ein Steckbrief der Vollstreckungsbehörde erlassen sein (§§ 457 StPO, 61 JGG). Andere Vorführungs- und Haftbefehle oder Steckbriefe reichen als Rechtsgrundlage nicht aus.

ME

Der ME sieht eine entsprechende Ermächtigung in § 42 Abs. 1 Nr. 4 ME vor (Schußwaffengebrauch zur Ergreifung einer Person, die amtlichem Gewahrsam zuzuführen ist). Abweichend vom UZwG Bln verlangt er jedoch für den Fall, daß der Betroffene lediglich wegen eines Vergehens verurteilt ist, zusätzlich Anhaltspunkte dafür, daß die festzunehmende Person Schußwaffen oder Explosivmittel mit sich führt. Zum Anhalten flüchtender Straftäter, die dem Vollzuge eines Jugendarrestes oder eines Strafarrestes zugeführt werden sollen, will § 42 Abs. 2 ME den Schußwaffengebrauch verbieten.

4.2.1.4 Schußwaffengebrauch gegen Ausbrecher (§ 14 UZwG Bln)

Zweck

Zweck des Schußwaffengebrauchs ist ebenfalls die Sicherung des staatlichen Strafanspruchs. Die Vorschrift richtet sich gegen Ausbrecher, will also bereits bestehenden Gewahrsam sichern (Fluchtvereitelung) oder die Wiederergreifung entwichener Personen ermöglichen. Sie erlaubt die Anwendung der Schußwaffen gegen den Ausbrecher selbst. Die Zulässigkeit eines Schußwaffengebrauchs gegen einen Befreier beurteilt sich nach § 15 UZwG Bln.

Voraussetzung für den Schußwaffengebrauch ist:

Gewahrsam zur Strafverfolgung

1. Der Betroffene muß sich in amtlichem Gewahrsam (Freiheitsentziehung) zur Strafverfolgung befinden oder darin befunden haben. Amtlicher Gewahrsam auf Grund anderer Bestimmungen (z. B. § 18 ASOG) reicht nicht aus. Für die erstmalige Ergreifung gelten die §§ 12, 13 UZwG Bln.

   Der amtliche Gewahrsam zur Strafverfolgung muß begründet sein:

mit richterlicher Entscheidung

a) Entweder auf Grund richterlicher Entscheidung wegen einer Straftat (§ 14 Buchst. a)–c) UZwG Bln). Die Entscheidung kann wegen eines Verbrechens oder wegen eines Vergehens erfolgt sein. Bei Vergehen kommt es hier ausnahmsweise nicht darauf an, daß Anhaltspunkte für das Mitführen von Schußwaffen oder Explosivmitteln bestehen.

Hierunter fallen
- alle rechtskräftigen Entscheidungen, durch die Freiheitsstrafe, Sicherungsverwahrung, Jugendstrafe oder Unterbringung in einer sozialtherapeutischen Anstalt angeordnet ist (§ 14 Buchst. a und b UZwG Bln) und
- nach § 14 lit c) UZwG Bln auch alle strafrichterlichen Haftbefehle wegen Tatverdachts (§§ 114 StPO, 72 JGG), wegen Fernbleibens des Angeklagten von der Hauptverhandlung (§§ 230 Abs. 2, 236, 329 StPO) und zur Auslieferung (§§ 12, 10, 30 DAG) sowie Steckbriefe (§ 131 StPO, 30 DAG). Haftbefehle und Steckbriefe der Staatsanwaltschaft zur Strafvollstreckung nach § 457 StPO fallen nicht unter § 14 lit c) UZwG Bln. Der Schußwaffengebrauch ist in diesen Fällen bereits durch § 14 lit a) UZwG Bln erfaßt.

ohne richterliche Entscheidung

b) Ohne richterliche Entscheidung auf Grund des dringenden Verdachts einer Straftat. Hierunter fällt die vorläufige Festnahme nach § 127 StPO, die Sistierung nach § 163 b StPO nur, wenn dringender Tatverdacht besteht. Im Unterschied zum Gewahrsam auf Grund richterlicher Entscheidung ist bei unaufschiebbarem Freiheitsentzug durch die Polizei ohne vorherige richterliche Entscheidung jedoch wieder sorgfältig zu prüfen, ob der Betroffene eines Verbrechens oder Vergehens verdächtig ist. Ist oder war die Festnahme wegen des Verdachts eines Vergehens erfolgt, darf die Schußwaffe wie bei § 11 und § 12 UZwG Bln nur verwendet werden, wenn Anhaltspunkte dafür vorhanden sind, daß der Flüchtende Schußwaffen oder Explosivmittel mit sich führt.

Fluchtvereitelung Wiederergreifung

2. Der Betroffene muß entweder mit der Flucht aus bestehendem Gewahrsam begonnen haben (Fluchtvereitelung) oder es muß ihm bereits gelungen sein, sich dem amtlichen Gewahrsam zu entziehen (Wiederergreifung nach Bruch des Gewahrsams). Es muß sich um einen Bruch des Gewahrsams handeln. Freigänger erfüllen diese Voraussetzung nicht.

§ 42 Abs. 1 Nr. 4 ME umfaßt auch die Fälle des § 14 UZwG Bln. Abweichend wird aber für alle Fälle des § 14 Buchst. a) bis c) UZwG Bln im ME vorausgesetzt, daß der Betroffene Schußwaffen oder Explosivmittel mit sich führen muß, wenn die richterliche Entscheidung lediglich wegen eines Vergehens ergangen ist. Abweichend vom UZwG Bln dürfen nach § 42 Abs. 2 ME Schußwaffen auch dann nicht gebraucht werden, wenn es sich um den Vollzug eines Jugendarrestes oder eines Strafarrestes handelt oder wenn die Flucht aus einer offenen Anstalt verhindert werden soll. ME

Die Regelungen von UZwG Bln und ME über den Strafvollzug weichen von § 100 Strafvollzugsgesetz, der diesen Bereich für die Justizvollzugsbeamten regelt, ab. § 42 Abs. 2 ME entspricht aber § 178 Strafvollzugsgesetz. Beide Bereiche harren noch der Harmonisierung. Strafvollzugsgesetz

4.2.1.5 Schußwaffengebrauch bei Befreiungsversuchen (§ 15 UZwG Bln)

Zweck der Vorschrift ist sowohl die Sicherung des staatlichen Strafanspruchs als auch die Gefahrenabwehr (Verhütung der strafbaren Gefangenenbefreiung). Insoweit ist § 15 UZwG Bln Spezialvorschrift zu § 11 UZwG Bln. Der Schußwaffengebrauch gegen den Gefangenen selbst richtet sich nach § 14 UZwG Bln oder bei Vorliegen der Voraussetzungen auch nach § 11 UZwG Bln. § 15 UZwG Bln regelt nur den Schußwaffengebrauch gegen den Befreier. Zweck

§ 15 UZwG Bln setzt voraus: Tatbestand

- Der Betroffene muß versuchen (Vorbereitung ist nicht ausreichend), eine Person aus amtlichem Gewahrsam zu befreien. Nur für die Dauer dieses Versuchs ist der Schußwaffengebrauch nach § 15 UZwG Bln zulässig. Ist die Befreiung gelungen, kommt ein Schußwaffengebrauch gegen den Befreier nach § 12 UZwG Bln in Betracht.
- Die zu befreiende Person muß in amtlichem Gewahrsam sein. Dieser besteht bei Gefangenen im Sinne der §§ 120, 121 StGB einschließlich Untergebrachter und Sicherungsverwahrter. Ob darunter alle Personen fallen, denen im öffentlichen Interesse die Freiheit entzogen worden ist und sich in der Gewalt der zuständigen Behörde befinden (vgl. Nr. 67 AVPolUZwG Bln), ist zweifelhaft; danach dürfte der Schußwaffengebrauch auch zum Schutz des vorgeführten Zeugen zulässig sein.
- Bei dem Befreiungsversuch muß Gewalt angewendet werden. List, Täuschung und bloßes Auffordern sind nicht ausreichend.

ME Der ME enthält eine entsprechende Befugnis in § 42 Abs. 1 Nr. 5 ME; das UZwG Bln weicht lediglich redaktionell ab und hebt einzelne Unterbringungsfälle beispielhaft hervor.

4.2.1.6 Schußwaffengebrauch gegen eine Menschenmenge (§ 16 UZwG Bln)

Zweck Zweck der Vorschrift ist die Abwehr der Gefahren, die von einer gewalttätigen Menschenmenge ausgehen (Verhütung und Unterbindung von Gewalttaten der Menge). Ziel darf es nur sein, angriffsunfähig zu machen, nicht dagegen, die Menge fluchtunfähig zu machen (§ 9 Abs. 2 Satz 1 UZwG Bln) und Straftäter festzunehmen. Wegen der besonderen Gefährlichkeit einer gewalttätigen Menschenmenge setzt § 16 ebenso wie § 15 UZwG Bln nicht voraus, daß der Tatbestand des § 11 UZwG Bln vorliegt, sondern enthält einen eigenständigen Tatbestand (a. M. *Gobrecht*, Nachtrag zum Polizeirecht des Landes Berlin zu § 16 UZwG Bln).

Voraussetzung für den Schußwaffengebrauch ist:

Tatbestand

- Es muß sich um eine Menschenmenge handeln. Das ist eine größere, nicht auf den ersten Blick zählbare und nicht nur zufällige Ansammlung von Personen. Sie ist aber nicht nur die unübersehbare Menge, sie kann vielmehr auch in äußerer Ordnung auftreten. Eine Gruppe ist noch keine Menschenmenge.
- Von der Menschenmenge oder aus ihrer Mitte heraus müssen Gewalttaten begangen werden oder unmittelbar bevorstehen (vgl. hierzu ausführlich *Krüger*, S. 65 ff.). Gewalttat ist wie z. B. in § 124, 125 StGB die strafbare Einwirkung auf Personen und Sachen mit körperlicher Gewalt, Waffen oder anderen Gegenständen. „Von der Menschenmenge" wird die Straftat begangen, wenn ein größerer Teil der Menge diese Straftat begeht. „Aus der Mitte heraus" wird die Straftat begangen, wenn zwar nur einige Mitglieder der Menge handeln, aber ihr Tun von der Menge durch Handlungen erkennbar gebilligt oder unterstützt wird. Es genügt, daß die Gewalttaten unmittelbar bevorstehen (= gegenwärtige Gefahr).
- Maßnahmen gegen einzelne in der Menschenmenge (z. B. Festnahme, Anwendung körperlicher Gewalt, Schußwaffengebrauch) können die Gewalttaten nicht verhindern. Diese Voraussetzung konkretisiert also das Gebot der Anwendung des mildesten Mittels.
- Auch mit milderen Maßnahmen (z. B. Einsatz von Wasserwerfern, körperliche Gewalt, Schlagstöcken) gegen die Menschenmenge selbst lassen sich die Gewalttaten nicht verhindern. In-

soweit muß eine Zwangsanwendung wenigstens versucht werden.

Abweichend von § 16 UZwG Bln läßt der ME den Schußwaffengebrauch gegen eine Menschenmenge als solche nicht zu. Er darf sich vielmehr nur gegen einzelne Personen richten. Die Zulässigkeit des Schußwaffengebrauchs gegen Personen in einer Menschenmenge beurteilt sich allein nach den allgemeinen Vorschriften für den Schußwaffengebrauch (§§ 41, 42 ME); und danach muß entweder eine gegenwärtige Gefahr für Leib oder Leben vorliegen oder unmittelbar ein Verbrechen oder Vergehen mit Schußwaffen oder Explosivmitteln bevorstehen oder fortgesetzt werden oder die gewaltsame Befreiung einer Person aus amtlichem Gewahrsam unternommen werden. ME

Das UZwG Bln verlangt hier lediglich, daß Gewalttaten von der Menschenmenge oder aus ihrer Mitte erfolgen oder unmittelbar bevorstehen. Im Gegensatz zum ME genügt es hier also auch, wenn sich diese Gewalttaten gegen Sachen richten und weder Leib noch Leben bedroht sind.

Gesetzestechnisch ist § 16 UZwG Bln als eigene Befugnisregelung ausgestaltet, während § 43 ME nur eine Regelung über Unbeteiligte enthält.

4.2.1.7 Schußwaffengebrauch an der DL (§ 17 UZwG Bln)

Zweck der Vorschrift ist es, die Gefahren abzuwehren, die dadurch entstehen, daß über die DL herüber auf das Gebiet des Landes Berlin geschossen wird. Ziel ist nicht, den Angreifer angriffs- oder fluchtunfähig zu machen, vielmehr soll durch die Spezialvorschrift des § 17 Abs. 3 UZwG Bln lediglich erreicht werden, daß das Feuer über die DL eingestellt wird. Die Vorschrift übernimmt zum Teil den Notwehrgedanken ins öffentliche Recht und bestimmt als Spezialregelung gegenüber § 11 UZwG Bln als Voraussetzung (vgl. auch LG Stuttgart NJW 1964/63 ff.): Zweck

- Es muß über die DL auf das Gebiet des Landes Berlin geschossen werden. Wird noch nicht geschossen, die Schußwaffe lediglich angelegt, ist nur die Androhung der Erwiderung des Schußwaffengebrauchs zugelassen (Nr. 75 AVPolUZwG Bln). Tatbestand
- Durch die Schüsse über die DL muß eine Gefahr für Leib oder Leben von Personen in Berlin (West) entstehen. Es ist nicht erforderlich, daß es das Ziel der Schüsse ist, Personen in Berlin (West) zu gefährden. Es genügt, daß tatsächlich eine solche Gefahr (Wahrscheinlichkeit der Verletzung) eintritt. Es genügt aber nicht, daß Personen in Ostberlin gefährdet werden; das

liegt nicht im Aufgabenbereich der Polizeibehörde. Wird zum Schutz von Flüchtlingen in einem solchen Fall trotzdem geschossen, ist der Schußwaffengebrauch als hoheitliche Maßnahme rechtswidrig, der Beamte kann jedoch strafrechtlich aus § 32 StGB gerechtfertigt sein.

Rechtsfolge

Bei Vorliegen dieser Voraussetzungen dürfen gezielte Schüsse abgegeben werden, um die Feuereinstellung zu erreichen. Werden durch die Schüsse über die DL nicht unmittelbar Personen in Berlin (West) gefährdet, sondern nur Sachgüter, gestattet § 17 Abs. 2 UZwG Bln zwar keine gezielten Schüsse, aber doch Warnschüsse. Darin liegt eine Spezialvorschrift zu § 10 UZwG, der den Warnschuß nur zuläßt, wenn auch die Voraussetzungen des gezielten Schusses vorliegen.

Warnschüsse

ME

Diese Berlin-spezifische Regelung fehlt im ME.

4.2.1.8 Schußwaffengebrauch im Zusammenhang mit dem Einsatz besonderer Waffen (§ 18 UZwG Bln)

Zweck

Um sicherzustellen, daß der unmittelbare Zwang beim Einsatz besonderer Waffen einheitlichen Regelungen unterliegt, werden durch § 18 Abs. 4 UZwG Bln eine Reihe von Vorschriften vor allem für die allgemeinen Schußwaffen suspendiert. Lediglich die Vorschrift über den Schußwaffengebrauch an der Demarkationslinie (§ 17 UZwG Bln) bleibt unberührt.

Voraussetzung

Damit dürfen auch mildere Formen des unmittelbaren Zwanges angewendet werden, wenn die strengen Voraussetzungen des § 18 UZwG Bln für den Einsatz besonderer Waffen erfüllt sind (vgl. unten C 5).

ME

Eine solch weitgehende Suspendierung fehlt im ME, der vielmehr ausdrücklich in § 44 Abs. 3 ME auf die Geltung der Vorschriften über den Schußwaffengebrauch hinweist und damit auch auf die Androhung nur bei gegenwärtiger Lebensgefahr verzichtet. Dennoch dürfte im Ergebnis nur eine geringe Divergenz vorliegen, denn besondere Waffen dürfen nach beiden Regelungen u. a. nur eingesetzt werden, wenn der vorherige Gebrauch anderer Waffen erfolglos geblieben ist; § 18 UZwG Bln und § 44 ME enthalten die strengeren Voraussetzungen.

4.2.2 Adressat

Einzelpersonen

Der unmittelbare Zwang in Form des Schußwaffengebrauchs gegen Personen richtet sich gegen die in den §§ 11 bis 17 UZwG Bln bezeichneten Personen. Das sind beim Schußwaffengebrauch gegen einzelne Personen diejenigen Personen, die

- in den Fällen der §§ 11, 15 und 17 UZwG Bln die dort bezeichneten Gefahren verursacht haben (also eine Straftat begehen, einen Gefangenen zu befreien versuchen oder über die Demarkationslinie schießen) und
- in den Fällen der §§ 12 bis 14 UZwG Bln fliehen (also nach einer Straftat oder einer Verurteilung flüchten, aus dem amtlichen Gewahrsam ausbrechen oder ausgebrochen sind).

Menschenmenge

Beim Schußwaffengebrauch gegen eine Menschenmenge nach § 16 UZwG Bln (der nur zulässig ist, wenn die Gefahr durch einen Schußwaffengebrauch gegen einzelne in der gewalttätigen Menschenmenge nicht abgewehrt werden kann) ist Adressat derjenige, der sich in der Menschenmenge befindet. Die Menschenmenge als solche kann nicht Adressat im juristischen Sinne sein. Das macht § 43 ME besonders deutlich.

Kinder

Auch wenn alle sonstigen Voraussetzungen für den Schußwaffengebrauch vorliegen, ist es nach § 9 Abs. 3 UZwG Bln verboten, auf Personen zu schießen, die sich dem äußeren Eindruck nach im Kindesalter (14 Jahre) befinden.

ME

Der ME will von diesem Grundsatz entsprechend § 32 StGB eine Ausnahme zulassen, wenn der Schußwaffengebrauch das einzige Mittel zur Abwehr einer (von dem Kind ausgehenden) gegenwärtigen Lebensgefahr ist (§ 41 Abs. 3 Satz 2 ME).

4.2.3 Allgemeine Rechtmäßigkeitsvoraussetzungen

4.2.3.1 Verhältnismäßigkeit

Allgemeines

Für die Anwendung unmittelbaren Zwanges enthält § 4 UZwG Bln eine den § 9 VwVG verdrängende Spezialregelung gleichen Inhalts. Die für alle Zwangsmaßnahmen nach dem UZwG Bln geltende Regelung ist erforderlich, weil § 9 VwVG nur für Verwaltungsakte gelten würde und es für Zwangsmaßnahmen zur Verfolgung von Straftaten an einer vergleichbaren Bestimmung in der StPO fehlt. Darüber hinaus enthalten die §§ 9 und 16 UZwG Bln konkretisierende Regelungen. Der ME enthält entsprechende Regelungen in den §§ 2, 41 und 43 ME.

1. Der Schußwaffengebrauch muß möglich und geeignet sein (§ 4 Abs. 1 Satz 1 UZwG Bln), den Zweck der zu vollziehenden Maßnahme herbeizuführen; anderenfalls muß er unterbleiben.

Möglichkeit, Geeignetheit

Diesem Erfordernis muß besondere Aufmerksamkeit gewidmet werden. Zwar ist der Schußwaffengebrauch ohnehin generell nur in Fällen zugelassen, in denen er überhaupt sinnvoll und möglich sein kann. Diese generelle Zulassung ersetzt nicht die Prüfung im Einzelfall.

So kann die Eignung des Schußwaffengebrauchs als Zwangsmittel in der konkreten Situation von der Beherrschung der Schußwaffe abhängen. Wenn durch einen Schuß auf einen Störer die Gefahr für den Bedrohten vergrößert wird, ist der Schuß ungeeignet und daher rechtswidrig.

Besondere Prüfung ist beim Schußwaffengebrauch gegen eine Menschenmenge geboten. Gerade hier wird der Einsatz der Schußwaffe nur selten geeignet sein, Gewalttaten zu verhindern; der Schußwaffengebrauch wäre rechtswidrig, wenn zu erwarten ist, daß Panik ausbricht und dadurch die Gefahren noch vergrößert werden.

Gegen eine Menschenmenge erscheint daher ein Schußwaffengebrauch als geeignete Zwangsmaßnahme nur vorstellbar, wenn sie als geordneter Kampfverband auftritt (vgl. hierzu auch *Krüger*, S. 68).

Mildestes Mittel (Erforderlichkeit)

2. Der Schußwaffengebrauch gegen Personen ist selbst bei Vorliegen der Voraussetzungen der §§ 11 bis 17 UZwG Bln nach § 9 Abs. 1 UzwG Bln (§ 41 Abs. 1 Satz 1 ME) nur zulässig, wenn andere Maßnahmen des unmittelbaren Zwanges erfolglos angewendet sind oder offensichtlich keinen Erfolg versprechen (auch wenn sie unter Umständen mehrmals angewendet werden müßten) und wenn der Zweck nicht durch Waffeneinwirkung auf Sachen erreicht werden kann. Selbst wenn er nach § 9 Abs. 1 Satz 1 UZwG Bln zulässig ist, darf nach § 4 Abs. 1 Satz 1 UZwG Bln die Schußwaffe nur so gebraucht werden, daß sie den einzelnen und die Allgemeinheit am wenigsten beeinträchtigt. Nach Nr. 38 AVPolUZwG Bln ist daher auf die Beine zu zielen, sofern die Umstände, insbesondere die Art des Angriffs, dies nicht ausschließen.

Dieser Grundsatz gilt auch im Verhältnis zwischen (mündlicher) Androhung und Warnschuß. Eine Spezialregelung bereits im Tatbestand enthält § 16 UZwG Bln, wonach der Schußwaffengebrauch gegen die Menschenmenge nur zulässig ist, wenn der Zweck durch eine mildere Maßnahme (z. B. unmittelbarer Zwang gegen einzelne oder andere Zwangsmaßnahmen gegen die Menge) nicht zum Ziele führen.

Angemessenheit

3. Auch der Schußwaffengebrauch gegen Personen muß in einer vernünftigen und vertretbaren Relation zum beabsichtigten Erfolg stehen (ex ante betrachtet). Vgl. A 6.8.

Prüfung im Einzelfall

Ausdruck des Grundsatzes der Angemessenheit ist bereits die Regelung der §§ 11 bis 17 UZwG Bln an und für sich. Doch ist dies gleichsam nur die abstrakte Bejahung der Geeignetheit und Angemessenheit; nur in diesen Fällen kann ein Schußwaffengebrauch überhaupt geeignet und angemessen sein. Dies entbindet jedoch nicht von der konkreten Prüfung im Einzelfall. Der Schußwaffengebrauch gegen Personen darf daher trotz Vorliegens aller Voraussetzungen der §§ 11 bis 17 UZwG Bln und auch wenn er das mildeste Mittel ist, nicht unangemessen sein, d. h., der durch den Schußwaffengebrauch zu erwartende Schaden (Art der Verletzung des Flüchtigen) darf zu dem beabsichtigten Erfolg (z. B. Ergreifung eines Verurteilten) nicht außer Verhältnis stehen (das wäre z. B. der Fall, wenn die Restfreiheitsstrafe nur wenige Tage beträgt). Ausdruck des Grundsatzes der Angemessenheit ist auch das insbesondere für die §§ 12 bis 14 UZwG Bln geltende Gebot in Nr. 38 AVPolUZwG Bln, möglichst nur auf die Beine zu zielen.

Bei Wiederergreifung eines Flüchtigen

Nach einer Entscheidung des BGH (MDR 75/675) muß beim Schußwaffengebrauch gegen Flüchtende der Strafanspruch des Staates der Gefahr gegenübergestellt werden, die von dem Flüchtenden ausgeht; nach Ansicht des BGH ist ein Schuß zur Wiederergreifung des Flüchtenden nur rechtmäßig, wenn von ihm eine nicht unerhebliche Gefahr für die Allgemeinheit ausgeht (vgl. dazu kritisch *Triftterer*, MDR 76/355 ff.). Diese besondere Gefahr wird regelmäßig zu bejahen sein, wenn der Flüchtende auf der Flucht Schußwaffen oder Explosivmittel mit sich führt.

Angriffs- und Fluchtunfähigkeit

4. Ausdruck der Angemessenheit ist auch die Beschränkung des Schußwaffengebrauchs auf den Zweck, den Flüchtigen nur angriffs- oder fluchtunfähig zu machen. Zu anderen Zwecken (z. B. um die Herausgabe einer Sache zu erzwingen, um eine Aussage zu erhalten, zur Einschüchterung oder zur Vergeltung) ist der Schußwaffengebrauch nicht zugelassen (§ 9 Abs. 2 Satz 1 UZwG Bln, § 41 Abs. 2 Satz 1 ME).

Das bedeutet, daß in den Fällen der §§ 11, 15 und 16 UZwG Bln (§ 42 Abs. 1 Nrn. 1, 2 und 5 sowie § 43 ME) nur geschossen werden darf, um den Flüchtigen angriffsunfähig zu machen, in den Fällen der §§ 12 bis 14 UZwG Bln (§ 42 Abs. 1 Nrn. 3 und 4 ME), um ihn fluchtunfähig zu machen. Als Sonderregelung bestimmt § 17 Abs. 3 UZwG Bln, daß Zweck des Schußwaffengebrauchs an der Demarkationslinie nur ist, die Einstellung des Feuers zu erreichen.

Tötung

§ 9 Abs. 2 Satz 2 UZwG Bln verbietet die Abgabe eines Schusses, der mit an Sicherheit grenzender Wahrscheinlichkeit tödlich wirken wird, auch wenn dies die einzige Möglichkeit ist, eine Lebens- oder Leibesgefahr für eine andere Person abzuwehren; das folgt aus dem Wort „nur" und aus der Tatsache, daß in § 7 UZwG Bln das Grundrecht auf Leben nicht eingeschränkt wird (vgl. zu dem Problem die umfangreiche Literatur, zusammengestellt bei *Heise/Riegel*, Musterentwurf eines einheitlichen Polizeigesetzes, 2. Aufl. 1978, S. 20, ferner *R. Lange*, Der gezielte „Todesschuß", JZ 1976/546;

W. Lange, Der neue Musterentwurf eines einheitlichen Polizeigesetzes, Fragwürdiges Schußwaffengebrauchsrecht, MDR 1977/1, *Hummel/Liljegren*, Der gezielte tödliche Schuß ist geltendes Recht – wozu ihn einführen, Die Polizei 1977/373; gegen ihn zutreffend *Riegel*, Zur Notwendigkeit der Einführung einer Regelung über den Rettungsschuß, Die Polizei 1978/100; *Lange*, NJW 1978/784; vgl. auch C 1.4).

gezielt tödlicher Rettungsschuß

Im übrigen wäre ein gezielt tödlicher „Rettungsschuß" nach den Bestimmungen des Berliner Rechts in der konkreten Einsatzsituation hoheitlich schon dann unzulässig, wenn er – um überhaupt wirksam zu sein – ohne Androhung abgegeben werden müßte (Verstoß gegen § 10 UZwG Bln) und wenn durch ihn Unbeteiligte, z. B. eine Geisel, mit hoher Wahrscheinlichkeit gefährdet werden (Verstoß gegen § 9 Abs. 2 Satz 2 UZwG Bln). Gegenwärtig wäre ein Beamter, der trotzdem einen gezielt tödlichen Rettungsschuß abgibt, nur straffrei, wenn die Voraussetzungen des § 32 StGB vorliegen.

ME

§ 42 Abs. 2 Satz 2 ME schlägt folgende Regelung vor: „Ein Schuß, der mit an Sicherheit grenzender Wahrscheinlichkeit tödlich wirken wird, ist nur zulässig, wenn er das einzige Mittel zur Abwehr einer gegenwärtigen Lebensgefahr oder der gegenwärtigen Gefahr einer schwerwiegenden Verletzung der körperlichen Unversehrtheit ist." Im übrigen will § 39 Abs. 2 ME auf eine Androhung bei gegenwärtiger Gefahr für Leib oder Leben und § 41 Abs. 4 ME auf das Verbot der Gefährdung Unbeteiligter bei Lebensgefahr verzichten.

Gefährdung Unbeteiligter

5. Ausdruck des Verhältnismäßigkeitsprinzips ist auch das Verbot des Schußwaffengebrauchs in § 9 Abs. 2 Satz 2 UZwG Bln, wenn dadurch Unbeteiligte mit hoher Wahrscheinlichkeit gefährdet werden. In diesem Falle ist der Schußwaffengebrauch unangemessen und rechtswidrig. Unzulässig ist bereits eine Gefährdung; selbstverständlich ist eine Verletzung Unbeteiligter erst recht verboten. Vorausgesetzt wird eine hohe Wahrscheinlichkeit der Gefährdung; eine nur (entfernte) Möglichkeit macht den Schußwaffengebrauch nicht rechtswidrig (sie besteht praktisch bei jedem Schußwaffengebrauch). Entscheidend ist, ob diese Gefährdung dem Vollzugsbeamten im Augenblick der Schußabgabe erkennbar war (Anscheinsgefahr). Unbeteiligter ist auch die Geisel; das kann den Schußwaffengebrauch gegen den Geiselnehmer unzulässig machen. Abweichend will § 41 Abs. 4 ME eine Gefährdung (nicht Verletzung) zulassen, wenn der Schußwaffengebrauch das einzige Mittel zur Abwehr einer gegenwärtigen Lebensgefahr ist.

Menschenmenge, bewaffnete Gruppen

Ausnahmsweise macht die hohe Wahrscheinlichkeit der Gefährdung Unbeteiligter den Schußwaffengebrauch gegen eine Menschenmenge oder eine bewaffnete Gruppe nicht unzulässig, wenn sich deren Gefährdung nicht vermeiden läßt. Das soll gerechtfertigt sein wegen der besonderen Gefahren, die insoweit bestehen. Zumindest hinsichtlich der Menschenmenge ist das wohl richtig, da nach der tatbestandlichen Voraussetzung des § 16 sowie bei Beachtung der §§ 4, 9 Abs. 1 und Abs. 2 Satz 1 UZwG Bln sonst die größere Gefahr überhaupt nicht abgewendet werden kann und es nicht rechtens sein kann, den größeren Schaden zugunsten lediglich einer Gefährdung Dritter zu vernachlässigen. ME

§ 43 Abs. 1 ME verbietet grundsätzlich den Schußwaffengebrauch gegen Personen in einer Menschenmenge, wenn Unbeteiligte mit hoher Wahrscheinlichkeit gefährdet werden, außer der Schußwaffengebrauch ist das einzige Mittel zur Abwehr einer gegenwärtigen Lebensgefahr. Abweichend vom UZwG Bln sieht er aber bereits Personen in einer Menschenmenge, die Gewalttaten begeht oder durch Handlungen erkennbar billigt oder unterstützt, nicht mehr als Unbeteiligte an, wenn diese Personen sich aus der Menschenmenge trotz wiederholter Androhung nach § 39 Abs. 3 ME nicht entfernen (§ 43 Abs. 2 ME). Zeitliches Übermaß

6. Der Grundsatz der Verhältnismäßigkeit ist auch in zeitlicher Hinsicht zu wahren. Die Anwendung unmittelbaren Zwanges kann bereits durch ihre Dauer unverhältnismäßig werden. Ist der Zweck der zu vollziehenden Maßnahme erreicht, ist der Vollzug auf jeden Fall einzustellen. Es ist eine permanente Prüfung der Eignung und Zulässigkeit des Schußwaffengebrauchs erforderlich (§ 4 Abs. 1 Satz 2 UZwG Bln; § 2 Abs. 3 ME).

4.2.3.2 Keine Ermessensfehler

Auch der Schußwaffengebrauch steht im pflichtgemäßen Ermessen der Behörde. Ermessensfehler im Sinne von § 114 VwGO würden die Rechtswidrigkeit des Schußwaffengebrauchs zur Folge haben.

5. Einsatz besonderer Waffen

Besondere Waffen sind Maschinengewehre und Handgranaten (§ 2 Abs. 4 Nr. 2 UZwG Bln, § 44 Abs. 1 ME). Ihre Anwendung ist an folgende Voraussetzungen gebunden:

5.1 Formelle Rechtmäßigkeit

5.1.1 Zuständigkeit

Die Anwendung der besonderen Waffen ist nach § 18 UZwG Bln (§ 44 ME) nur zur Abwehr von Gefahren, nicht zur Strafverfolgung Behörde zugelassen. Sachlich und örtlich zuständig ist nach § 7 VwVG die für den Erlaß des Grund-VA zuständige Behörde. Das ist allein die Polizei, da nur sie mit diesen Waffen ausgerüstet ist.

Vollzugsbeamte

Die Polizei darf als zuständige Behörde unmittelbaren Zwang durch Anwendung besonderer Waffen nur durch Vollzugsbeamte im Sinne von § 3 UZwG Bln ausüben, die dienstlich mit den besonderen Waffen ausgerüstet werden können (§ 8 Abs. 1 UZwG Bln). Innerhalb der Polizeibehörde können nach Nr. 32 AVPolUZwG Bln nur die Vollzugsbeamten der Schutzpolizei mit Maschinengewehren und Handgranaten ausgerüstet werden. Der ME bezieht sich ohne Differenzierung nur auf die Polizei.

5.1.2 Zulässigkeit der Vollstreckung

Nach § 1 Abs. 1 UZwG Bln darf unmittelbarer Zwang, also auch bei Anwendung der besonderen Waffen, nur angewendet werden, wenn seine Anwendung in einem anderen Gesetz zugelassen ist. Angesichts der engen Voraussetzungen des § 18 Abs. 3 UZwG Bln sind stets die Voraussetzungen des Sofortvollzuges nach § 6 Abs. 2 VwVG gegeben, denn in § 18 Abs. 3 UZwG Bln wird gerade vorausgesetzt, daß die Gefahr nicht auf andere Weise abgewehrt werden kann und die Voraussetzungen für den Grund-VA gegeben sind (ebenso § 44 Abs. 1 ME).

5.1.3 Verfahren

Androhung

Nach § 8 Abs. 3 UZwG Bln gilt für den Einsatz besonderer Waffen nur § 18 UZwG Bln. Die Vorschriften über die Androhung in den §§ 10 und 16 Abs. 2 UZwG Bln gelten demnach nicht, zumal sie sich nur auf den Schußwaffengebrauch beziehen. Damit ist für den hier wohl in der Regel allein in Frage kommenden Sofortvollzug eine Androhung nach § 13 Abs. 1 Satz 1 und eine Festsetzung nach § 14 VwVG nicht erforderlich. Das gilt auch für alle anderen milderen Formen des unmittelbaren Zwanges, wenn die Voraussetzungen des § 18 UZwG Bln vorliegen.

Zu dem gleichen Ergebnis kommt man, wenn man § 18 Abs. 4 dahin interpretiert, daß für den Einsatz besonderer Waffen zusätzlich zu § 18 Abs. 1 bis 3 die in § 18 Abs. 4 UzwG Bln nicht ausgenommenen Vorschriften gelten, denn dieser hebt für die Anwendung der besonderen Waffen die einschränkenden Bestimmungen der §§ 10, 16 Abs. 2 und 21 UZwGBln auf (vgl. zu dem Problem *Grommek/Herrgesell* IX. 5, S. 42).

Freigabe

Zusätzliche verfahrensrechtliche Voraussetzung ist die vorherige Freigabe der besonderen Waffen durch den Senator für Inneres (§ 18 Abs. 2 UZwG Bln). Diese darf nur gegeben werden, wenn die freiheitlich-demokratische Grundordnung gefährdet ist. Nach den Nrn. 79, 80 AVPolUZwG Bln ist diese gefährdet, wenn ihre wesentliche Beeinträchtigung oder die Abschaffung eines oder mehrerer der folgenden Prinzipien bevorsteht: Achtung der Menschenrechte, Volkssouveränität, Gewaltenteilung, Verantwortlichkeit der Regierung, Gesetzmäßigkeit der Verwaltung, Unabhängigkeit der Gerichte, Mehrparteienprinzip, Chancengleichheit für alle politischen Parteien, Recht auf verfassungsmäßige Opposition.

Freigabe ist die grundsätzliche Entscheidung (keine Weisung), daß die besonderen Waffen gebraucht werden dürfen. Über ihre Anwendung darf nur am Einsatzort entschieden werden (Nr. 83 AVPolUZwG Bln).

Abweichend vom UZwG Bln müssen nach den Vorstellungen des ME auch Maschinengewehre und Handgranaten angedroht werden; davon darf nur abgesehen werden, wenn das zur Abwehr einer gegenwärtigen Gefahr für Leib oder Leben erforderlich ist (§ 39 Abs. 2 ME). Abweichend vom UZwG Bln darf der Einsatz der besonderen Waffen auch durch einen im Einzelfall vom Innenminister Beauftragten freigegeben werden (§ 44 Abs. 1 ME); nach dem UZwG Bln darf die Freigabe im Falle der Verhinderung des Senators für Inneres durch das Senatsmitglied erfolgen, das ihn nach der Geschäftsordnung des Senats vertritt (Nr. 81 AVPolUZwG Bln). ME

5.2 Materielle Rechtmäßigkeit

5.2.1 Ermächtigung zur Anwendung der besonderen Waffen

Zweck der Anwendung der besonderen Waffen ist die Abwehr von Gefahren für die freiheitlich-demokratische Grundordnung. Zweck

Nach Freigabe durch den Senator für Inneres stellt § 18 Abs. 3 UZwG Bln für die Anwendung im Einzelfall folgende Voraussetzungen auf: Tatbestand

1. Gefährdung der freiheitlich-demokratischen Grundordnung (vgl. dazu oben C 5.1.3).
2. Personen, gegen die unmittelbarer Zwang angewendet werden soll, haben von Schußwaffen Gebrauch gemacht. Diese Voraussetzung ist erst recht gegeben, wenn Handgranaten o. ä. Explosivmittel angewendet wurden.
3. Der Gebrauch der allgemeinen Schußwaffen gegen die Störer muß erfolglos versucht worden sein.
4. Darin liegt zugleich die Voraussetzung, daß unmittelbarer Zwang gegen diese Personen in Form des Schußwaffengebrauchs zulässig sein muß; § 18 Abs. 3 verlangt daher auch das

Vorliegen der Voraussetzungen der §§ 11, 15, 16 oder 17 UZwG Bln.
Aus § 18 Abs. 4 UZwG Bln kann ein gegenteiliger Schluß nicht gezogen werden. Diese Vorschrift soll nur die Einheitlichkeit der Geltung des § 18 UZwG Bln auch für die milderen Formen des unmittelbaren Zwanges herstellen, wenn die Voraussetzungen des Abs. 3 gegeben sind; Abs. 4 ist also eine Vorschrift, die nicht den Einsatz der besonderen Waffen regelt, sondern sich auf die Anwendung der übrigen Zwangsmittel bezieht, wenn die besonderen Waffen verwendet werden dürfen (vgl. oben C 4.2.1.8).

5.2.2 Adressat

Störer
Der unmittelbare Zwang in Form des Einsatzes der besonderen Waffen richtet sich gegen Personen, die die in den §§ 11, 15 und 17 bezeichneten Gefahren verursacht haben oder im Falle des § 16 UZwG Bln Teil der gewalttätigen Menschenmenge sind.

Kinder
Gegenüber Kindern ist auch der Einsatz der besonderen Waffen nach § 9 Abs. 3 UZwG Bln verboten. Davon geht Nr. 85 AVPol-UZwG Bln offensichtlich deshalb aus, weil diese beim Einsatz allgemeiner Schußwaffen nach § 18 Abs. 4 UZwG Bln ausdrücklich fortgeltende Bestimmung erst recht für den Einsatz besonderer Waffen gelten muß, wenn bei ihrem Einsatz einheitliches Recht gelten soll.

5.2.3 Allgemeine Rechtmäßigkeitsvoraussetzungen

5.2.3.1 Verhältnismäßigkeit

Geeignetheit
Der Einsatz der besonderen Waffen muß möglich und geeignet sein, die in der Anwendung von Schußwaffen usw. liegenden Gefahren für die freiheitlich-demokratische Grundordnung abzuwehren (§ 4 Abs. 1 Satz 1 UZwG Bln).

Mildestes Mittel
Die Forderung des § 4 Abs. 1 Satz 1 UZwG Bln, daß nur das mildeste Mittel eingesetzt werden darf, gehört bereits zum Tatbestand des § 18 Abs. 3 UZwG Bln. Gleichwohl ist diese Forderung auch im Einzelfall zu beachten (z. B. bei der Auswahl zwischen Maschinengewehr und Handgranate sowie hinsichtlich Dauer und Intensität des Einsatzes.

Angemessenheit
Daß der Einsatz der besonderen Waffen zum Zweck der Verteidigung der freiheitlich-demokratischen Grundordnung generell angemessen ist, ergibt sich bereits aus der Normierung der Eingriffsbefugnis in § 18 UZwG Bln. Gleichwohl muß der Grundsatz des § 4 Abs. 2 UZwG Bln auch im Einzelfall beachtet werden. Wird durch

den Einsatz der besonderen Waffen ein noch größerer Schaden verursacht als vermieden werden soll (z. B. beim Einsatz gegen eine Menschenmenge), hat der Einsatz der besonderen Waffen zu unterbleiben, auch wenn sonst alle Rechtmäßigkeitsvoraussetzungen gegeben sind.

Zweck des Einsatzes darf es nur sein, die Störer angriffsunfähig zu machen, da es sich um eine Vorschrift der Gefahrenabwehr handelt (vgl. auch unten C 5.2.4). — nur angriffsunfähig

Ob die ausdrückliche Ausformung des Verhältnismäßigkeitsgrundsatzes in § 9 Abs. 2 Satz 2 UZwG Bln über den Wortlaut hinaus auch für den Einsatz besonderer Waffen gilt oder unmittelbar aus § 4 Abs. 2 UZwG Bln herzuleiten ist, ist nicht zweifelsfrei. Einerseits wird § 9 durch § 8 Abs. 3 UZwG Bln ausgeschlossen. Andererseits könnte man aus § 18 Abs. 4 UZwG Bln folgern, daß diese Vorschrift für den Einsatz der besonderen Waffen erst recht gilt, wenn sie für den Einsatz der allgemeinen Schußwaffen trotz Vorliegens der Voraussetzungen des § 18 Abs. 3 UZwG Bln beachtet werden muß (so wohl auch Nr. 85 AVPolUZwG Bln). Diese zweite Ansicht begegnet jedoch deshalb Bedenken, weil wegen der Wirkung der besonderen Waffen eine Gefährdung Unbeteiligter nie ausgeschlossen werden kann. Daher läßt sich auch die Meinung vertreten, daß § 18 UZwG Bln an sich die Gefährdung (nicht aber die Verletzung) Unbeteiligter zuläßt, aber im Rahmen des § 4 Abs. 2 UZwG Bln gleichwohl abgewogen werden muß, wieweit eine Gefährdung Unbeteiligter noch verhältnismäßig ist. Danach wird der Einsatz der besonderen Waffen unter Gefährdung Unbeteiligter nur rechtmäßig sein, wenn es um die Abwehr von Lebensgefahren geht. — Gefährdung Dritter

Der Einsatz der besonderen Waffen ist nur solange zulässig, wie es der Schutz der freiheitlich-demokratischen Grundordnung erfordert (§ 4 Abs. 1 Satz 2 UZwG Bln). Kann der Zweck mit milderen Mitteln erreicht werden, fällt bereits die Berechtigung zum Einsatz der besonderen Waffen weg, ebenso wenn die Voraussetzungen der §§ 11 oder 15 bis 17 UZwG Bln entfallen. — Zeitliches Übermaß

5.2.3.2 Kein Ermessensfehler

Auch der Einsatz der besonderen Waffen steht im pflichtgemäßen Ermessen der Polizei. Ermessensfehler im Sinne von § 114 VwGO müssen vermieden werden.

5.2.4 ME

§ 44 Abs. 1 ME stellt nicht mehr die Voraussetzung auf, daß die freiheitlich-demokratische Grundordnung gefährdet sein muß. Er sieht den Einsatz der besonderen Waffen statt dessen (nur) in den — Ermächtigung

Fällen des § 42 Abs. 1 Nrn. 1, 2 und 5 ME (Abwehr einer gegenwärtigen Gefahr für Leib oder Leben; Verhinderung der unmittelbar bevorstehenden Begehung oder Fortsetzung eines Verbrechens oder eines Vergehens unter Anwendung von Schußwaffen oder Explosivmitteln; Verhinderung der gewaltsamen Befreiung einer Person aus amtlichem Gewahrsam) vor. Die nach § 18 Abs. 3 UZwG Bln erforderlichen zusätzlichen Eingriffsvoraussetzungen stimmen mit § 44 Abs. 1 ME überein.

In § 44 Abs. 1 Nr. 1 ME wird zur Klarstellung hervorgehoben, daß es der Verwendung von Schußwaffen durch den Störer (§ 18 Abs. 3 Buchst. a) UZwG Bln) gleichsteht, wenn der Störer von Handgranaten oder ähnlichen Explosivmitteln Gebrauch gemacht hat.

nur angriffsunfähig

Nach § 44 Abs. 2 Satz 1 ME dürfen Maschinengewehre und Handgranaten gegen Personen wegen ihrer Wirkung nur eingesetzt werden, um angriffsunfähig zu machen. Bei Fliehenden ist die Anwendung dieser Waffen unzulässig. Demgegenüber richtet sich im UZwG Bln der Einsatz dieser Waffen allein nach dem Grundsatz der Verhältnismäßigkeit (§ 4 UZwG Bln), da gemäß § 18 Abs. 4 die Vorschrift des § 9 Abs. 2 Satz 1 UZwG Bln keine Anwendung findet. Demzufolge dürften besondere Waffen außer zum Zwecke der Herbeiführung der Angriffsunfähigkeit auch gebraucht werden, um fluchtunfähig zu machen. Dieses Ergebnis würde jedoch § 4 Abs. 2 UZwG Bln widersprechen, so daß ein Unterschied zwischen UZwG Bln und ME nicht bestehen dürfte.

Menschenmenge

Nach § 44 Abs. 2 Satz 2 ME soll der Einsatz von Handgranaten gegen Personen in einer Menschenmenge verboten werden.

Sprengmittel

Im UZwG Bln fehlt ferner das Verbot, Sprengmittel gegen Personen einzusetzen. Dies ist jedoch in Nr. 10 AVPolUZwG Bln festgelegt.

6. Zwangsuntersuchung, Zwangsbehandlung, Zwangsernährung

Allgemeines

Diese Eingriffe in das Grundrecht auf körperliche Unversehrtheit (Artikel 2 Abs. 2 Satz 2 GG) sind nicht primär Maßnahmen des unmittelbaren Zwanges zur Durchsetzung von Handlungen, Duldungen oder Unterlassungen (§ 6 VwVG, § 1 Abs. 1 UZwG Bln). Sie sind vielmehr Ausgestaltung der Rechtsbeziehung innerhalb eines besonderen Gewaltverhältnisses, in dem einer Person die Freiheit entzogen ist. Ihrem Wesen nach handelt es sich um Regelungen der in § 20 Abs. 3 ASOG bezeichneten Art, die hier zum Wohle der Betroffenen getroffen werden. Für den Bereich der Strafvollstreckung gelten die Vorschriften des Strafvollzugsgesetzes.

Im ME fehlen entsprechende Bestimmungen. ME

6.1 Formelle Rechtmäßigkeit

6.1.1 Zuständigkeit

Zuständig ist die Behörde, die die Freiheitsentziehung vornimmt.

Gegenüber den §§ 1 Abs. 1 und 3 bestimmen die §§ 22 Abs. 3 Satz 1 und 23 Abs. 2 UZwG Bln, daß die erforderlichen Maßnahmen nur auf Anordnung und unter Leitung eines Arztes getroffen werden dürfen. Der Arzt unterliegt insoweit nicht den Weisungen des im übrigen zuständigen Beamten. Eine Ausnahme besteht nur, wenn der Arzt nicht erreichbar ist und ein Aufschub der Maßnahmen mit Lebensgefahr verbunden ist.

6.1.2 Zulässigkeit der Vollstreckung, Verfahrensvorschriften

Diese formellen Anforderungen betreffen allein die Durchsetzung einer zu vollziehenden Maßnahme, betreffen also nicht die hier geregelten Sachverhalte. Die entsprechenden Vorschriften des VwVG sind daher nicht anwendbar.

6.2 Materielle Rechtmäßigkeit

6.2.1. Ermächtigung

Zwangsuntersuchung

§ 22 Abs. 1 UZwGBln stellt keine tatbestandlichen Voraussetzungen auf. Nach Sinn und Zweck der Vorschrift wird ein medizinischer Anlaß vorliegen müssen oder zumindest die Unklarheit darüber, ob ein solcher Anlaß vorliegt (z. B. hilflose Person im Polizeigewahrsam).

Zwangsbehandlung

§ 22 Abs. 2 UZwG Bln setzt voraus:

a) eine Gefahr für Leib oder Leben des Gefangenen oder Untergebrachten (z. B. Verletzter im polzeilichen Gewahrsam),

oder

b) eine Gefahr für Leib oder Leben der Umgebung eines Gefangenen oder Untergebrachten (z. B. ansteckende Krankheit)

oder

c) daß der Zweck einer Unterbringung die Zwangsbehandlung erfordert
(z. B. Behandlung zur Heilung von Geisteskranken)

§ 81 a StPO bleibt unberührt.

Zwangsernährung

§ 23 Abs. 1 UZwG Bln setzt voraus, daß eine Gefahr für Leib oder Leben des Gefangenen oder Untergebrachten besteht (z. B. bei Hungerstreik).

Gefahr im Verzuge

Für den Fall, daß diese Eingriffe nicht von einem Arzt vorgenommen werden, weil dieser nicht zu erreichen ist und ein Aufschub mit Lebensgefahr verbunden ist, bestimmt § 23 Abs. 2 Satz 3 UZwG Bln als zusätzliche Voraussetzung, daß die angeordneten Maßnahmen zumutbar und nicht mit zusätzlicher Lebensgefahr verbunden sind.

6.2.2 Adressat

Die Maßnahme darf gegen die in den §§ 22 und 23 UZwG Bln bezeichneten Personen getroffen werden, also gegen Gefangene und Untergebrachte. Der Begriff des Gefangenen entspricht dem in § 120 und 121 StGB (alle Personen, denen im öffentlichen Interesse die Freiheit entzogen ist). Untergebrachte sind Personen, denen die Freiheit nach den §§ 63 bis 65 StGB, 1, 2 oder 15 UntG oder 126 a StPO entzogen ist.

6.2.3 Allgemeine Rechtmäßigkeitsvoraussetzungen

Auch für diese Maßnahmen gelten die allgemeinen Bestimmungen des § 4 UZwG Bln und die Regeln über die Anwendung des pflichtgemäßen Ermessens, modifiziert allerdings durch die anerkannten Regeln der ärztlichen Kunst.

Anhang 1

Begriffe

ASOG und ME bemühen sich um eine Vereinheitlichung der in den Ländern recht unterschiedlich verwendeten Begriffe des Polizei- und Ordnungsrechts. Im folgenden werden die wichtigsten Begriffe des allgemeinen Polizei- und Ordnungsrechts, des Verwaltungszwanges und des unmittelbaren Zwanges zusammengestellt:

Adressat	Person (Betroffener), gegen die sich eine polizei- oder ordnungsrechtliche Maßnahme richtet.
Amtshilfe,	Hilfeleistung zwischen Behörden durch nicht-richterliche innerbehördliche Handlungen (Art. 35 GG; §§ 4–8 VwVfG).
– gesteigerte	(gesetzlich zu regelnde) Amtshilfe, die nach außen wirkt und in subjektive Rechte von Personen eingreift (z. B. Vollzugshilfe nach den §§ 30–32 ASOG).
– Ermittlungshilfe	Fall der einfachen oder gesteigerten Amtshilfe durch Feststellung von Tatsachen, die für die Wahrnehmung öffentlicher Aufgaben notwendig sind (keine Vollzugshilfe).
– Vollstreckungshilfe	Gesetzlich geregelter Fall der Amtshilfe: Unterstützung von Vollstreckungsorganen bei deren Vollstreckungstätigkeit (z. B. nach § 758 Abs. 3 ZPO).
– Vollstreckungsschutz	s. dort.
– Vollzugshilfe	s. dort.
Angemessenheit	s. Verhältnismäßigkeit.
Austauschmittel	Recht des Betroffenen, anstelle eines von der Behörde angeordneten Mittels zur Gefahrenabwehr ein anderes ebenso wirksames Mittel anzuwenden, sofern die Allgemeinheit dadurch nicht stärker beeinträchtigt wird (vgl. § 9 Abs. 2 ASOG, § 3 Abs. 2 ME).
Beschlagnahme	Begriff nicht im ASOG, VwVG oder UZwG bzw. ME verwendet, um Verwechslung mit dem Begriff der Beschlagnahme nach der StPO zu vermeiden.

(Beschlagnahme)	Teilweise ist es aber üblich, die Durchsetzung der Sicherstellung nach § 26 ASOG (§ 21 ME) durch Anwendung unmittelbaren Zwanges als polizei- oder ordnungsrechtliche Beschlagnahme zu bezeichnen.
Besondere Waffen	Maschinengewehre und Handgranaten (§ 2 Abs. 4 Nr. 2 UZwG Bln; § 44 Abs. 1 ME).
Betroffener	s. Adressat.
Dienstaufsicht	Aufsicht über Aufbau, innere Ordnung, allgemeine Geschäftsführung und Personalangelegenheiten.
Durchsuchung – einer Person	Suche nach Sachen in der Kleidung des Betroffenen oder an seinem Körper (§ 22 ASOG; § 17 ME).
– einer Sache	Suche in oder an einer Sache nach anderen Sachen oder Personen (§ 23 ASOG; § 18 ME).
– einer Wohnung	Ziel- und zweckgerichtetes Suchen nach Personen oder Sachen oder Ermittlung eines Sachverhalts in einer Wohnung (§ 24 ASOG; § 19 ME).
Eingriffsmaßnahme	s. Maßnahme.
Erkennungsdienstliche Maßnahme (ed-Maßnahme)	Besondere Maßnahme (insbesondere die Abnahme von Finger- und Handflächenabdrücken, die Aufnahme von Lichtbildern, die Feststellung äußerer körperlicher Merkmale oder Messungen), um die Identität einer Person oder ihrer äußeren Merkmale gemäß § 16 ASOG (§ 10 ME) festzustellen.
Ermessen,	Gesetzlich eingeräumter Spielraum für die Verwaltung zu eigener und eigenverantwortlicher Wahl von Verhaltensweisen.
– Opportunitätsprinzip	Das Ermessen wird vor allem im Polizei- und Ordnungsrecht auch als Opportunitätsprinzip bezeichnet: Polizei- und Ordnungsbehörden sind danach nicht generell und ausnahmslos verpflichtet, Maßnahmen der Gefahrenabwehr zu ergreifen, sondern können nach ihrem pflichtgemäßem Ermessen darüber entscheiden, ob (Entschließungsermessen) und wie bzw. gegen wen (Auswahlermessen) sie zur Gefahrenabwehr tätig werden (vgl. § 9 Abs. 1 ASOG; § 3 Abs. 1 ME).
– Grenzen	Die Ausübung des Ermessens unterliegt Bindungen: 1. Innere Bindung: Erfordernisse des Gemeinwohls, der Billigkeit, Wirtschaftlichkeit und Zweckmäßigkeit, 2. Äußere Bindung: Vermeiden von Ermessensfehlern (Ermessens-

überschreitung, -unterschreitung und -fehlgebrauch).

Ersatzvornahme
Gesetzlich eingeräumtes Zwangsmittel nach:
1. § 10 VwVG:
   Befugnis der Vollstreckungsbehörde, anstelle des Pflichtigen eine vertretbare Handlung durch einen anderen auf Kosten des Pflichtigen durchführen zu lassen.
2. § 30 ME:
   Befugnis der Vollstreckungsbehörde, anstelle des Pflichtigen eine vertretbare Handlung auf seine Kosten entweder durch einen anderen durchführen zu lassen oder die Handlung selbst auszuführen.

Fachaufsicht
Aufsicht über die recht- und ordnungsmäßige Erfüllung der Aufgaben und die zweckentsprechende Handhabung des Verwaltungsermessens (nach außen wirkende Tätigkeit nach § 7 Abs. 1 ASOG).

Festhalten
s. Freiheitsentziehung.

Freiheitsentziehung
Allseitige Entziehung der körperlichen Bewegungsfreiheit (Freiheitsentziehung und Festhalten werden im ASOG/ME als synonyme Begriffe im Sinne von Art. 104 Abs. 2 GG gebraucht).

Gefahr, konkrete
Gefahr ist nach der Legaldefinition des § 14 Abs. 1 ASOG (§ 8 Abs. 1 ME): Die im Einzelfall (a) bestehende Gefahr (b) für die öffentliche Sicherheit oder Ordnung (c):
a) Einzelfall ist eine konkrete individuelle Sachlage (Gegensatz abstrakte Gefahr);
b) eine Gefahr besteht, wenn eine Sachlage (objektives Geschehen) mit hinreichender Wahrscheinlichkeit zu einem Schaden führt, falls das Geschehen nicht unterbrochen wird (Prognose);
c) der Schaden muß in einer Verletzung (objektive Minderung) der Schutzgüter der öffentlichen Sicherheit oder Ordnung (s. dort) bestehen.

In diesem Sinne wird der Begriff „Gefahr“ durchgehend im ASOG und ME verwendet. Hierbei sind noch folgende Begriffe von Bedeutung:

– Anscheins–
Eine Gefahr besteht auch, wenn eine Sachlage bei einem objektiven Beobachter (durchschnittlich ausgebildeter Beamter) die Überzeugung weckt, daß ein

(Gefahr)	Schadenseintritt hinreichend wahrscheinlich ist, während bei nachträglicher Betrachtung sich herausstellt, daß der Schaden nicht eingetreten ist.
– dringende	Im ASOG nicht verwendeter Begriff des Art. 13 GG (vgl. aber § 19 Abs. 1 und 2 ME): Dringende Gefahr besteht, wenn ohne das Einschreiten der Polizei oder der Ordnungsbehörde mit hinreichender Wahrscheinlichkeit ein wichtiges Rechtsgut gefährdet wird.
– drohende	Eine Gefahr „droht", wenn sie im Sinne von § 14 Abs. 1 ASOG (§ 8 Abs. 1 ME) „besteht".
– erhebliche	Eine erhebliche Gefahr besteht, wenn ein bedeutsames Rechtsgut (Leben, schwere Gesundheitsgefahr, Freiheit, Vermögenswerte und Rechte von bedeutendem Wert sowie andere Rechtsgüter in erheblichem Umfang oder der Bestand des Staates und seiner Einrichtungen) gefährdet ist.
– gegenwärtige	Eine Gefahr ist gegenwärtig, wenn die Einwirkung des schädigenden Ereignisses bereits begonnen hat, unmittelbar bevorsteht oder in allernächster Zeit zu erwarten ist.
– gemeine	Im ASOG/ME nicht verwendeter Begriff des Art. 13 GG: Eine die Allgemeinheit bedrohende Gefahr, die unmittelbar für Leben oder Gesundheit von Menschen oder für bedeutende Sachwerte besteht.
– latente	Eine Gefahr besteht auch, wenn die Wahrscheinlichkeit des schädigenden Ereignisses zunächst noch nicht zutage tritt aber später durch das Hinzutreten weiterer Umstände wirksam wird.
– Putativ-(Schein-)	Keine Gefahr besteht, wenn der Beamte nur subjektiv Tatumstände annimmt, die eine Gefahr darstellen, während jeder andere durchschnittlich ausgebildete Beamte die Sachlage anders beurteilt hätte.
Gefahrenabwehr	Gefahr im weiten Sinn (Gefahrenabwehr) ist eine Sachlage, die zu einem Schaden für die Güter der öffentlichen Sicherheit oder Ordnung führen könnte. Dieser Begriff umfaßt die Abwehr konkreter und abstrakter Gefahren sowie die vorbeugende Bekämpfung von Straftaten und Ordnungswidrigkeiten (verwendet in den §§ 1 Abs. 1, 2 Abs. 1, 3 Abs. 1, 4 Abs. 1, 24 Abs. 3, 4, 33 und 37 Abs. 3 ASOG;

ebenso in den §§ 1 Abs. 1, 1 a, 3 Abs. 2, 19 Abs. 3 und 4 sowie 52 ME).

– abstrakte Gefahr
Sachlage, die losgelöst vom Einzelfall typischerweise gefährlich ist; aus ihr pflegen in der Regel konkrete Gefahren zu entstehen.

Gefahr im Verzuge
Zuständigkeitsabgrenzung:
Gefahr im Verzuge besteht, wenn die „an sich“ zuständige Stelle nicht rechtzeitig vor Schadenseintritt eingreifen kann (materiell dem Begriff „unaufschiebbar notwendig“ in § 4 Abs. 1 ASOG entsprechend).

Generalklausel
Es ist zu unterscheiden:
1. Generalaufgabenklausel:
   Übertragung der allgemeinen Aufgabe, Gefahren für die öffentliche Sicherheit oder Ordnung abzuwehren (§ 1 Abs. 1 ASOG; § 1 Abs. 1 ME).
2. Generalbefugnisklausel:
   Allgemeine Befugnis, zur Abwehr konkreter Gefahren die notwendigen Maßnahmen zu treffen (§ 14 Abs. 1 ASOG; § 8 Abs. 1 ME).

Gewahrsam,
Maßnahme nach § 18 ASOG (§ 13 ME): Vorübergehende allseitige Entziehung der Bewegungsmöglichkeit einer Person mit dem primären Ziel der Gefahrenabwehr.

– amtlicher
Jede Freiheitsentziehung durch Gerichte oder Behörden (§ 15 UZwG Bln, § 42 Abs. 1 Nr. 5 ME).

Hilfsmittel der körperlichen Gewalt
Als Hilfsmittel der körperlichen Gewalt können zur Einwirkung auf Personen oder Sachen nach den Bestimmungen des UZwG Bln/ME insbesondere verwendet werden: Fesseln, Diensthunde, Dienstpferde, Dienstfahrzeuge, Wasserwerfer, technische Sperren, Sprengmittel, aber auch jeder andere geeignete körperliche Gegenstand (vgl. § 2 Abs. 3 UZwG Bln).
§ 36 Abs. 3 ME zählt dagegen auch Reiz- und Betäubungsstoffe zu den Hilfsmitteln, während § 2 Abs. 4 UZwG Bln Reizstoffe (Tränengas) als Waffen einstuft; Folgerungen für den Einsatz werden daraus jedoch nicht gezogen.

Identitätsfeststellung
Feststellung der Personalien einer unbekannten Person oder Prüfung, ob eine Person mit einer gesuchten identisch ist (§ 15 ASOG; § 9 ME).

Maßnahme
ASOG und ME verstehen darunter Eingriffe in subjektive Rechte von Personen, die dem Vorbehalt des Gesetzes unterliegen. Die Maßnahmen/Eingriffsmaßnahmen sind Verwaltungsakte im Sinne von § 35 VwVfG.

Mildestes Mittel
S. Verhältnismäßigkeit.

Nichtverantwortlicher
Betroffener einer Maßnahme der Gefahrenabwehr nach § 13 ASOG/§ 6 ME.

Normalvollzug
Durchsetzung von Verwaltungsakten, die auf ein Handeln, Dulden oder Unterlassen gerichtet sind, im normalen gedehnten Verwaltungsvollstreckungsverfahren nach § 6 Abs. 1 VwVG (§ 28 Abs. 1 ME).

Notstand,
Im ASOG/ME nicht verwendeter aber sonst üblicher Begriff:

– polizei- oder ordnungsrechtlicher
Sachlage, die Eingriffe gegen Nichtverantwortliche als letztes Mittel der Gefahrenabwehr rechtfertigt, d. h. wenn die zuständige Behörde eine gegenwärtige erhebliche Gefahr weder durch Inanspruchnahme der Verantwortlichen noch durch unmittelbare Ausführung (Ersatzvornahme oder unmittelbarer Zwang) abwehren kann (§ 13 ASOG; § 6 ME).

Obhut
Schutzgewahrsam auf eigenes Verlangen (mangels Eingriffsqualität kein Fall des Gewahrsams nach § 18 ASOG; § 13 ME).

Öffentliche Ordnung
Gesamtheit jener ungeschriebenen Regeln für das Verhalten des einzelnen in der Öffentlichkeit, deren Beobachtung nach der jeweils herrschenden Anschauung als unerläßliche Voraussetzung eines geordneten staatsbürgerlichen Gemeinschaftslebens betrachtet wird.

Öffentliche Sicherheit
Der Schutz der öffentlichen Sicherheit umfaßt insbesondere den Schutz von Individual- und Gemeinschaftsgütern einschließlich der gesamten Rechtsordnung

1. Individuelle Güter sind insbesondere Leben, Gesundheit, Freiheit (Ausübung der Grundrechte) und das allgemeine Persönlichkeitsrecht (Ehre, Namensrecht, Recht am eigenen Bild usw.) des einzelnen sowie das Vermögen natürlicher und juristischer Personen.
2. Zu den Gemeinschaftsgütern gehören die verfassungsmäßige Ordnung, insbesondere die Verfas-

	sung, der Bestand des Staates und der Verfassungs- und gesetzmäßig bestehenden Einrichtungen des Staates und sonstiger Träger der Hoheitsgewalt einschließlich des rechtmäßigen Funktionierens dieser Einrichtungen sowie die gesamte Rechtsordnung.
Opportunitätsprinzip	s. Ermessen.
Ordnungsaufgabe	Die einer Ordnungsbehörde nach näherer Bestimmung der DVO-ASOG obliegende Aufgabe der Gefahrenabwehr (§ 2 Abs. 1 ASOG). Diese Ordnungsaufgabe ist zu unterscheiden von der der zuständigen Verwaltungsbehörde obliegenden Aufgabe der Verfolgung und Ahndung von Ordnungswidrigkeiten nach § 35 OWiG.
Ordnungsbehörde	Ordnungsbehörden sind die Mitglieder des Senats (§ 1 Abs. 2 ASOG). Nachgeordnete Ordnungsbehörden sind die Bezirksämter, die Berliner Feuerwehr, die Berliner Forsten, das Fischereiamt, das Landesamt für Arbeitsschutz und technische Sicherheit, das Landesamt für das Meß- und Eichwesen, das Pflanzenschutzamt und das Preisamt (§ 1 Abs. 3 ASOG). Die Ordnungsbehörden haben die Aufgabe, nach Maßgabe der DVO-ASOG Gefahren für die öffentliche Sicherheit oder Ordnung abzuwehren (Ordnungsaufgaben).
Platzverweisung	Gebot, einen bestimmten Ort für eine begrenzte Zeit zu verlassen, oder Verbot, einen Ort zu betreten.
Polizei	Gemeint ist im ASOG stets die Behörde „Der Polizeipräsident in Berlin" (formeller Polizeibegriff nach § 1 Abs. 4 ASOG; ebenso im ME verwendet).
– formeller Polizeibegriff	Summe der sachlichen Zuständigkeiten der Polizeibehörde (Polizei als Teil der Verwaltungsorganisation).
– materieller Polizeibegriff	Funktion (Aufgabe) der Verwaltung (also nicht allein der Polizeibehörde), Gefahren für die öffentliche Sicherheit oder Ordnung abzuwehren (Gefahrenabwehr).
Polizeipflichtiger	S. Verantwortlicher.
Private Rechte	Rechtspositionen des Bürgers, die ihre Grundlage allein in der Privatrechtsordnung finden (nach Ansicht von *Krüger:* alle Rechte des Bürgers, gleichgültig ob sie ihren Rechtsgrund im privaten oder öffentlichen Recht haben). Die privaten Rechte werden als

(Private Rechte)	Teil der Individualrechte im Sinne der öffentlichen Sicherheit geschützt (vgl. § 4 Abs. 2 ASOG; § 1 Abs. 2 ME).
Razzia	Schlagartige (Identitäts-)Überprüfung einer Vielzahl von Personen.
Rechtshilfe	Vornahme richterlicher Handlungen zur Unterstützung von Gerichten oder Verwaltungsbehörden (z. B. §§ 156 GVG, 115–117 RVO).
Schußwaffen	Allgemeine Schußwaffen sind Pistolen, Gewehre einschl. Karabiner und Maschinenpistolen (§ 2 Abs. 4 Nr. 1 UZwG Bln). § 36 Abs. 4 ME will auch Revolver zulassen.
Selbstvornahme	Vornahme einer vertretbaren Handlung anstelle des Pflichtigen durch die Behörde (nach den §§ 30, 33 ME Fall der Ersatzvornahme, nach § 12 VwVG unmittelbarer Zwang).
Sicherstellung	Im Sinne von § 26 ASOG (§ 21 ME): Begründung eines öffentlich-rechtlichen Verwahrungsverhältnisses über eine Sache zum Zwecke der Gefahrenabwehr. Sie ist zu unterscheiden von dem Begriff der Sicherstellung nach der StPO.
Sistierung	Im ASOG/ME nicht verwendeter Begriff für die Mitnahme einer Person zur Dienststelle zum Zwecke der Identitätsfeststellung (§ 15 Abs. 2 Satz 3 ASOG; § 9 Abs. 2 Satz 3 ME).
Sofortige Vollziehung	Anordnung, daß ein VA ohne Rücksicht auf seine Anfechtbarkeit im öffentlichen Interesse oder im überwiegenden Interesse eines Beteiligten sofort vollzogen werden darf (vgl. § 80 Abs. 2 Nr. 4 VwGO). Diese sofortige Vollziehung ist im § 6 Abs. 1 VwVG mit dem Begriff „sofortiger Vollzug“ gemeint. Zu unterscheiden vom Sofortvollzug nach § 6 Abs. 2 VwVG (§ 28 Abs. 2 ME).
Sofortvollzug	Anwendung von Verwaltungszwang ohne vorausgehenden VA zur Abwehr von Gefahren nach § 6 Abs. 2 VwVG (§ 28 Abs. 2 ME).
Standardmaßnahme	Typische, häufig getroffene Maßnahme der Gefahrenabwehr (vgl. insbesondere §§ 15–29 ASOG; 9–24 ME).
Störer	S. Verantwortlicher.
Störung	Nicht mehr im ASOG/ME verwendeter Begriff. Eine Störung der öffentlichen Sicherheit oder Ord-

nung besteht, wenn sich eine Gefahr verwirklicht hat. Besteht dann die Gefährdung fort oder entsteht eine neue, so handelt es sich (weiterhin) um eine Gefahr; ist das nicht der Fall, bietet eine Störung keinen Anlaß zu Maßnahmen der Gefahrenabwehr.

Unaufschiebbar notwendig	Eine Maßnahme erscheint unaufschiebbar notwendig im Sinne von § 4 Abs. 1 ASOG, wenn zu erwarten ist, daß die Abwehr der Gefahr durch eine andere Behörde nicht oder nicht rechtzeitig möglich erscheint (vgl. auch § 1 a ME).
Übermaß	S. Verhältnismäßigkeit.
Unmittelbare Ausführung	Ausführung einer Maßnahme der Gefahrenabwehr anstelle des Pflichtigen durch Selbstvornahme der Behörde oder Beauftragung eines Dritten, wenn der Verantwortliche nicht oder nicht rechtzeitig erreicht werden kann (§ 12 ASOG; § 5a ME).
Unmittelbarer Zwang	Hoheitliche Einwirkung auf Personen oder Sachen durch körperliche Gewalt, ihre Hilfsmittel und durch Waffen (§ 2 Abs. 1 UZwG Bln; § 36 Abs. 1 ME).
Untersuchung	Maßnahme, die darauf gerichtet ist, Zustand, Beschaffenheit und Funktion des Körpers einer Person oder einer Sache festzustellen.
Verantwortlicher	Polizei- und ordnungsrechtliche Maßnahmen sind grundsätzlich an den Verantwortlichen zu richten. Verantwortlicher (Störer, Polizei- und Ordnungspflichtiger) ist, wem das Entstehen einer Gefahr durch das Verhalten von Personen nach § 10 ASOG (§ 4 ME) oder der Zustand von Sachen nach § 11 ASOG (§ 5 ME) zugerechnet wird oder wer in einer Spezialvorschrift sonst als solcher bezeichnet wird.
Verwaltungsakt (VA)	Jede Verfügung, Entscheidung oder andere hoheitliche Maßnahme, die eine Behörde zur Regelung eines Einzelfalles auf dem Gebiet des öffentlichen Rechts trifft und die auf unmittelbare Rechtswirkung nach außen gerichtet ist (§ 35 VwVfG).
Verfügung	Im ASOG/ME nicht mehr verwendeter Begriff des aufgehobenen § 40 PVG (Anordnung, die ein Gebot oder Verbot oder die Versagung, Einschränkung oder Zurücknahme einer rechtlich vorgesehenen Erlaubnis oder Bescheinigung enthält).

Verhältnismäßigkeit	Der Grundsatz der Verhältnismäßigkeit im weiten Sinn (teilweise auch als Übermaßverbot bezeichnet) enthält gemäß § 8 ASOG (§ 2 ME) folgende Teilanforderungen an die Rechtmäßigkeit von Maßnahmen:
– Mildestes Mittel	1. Grundsatz der Geeignetheit und Bestimmtheit des Mittels als Vorfrage und Grundsatz des mildesten Mittels (auch G der Notwendigkeit, Erforderlichkeit oder des geringstmöglichen Eingriffs genannt); vgl. § 8 Abs. 1 ASOG, § 9 Abs. 2 Satz 2 VwVG, § 4 Abs. 1 UZwG Bln (§ 2 Abs. 1 ME) und die Begriffe „notwendig“, „erforderlich“, „auf andere Weise nicht“ in den Ermächtigungsnormen.
– Angemessenheit	2. Grundsatz der Angemessenheit (auch Grundsatz der Verhältnismäßigkeit im engeren Sinn oder Übermaßverbot genannt); vgl. § 8 Abs. 2 ASOG, § 9 Abs. 2 Satz 1 VwVG, § 4 Abs. 2 UZwG Bln (§ 2 Abs. 2 ME), danach darf eine Maßnahme nicht zu einem Nachteil führen, der zu dem erstrebten Erfolg erkennbar außer Verhältnis steht.
– Verbot des zeitlichen Übermaßes	3. Verbot des zeitlichen Übermaßes, d. h. eine Maßnahme ist nur solange zulässig, bis ihr Zweck erreicht ist, oder sich zeigt, daß er nicht erreicht werden kann (§ 8 Abs. 3 ASOG; § 2 Abs. 3 ME).
Verordnung zur Gefahrenabwehr	Rechtsverordnung (des Senats nach § 33 ASOG), die allgemeinverbindliche, generell-abstrakte Anordnungen zur Gefahrenabwehr (einschl. von Ermächtigungen zum Erlaß von VA) enthält.
Verursachung, unmittelbare	Ursache im Sinne des Polizei- und Ordnungsrechts ist nur diejenige Bedingung, die den Erfolg unmittelbar verursacht (das letzte, entscheidende Glied der Ursachenkette setzt); Theorie der unmittelbaren Verursachung.
Verwahrung	Aufbewahrung oder Sicherung einer nach § 26 ASOG (§ 21 ME) sichergestellten Sache nach § 27 ASOG (§ 28 ME); öffentlich-rechtliches Verwahrungsverhältnis und Begründung der tatsächlichen Verfügungsgewalt.
Vollstreckungshilfe	s. Amtshilfe.
Vollstreckungsschutz	Schutz der Tätigkeit von Vollstreckungsorganen ohne Mithilfe bei der eigentlichen Vollstreckungstä-

	tigkeit (keine Amtshilfe, sondern eigene Aufgabe der Polizei nach § 4 Abs. 1 ASOG; § 1 a ME).
Vollzugshilfe	Fall der gesteigerten Amtshilfe: Ergänzende Hilfe für eine andere Behörde durch die Polizei (nach §§ 3 Abs. 2 ASOG auch durch die Feuerwehr), um Handlungen, Duldungen oder Unterlassungen durch Anwendung unmittelbaren Zwanges gegen Personen (in § 25 ME fehlt diese Einschränkung) durchzusetzen (vgl. §§ 30 bis 32 ASOG; §§ 25 bis 27 ME).
Vorbeugende Bekämpfung von Straftaten und Ordnungswidrigkeiten	Teilaufgabe der Gefahrenabwehr nach § 1 ASOG (§ 1 ME). Sie umfaßt insbesondere die Aufklärung von Sachverhalten und das Sammeln von Unterlagen mit dem Ziel zu klären, ob eine Straftat oder Ordnungswidrigkeit begangen ist oder bevorsteht oder um sie in Zukunft besser aufklären zu können (Maßnahmen sind insbesondere Razzien, ed-Maßnahmen, Observationen, Überprüfungen).
Vorführung	Im ASOG (vgl. aber § 19 Abs. 1 ME) nicht verwendeter Begriff: Durchsetzung einer Vorladung zur Gefahrenabwehr durch unmittelbaren Zwang (§ 17 Abs. 3 ASOG; § 11 Abs. 3 ME); zu unterscheiden von der Vorführung nach der StPO.
Vorladung	Gebot an eine Person, zu einer bestimmten Zeit an einem bestimmten Ort zu erscheinen (§ 17 Abs. 1 ASOG; § 11 Abs. 1 ME).
Wohnung,	Die Wohnung im Sinne von § 24 ASOG (§ 19 ME) umfaßt die Wohn- und Nebenräume, Arbeits-, Betriebs- und Geschäftsräume sowie anderes befriedetes Besitztum (vgl. Definition in § 24 Abs. 1 Satz 2 ASOG; § 19 Abs. 1 Satz 2 ME).
– Betreten	Körperliches Eindringen in eine Wohnung einschließlich der Kenntnisnahme von Personen, Sachen und Zuständen, die ohne jeglichen Aufwand wahrgenommen werden können.
– Durchsuchen	Ziel- und zweckgerichtetes Suchen nach Personen oder Sachen oder die Ermittlung eines Sachverhalts in einer Wohnung.
Zuständige Behörde	Gemeint ist in den Bestimmungen des ASOG die durch § 2 Abs. 2 ASOG i. V. m. der DVO-ASOG, § 3, § 4 ASOG oder durch Spezialgesetze für zuständig erklärte Behörde.

Zwangsgeld — Zwangsmaßnahme gemäß § 11 VwVG (§ 31 ME): Verpflichtung zur Zahlung eines Geldbetrages, um den Pflichtigen zu einer vertretbaren oder unvertretbaren Handlung, Duldung oder Unterlassung zu veranlassen.

Zwangsmittel — Durch § 9 VwVG (§ 29 ME) sind als Zwangsmittel zur Durchsetzung von Handlungen, Duldungen oder Unterlassungen nur zugelassen: Ersatzvornahme, Zwangsgeld und unmittelbarer Zwang.

Zweckveranlasser — Eine Ursache im Sinne von § 10 ASOG (§ 4 ME) setzt auch, wer durch eigenes Verhalten zwangsläufig ein Verhalten einer anderen Person herbeiführt, durch das die öffentliche Sicherheit oder Ordnung gestört wird.

Anhang 2

Schema zur Beurteilung von Maßnahmen der Gefahrenabwehr

Maßnahmen, die die zuständige Behörde treffen will oder getroffen hat, müssen bestimmten Anforderungen der Rechtmäßigkeit und Zweckmäßigkeit genügen. Die nachfolgende Übersicht gibt einen Überblick über die wichtigsten rechtlichen Anforderungen, die an Eingriffsmaßnahmen gestellt werden. Zu dieser Übersicht wird auf folgende Punkte hingewiesen:

1. Das Schema enthält nicht alle, aber die wichtigsten rechtlichen Anforderungen, die an Eingriffsmaßnahmen zu stellen sind. Spezialnormen, Verfassungsnormen usw. können zusätzliche Gesichtspunkte aufwerfen.
2. Im Einzelfall werden oft nicht alle Punkte dieser „Checkliste" einer eingehenden Prüfung bedürfen. Stets sind jedoch alle Punkte zu bedenken. In einem Rechtsgutachten über die Rechtmäßigkeit einer bereits getroffenen Maßnahme, in einem Bescheid usw. sind nur diejenigen Punkte zu erörtern, zu deren Erörterung der Sachverhalt Anlaß gibt.
3. Das Schema soll nicht die Reihenfolge für jeden Fall verbindlich festlegen. Es kann sich im Einzelfall auch als zweckmäßig erweisen, bei der Prüfung der Reihenfolge der Abschnitte II 2 und 3 oder die Punkte innerhalb dieser Abschnitte zu vertauschen.

Für den ME gelten die entsprechenden Bestimmungen seiner Abschnitte 1 und 2.

	Ordnungsbehörden (§ 1 Abs. 2 u. 3)	Polizei (§ 1 Abs. 4)
I. Zuständigkeit *1. Sachliche Zuständigkeit* 1.1 Spezialnormen	§ 2 Abs. 5 (deklaratorischer Hinweis z. B. auf § 1 FwG)	§ 4 Abs. 4 (deklaratorischer Hinweis z. B. auf § 163 StPO § 53 OWiG § 758 Abs. 3 ZPO)
1.2 Gefahrenabwehr	*Ordnungsaufgaben (§ 2 Abs. 1)* - DVO-ASOG i. V. m. § 2 Abs. 2 Satz 1	*1. Ordnungsaufgaben* - § 15 DVO-ASOG i. V. m. § 2 Abs. 2 Satz 2
	- § 45 (Überleitungsnorm) - § 3 Abs. 1 ASOG i. V. m. § 1 FwG	*2. Polizeiaufgabe* - § 4 Abs. 1 u. 2 (soweit Maßnahmen der Gefahrenabwehr unaufschiebbar notwendig erscheinen)
1.3 Vollzugshilfe	§ 3 Abs. 2 (i. V. m. §§ 30-32)	§ 4 Abs. 3 (i. V. m. §§ 30-32)
2. Örtliche Zuständigkeit	1. Bei Bezirksämtern: innerhalb Bezirksgrenze; § 3 VwVfG 2. Bei allen anderen Ordnungsbehörden: innerhalb des Landes Berlin	innerhalb des Landes Berlin

	Ordnungsbehörden	Polizei
II. Materielle Rechtmäßigkeit *1. Ermächtigung* 1.1 Spezialnormen außerhalb ASOG	z. B. § 14 FwG § 98 BauO § 36 GewO	z. B. § 164 StPO § 15 Abs. 2 UntG § 36 Abs. 1 und 5 StVO
	Nach § 14 Abs. 2 Satz 1 ASOG gehen Spezialnormen vor. Soweit sie aber keine abschließende Regelung enthalten, gilt ASOG (§ 14 Abs. 2 Satz 2 und 3 ASOG)	
1.2 Spezialermächtigungen im ASOG	§§ 15–29 außer: § 15 Abs. 2 Satz 3 § 16 § 17 Abs. 3 §§ 18–21	§§ 15–29
1.3 Generalermächtigung im ASOG	§ 14 Abs. 1 *Voraussetzung:* Vorliegen einer im Einzelfall bestehenden Gefahr für die öffentliche Sicherheit oder Ordnung (Gefahr) *Rechtsfolge:* Zuständige Behörde kann (nach pflichtgemäßem Ermessen, vgl. § 9 Abs. 1) die notwendigen Maßnahmen zur Gefahrenabwehr treffen.	
2. Adressat 2.1 Spezialnormen außerhalb ASOG	z. B. § 4 Abs. 2 Satz 1 und § 6 StRG	z. B. § 36 StVO
	nach § 14 Abs. 2 Satz 1 ASOG gehen Spezialnormen vor. Soweit sie aber keine abschließende Regelung enthalten, gilt ASOG (§ 14 Abs. 2 Satz 2 und 3 ASOG)	

	Ordnungsbehörden	Polizei
2.2 nach ASOG bei besonderen Ermächtigungen im ASOG	kein Rückgriff auf §§ 10, 11, 13 ASOG; Adressat ergibt sich schon aus dem betreffenden Tatbestand, insbesondere § 15 Abs. 1 Nr. 3 und 4, § 17 Abs. 1, § 22 Abs. 1 Nr. 2, 4 und 5, § 23 Abs. 1 Nr. 1 und 4, § 24 Abs. 3 und 4, § 26 Nr. 2 ASOG.	
2.3 nach ASOG bei konkreten Gefahren 2.3.1 Verhalten von Personen	eigenes Verhalten: § 10 Abs. 1 fremdes Verhalten: § 10 Abs. 2	
2.3.2 Zustand von Sachen	tatsächlicher Gewalthaber: § 11 Abs. 1 Eigentümer, Berechtigter: § 11 Abs. 2	
2.3.3 Notstand	§ 13	
3. Allgemeine Voraussetzungen		
3.1 Grundsatz der Verhältnismäßigkeit i. w. S.		
3.1.1 Möglichkeit und Geeignetheit	§ 8 Abs. 1, § 37 Abs. 1 VwVfG	
3.1.2 Mildestes Mittel (Notwendigkeit)	§ 8 Abs.1	
3.1.3 Angemessenheit	§ 8 Abs. 2	
3.1.4 Verbot zeitlichen Übermaßes	§ 8 Abs. 3	
3.1.5 Zulassung von Austauschmitteln	§ 9 Abs. 2 Satz 2 und 3	
3.2 Kein Ermessensfehler bei 3.2.1 Entschließungsermessen 3.2.2 Auswahl der Mittel 3.2.3 Auswahl der Adressaten	§ 9 Abs. 1	

	Ordnungsbehörden	Polizei
III. Formelle Anforderungen *1. Äußere Form* - Grundsatz: mündlich, schriftlich oder durch Zeichen	§ 37 Abs. 2 VwVfG	
- bei Schriftform	§§ 37 Abs. 3, 4; 39; 41 VwVfG	
	GGO I	GOPol
2. Eindeutige Entscheidungsformel	§ 37 Abs. 1 VwVfG	
3. Begründungszwang bei Schriftform: - kurze Sachverhaltsschilderung - Erörterung der angewendeten Rechtsvorschriften und Eingehen auf Einwendungen	§§ 37 Abs. 3; 39; 41 VwVfG	
4. Rechtsmittelbelehrung 4.1 Spezialnorm		§ 20 Abs. 2 Satz 2 ASOG
4.2 allg. Regelung	§ 58 VwGO, § 3 Gesetz über d. Verfahren d. Berl. Verw.	
5. Bei Androhung und Festsetzung von Zwangsmitteln	vgl. §§ 13, 14 VwVG und 10, 16, 21 UZwG	
6. Bei Anordnung der sofortigen Vollziehung	vgl. § 80 VwGO	

Anhang 3

Schema zur Beurteilung von Vollstreckungsmaßnahmen nach VwVG und UZwG Bln

Auch Maßnahmen der Verwaltungsvollstreckung müssen bestimmten Anforderungen der Rechtmäßigkeit und Zweckmäßigkeit genügen. Die nachfolgende Übersicht gibt in einer Gesamtschau für alle Zwangsmaßnahmen zur Durchsetzung von Verwaltungsakten zur Gefahrenabwehr einen Überblick über das Zusammenspiel der Bestimmungen des VwVG und des UZwG Bln. Für den ME gelten – mit den dargestellten Abweichungen – die entsprechenden Bestimmungen des 4. Abschnitts des ME einschließlich der §§ 2 und 3 Abs. 1 ME. Nicht dargestellt sind die Zwangsmaßnahmen der StPO, für die das UZwG Bln, nicht aber das VwVG, gilt. Auch für die nachfolgende Übersicht wird darauf hingewiesen:

1. Das Schema enthält nicht alle aber die wichtigsten rechtlichen Anforderungen, die an Verwaltungsvollstreckungsmaßnahmen gestellt werden. Insbesondere Verfassungsnormen können zusätzliche Gesichtspunkte aufwerfen.
2. Im Einzelfall werden oft nicht alle Punkte dieser Übersicht eine eingehende Prüfung erfordern. Stets sind jedoch alle Punkte zu bedenken. In einem Rechtsgutachten sind nur diejenigen Punkte zu erörtern, zu deren Erörterung der Sachverhalt Anlaß gibt.
3. Das Schema soll nicht die Reihenfolge der Prüfung für jeden Fall allgemein verbindlich festlegen. Im Einzelfall kann ein anderer Gang der Prüfung zweckmäßig sein.

<table>
<tr><td rowspan="4">I Formelle (verfahrensrechtliche) Rechtmäßigkeits-anforderungen</td><td colspan="2">Ordnungsbehörden und Polizei</td><td colspan="3">Polizei</td></tr>
<tr><td rowspan="3">Zwangs-geld und Ersatz-vornahme (§§ 10, 11 VwVG)</td><td colspan="4">unmittelbarer Zwang (§ 12 VwVG)</td></tr>
<tr><td rowspan="2">Körperliche Gewalt, Hilfsmittel, Tränengas, Schlagstock (§ 2 Abs. 2, 3, 4 Nr. 1 b), c) UZwG)</td><td colspan="2">Anwendung von Schußwaffen (§ 2 Abs. 4 Nr. 1 a) UZwG)</td><td rowspan="2">Anwendung besonderer Waffen (Maschinengewehre, Handgranaten; § 2 Abs. 4 Nr. 2 UZwG)</td></tr>
<tr><td>gegen Sachen</td><td>gegen Personen</td></tr>
<tr><td>1. Zuständigkeit
- sachl. u. örtl. Zust.</td><td colspan="5">§§ 7 VwVG, 3 VwVfG</td></tr>
<tr><td>- Vollzugsbeamter</td><td>–
(vgl. Geschäfts-verteilungs-plan)</td><td>§§ 1, 3, 19 UZwG</td><td colspan="3">§§ 1, 3, 8 Abs. 1 UZwG</td></tr>
<tr><td>2. Zulässigkeit der Vollstreckung
- Normalvollzug</td><td colspan="5">§ 6 Abs. 1 VwVG (§§ 80 VwGO, 4 AGVwGO)</td></tr>
<tr><td>- Sofortvollzug</td><td colspan="5">§ 6 Abs. 2 VwVG</td></tr>
<tr><td>3. Verfahren
3.1 Androhung
- Normalvollzug</td><td colspan="2">§ 13 VwVG</td><td colspan="2">§ 10 UZwG</td><td rowspan="4">entfällt gemäß § 18 Abs. 4 UZwG</td></tr>
<tr><td>- Sofortvollzug</td><td colspan="2">nicht erforderlich (vgl. § 13 Abs. 1 VwVG)</td><td>nicht erforderlich, wenn Adressat nicht erreichbar</td><td>§ 10 UZwG</td></tr>
<tr><td>3.2 Festsetzung
- Normalvollzug</td><td colspan="2">gemäß Androhung § 14 VwVG</td><td colspan="2" rowspan="2">entfällt</td></tr>
<tr><td>- Sofortvollzug</td><td colspan="2">nicht erforderlich (vgl. § 14 Satz 2 VwVG)</td></tr>
<tr><td>3.3 Anwendung
- Normalvollzug</td><td colspan="2">gemäß Festsetzung § 15 VwVG</td><td>gemäß Androhung</td><td rowspan="2">gemäß Androhung</td><td rowspan="2">gemäß § 6 Abs. 2 VwVG sofort</td></tr>
<tr><td>- Sofortvollzug</td><td colspan="2">gemäß § 6 Abs. 2 VwVG</td><td>bei abwesendem Adressaten gem. § 6 Abs. 2 VwVG</td></tr>
<tr><td>3.4 Besondere Anforderungen
- bei Menschenmenge</td><td>–</td><td>§ 21 UZwG</td><td>–</td><td>§ 16 Abs. 2 UZwG</td><td>–</td></tr>
<tr><td>- an Demarkationslinie</td><td colspan="2">–</td><td></td><td>§ 17 UZwG</td><td>§§ 17, 18 Abs. 4 UZwG</td></tr>
<tr><td>- Freigabe</td><td colspan="4">–</td><td>§ 18 Abs. 2 UZwG</td></tr>
</table>

II Materielle Rechtmäßigkeits-anforderungen	Ordnungsbehörden und Polizei		Polizei		
	Zwangs-geld und Ersatz-vornahme (§§ 10, 11 VwVG)	unmittelbarer Zwang (§ 12 Vw VG)			
		Körperliche Gewalt, Hilfsmittel, Tränengas, Schlagstock (§ 2 Abs. 2, 3, 4 Nr. 1 b), c) UZwG)	Anwendung von Schußwaffen (§ 2 Abs. 4 Nr. 1 a) UZwG)		Anwendung besonderer Waffen (Maschinengewehre, Handgranaten; § 2 Abs. 4 Nr. 2 UZwG)
			gegen Sachen	gegen Personen	
1. Ermächtigung	§§ 10, 11 VwVG	§ 12 VwVG	§ 12 VwVG	§§ 11, 15 bis 17 UZwG	§ 18 Abs. 1, 3 UZwG
2. Adressat - Grundregel	Adressat der Grundmaßnahme			Die in den §§ 11, 15 bis 17 UZwG genannten Personen	
- Verbot gegen Kinder	–			§ 9 Abs. 3 UZwG	
3. Allgem. Rechtmäßigkeits-voraussetzungen 3.1 Verhältnismäßigkeit - mildestes Mittel	§ 9 Abs. 2 Satz 2 VwVG	§ 4 Abs. 1 Satz 1 UZwG	§ 4 Abs. 1 Satz 1, § 9 Abs. 1 Satz 1 UZwG	§ 4 Abs. 1 Satz 1, § 9 Abs. 1 Satz 2 UZwG	§ 4 Abs. 1 Satz 1 UZwG
- Angemessenheit	§ 9 Abs. 2 Satz 1 VwVG	§ 4 Abs. 2 UZwG	§ 4 Abs. 2 UZwG	§§ 9 Abs. 2 Satz 1, 4 Abs. 2, 17 Abs. 3 UZwG	§ 4 Abs. 2 UZwG
- Verbot der Gefährdung Unbeteiligter	– (aber aus dem Grundsatz d. Angemessenheit ableitbar)		§ 9 Abs. 2 Satz 2 UZwG		– (Aus dem Grundsatz d. Angemessenheit ableitbar)
- Verbot zeitlichen Übermaßes	§ 15 Abs. 3 VwVG	§ 4 Abs. 1 Satz 2 UZwG			
3.2 kein Ermessensfehler	(§ 114 VwGO)				

Anhang 4

Grundsätze der Strafverfolgung im Verhältnis zur Gefahrenabwehr

4.1 Aufgaben und Zuständigkeiten

Die Verhütung von Straftaten ist Gefahrenabwehr und eine Hauptaufgabe der Polizei nach § 4 Abs. 1. Die Erforschung und Verfolgung von Straftaten rechnet nicht zur Gefahrenabwehr, sondern ist als besondere Aufgabe der Polizei als Ermittlungsorgan der Staatsanwaltschaft (StA) nach § 163 StPO übertragen (kriminalpolizeiliche Aufgabe). Bei der Gefahrenabwehr gilt das Opportunitätsprinzip (§§ 14, 9 Abs. 1 ASOG); bei der Strafverfolgung gilt im Grundsatz das Legalitätsprinzip (§ 152 ff. StPO).

4.2 Verfahren

Bei der Strafverfolgung unterliegt die Polizei dem Weisungsrecht der StA (Herrin des Ermittlungsverfahrens). Nach § 161 StPO kann die StA „durch Behörden und Beamte des Polizeidienstes" Ermittlungen vornehmen lassen. Die Polizei ist verpflichtet, dem Ersuchen oder Auftrag der StA zu genügen. Daneben sind viele Beamte der Polizei durch die Verordnung über die Hilfsbeamten der Staatsanwaltschaft vom 3. Juli 1975 (GVBl. S. 1578) zu Hilfsbeamten der StA bestellt worden. Sie unterliegen in dieser Eigenschaft persönlich den Weisungen der StA (§ 152 GVG). Nach Abschluß der Ermittlungen übersendet die Polizei ihre Akten der StA (§ 163 Abs. 2 Satz 1 StPO). Diese organisatorische Verknüpfung besteht nur im Bereich der Strafverfolgung, nicht bei der Gefahrenabwehr.

4.3 Befugnisse

Die Befugnisse der Polizei bei der Gefahrenabwehr richten sich nach Spezialgesetzen und dem ASOG. Die Befugnisse bei der Strafverfolgung ergeben sich aus der StPO. Sie hat danach insbesondere folgende Befugnisse:

Identitätsfeststellung (§§ 111, 163 b, c StPO).

Vorläufige Festnahme (§§ 127, 127 a StPO).

Körperliche Untersuchung (§§ 81 a, 81 c, StPO).
Beschlagnahme von Gegenständen und Durchsuchung von Räumen (§§ 94 ff. StPO).
Erkennungsdienstliche kriminalpolizeiliche Behandlung (§ 81 b StPO).

Hierbei steht die Befugnis zur Anordnung einer Kontrolle, der körperlichen Untersuchung, der Beschlagnahme und der Durchsuchung nur den Polizeibeamten zu, die zu Hilfsbeamten der StA ernannt sind, und nur dann, wenn Gefahr im Verzuge besteht.

Hilfsweise gewährt das ASOG allen Polizeibeamten zur Strafverfolgung nur noch die Befugnis zur Vorladung (§ 17 Abs. 1 Nr. 1).

Wegen der abschließenden Regelung der StPO im übrigen kann das ASOG die StPO darüber hinaus gemäß § 14 Abs. 2 ASOG nicht ergänzen. Nach den Vorstellungen des ME wird das Polizei- und Ordnungsrecht künftig nur noch Regelungen zur Gefahrenabwehr enthalten. Auch die Vorladung zur Strafverfolgung soll in der StPO geregelt werden.

4.4 Abgrenzung

Ob eine Maßnahme der Strafverfolgung oder der Gefahrenabwehr dient, ist nach ihrem Zweck zu beurteilen. Wichtig ist dies wegen der unterschiedlichen Rechtsgrundlagen (Zuständigkeits- und Befugnisregelungen), des Verfahrens und des Rechtsweges. Eine Maßnahme kann auch beiden Zwecken dienen. Vgl. hierzu BVerwGE 47/255; a. M. OVG Bln NJW 71/637 u. *Berg-Hein*, S. 51; zur Bedeutung der StPO in der polizeilichen Praxis vgl. ferner *Krause/Nehring*, Strafverfahrensrecht in der Polizeipraxis 1978.

Anhang 5

Grundsätze der Verfolgung von Ordnungswidrigkeiten im Verhältnis zur Gefahrenabwehr

5.1 Ordnungswidrigkeit

Ordnungswidrigkeiten sind rechtswidrige und vorwerfbare Handlungen, die den Tatbestand eines Gesetzes verwirklichen, das die Ahndung mit Geldbuße zuläßt (§ 1 OWiG). Das materielle Recht ist dem StGB nachgebildet und im OWiG geregelt. Während das Strafrecht Kriminalunrecht (ethisch vorwerfbare Handlung) betrifft, wird hier das Ordnungsunrecht abgehandelt. Einige Ordnungswidrigkeitentatbestände sind in den §§ 1 ff. OWiG, die Mehrzahl in Spezialgesetzen normiert.

5.2 Aufgaben und Zuständigkeiten

Die Verhütung von Ordnungswidrigkeiten ist Gefahrenabwehr und eine Hauptaufgabe der Polizei nach § 4 Abs. 1 ASOG.

Die Erforschung und Verfolgung von Ordnungswidrigkeiten obliegt nach OWiG grundsätzlich den Verwaltungsbehörden. Welche Verwaltungsbehörde zuständig ist (vgl. § 36 OWiG), ergibt sich bisweilen aus den Spezialgesetzen, die den Bußgeldtatbestand normieren. Soweit dort nichts bestimmt ist, regelt dies die ZuständigkeitsVO OWiG v. 17. 3. 1971 (GVBl. S. 514). Zur zuständigen Verwaltungsbehörde im Sinne von § 36 Abs. 1 Satz 1 OWiG (Verfolgungsbehörde) kann im Einzelfall auch die Polizei bestimmt werden.

Darüber hinaus hat die Polizei ferner (ähnlich wie bei der Verfolgung von Straftaten) eine Ermittlungsaufgabe im ersten Zugriff nach § 53 Abs. 1 OWiG (. . .Ordnungswidrigkeiten zu erforschen und dabei alle unaufschiebbaren Anordnungen zu treffen, um die Verdunklung der Sache zu verhüten).

5.3 Verfahren

Das Bußgeldverfahren ähnelt dem Strafverfahren, dem es nachgebildet ist (§ 46 OWiG). Die Verfolgungsbehörde hat danach, soweit das OWiG nichts anderes bestimmt, grundsätzlich dieselben Rechte und Pflichten wie die Staatsanwaltschaft bei der Verfolgung von Straftaten. Die Polizei untersteht dementsprechend den Weisungen der Verfolgungsbehörde, soweit sie ausnahmsweise nicht selbst Verfolgungsbehörde ist. Ihre Akten hat sie unverzüglich der Verfolgungsbehörde zu übersenden. Die Verfolgungsbehörde trifft die Entscheidung, ob und wie die Ordnungswidrigkeit zu ahnden ist (Verwarnung nach § 56 OWiG, Bußgeldentscheidung, Einziehung gemäß §§ 18 ff. OWiG, befristetes Fahrverbot gemäß § 25 StVG usw.). Der Betroffene kann dagegen Einspruch einlegen, über den das Amtsgericht entscheidet.

5.4 Befugnisse

Im Gegensatz zur Strafverfolgung, aber in Übereinstimmung mit der Regelung bei der Gefahrenabwehr, gilt auch für die Verfolgung von Ordnungswidrigkeiten das Opportunitätsprinzip.

Die Polizei hat als Verfolgungsbehörde und auch bei ihren Ermittlungen nach § 53 OWiG grundsätzlich dieselben Befugnisse wie bei der Verfolgung von Straftaten (§§ 46 Abs. 2, 53 Abs. 1 OWiG). Das gilt entsprechend auch für die Regelungen der StPO über Beschlagnahmen, Durchsuchungen, Untersuchungen und sonstige Maßnahmen, deren Anordnung Beamten des Polizeidienstes vorbehalten ist, die zu Hilfsbeamten der StA bestellt sind (§ 53 Abs. 2 OWiG). Zusätzlich trifft das OWiG besondere Regelungen über die Festnahme und die Anhörung des Betroffenen (§§ 54, 55 OWiG).

Bei der Verhütung von Ordnungswidrigkeiten hat die Polizei die Befugnisse nach dem ASOG bzw. Spezialvorschriften der Gefahrenabwehr. Hilfsweise gewährt das ASOG allen Polizeibeamten bei der Verfolgung von Ordnungswidrigkeiten die Befugnis zur Vorladung (§ 17 Abs. 1 Nr. 1).

Wegen der abschließenden Regelung von StPO/OWiG im übrigen kann das ASOG die StPO darüber hinaus gemäß § 14 Abs. 2 ASOG nicht ergänzen. Nach den Vorstellungen des ME wird das Polizei- und Ordnungsrecht künftig nur noch Regelungen zur Gefahrenabwehr enthalten.

Bei geringfügigen Ordnungswidrigkeiten kann der Betroffene von der Verfolgungsbehörde auch mit oder ohne Erhebung eines Verwarnungsgeldes verwarnt werden. Soweit die Polizei nicht selbst zuständige Verfolgungsbehörde ist, steht ihr dieses Recht nur zu, soweit ihre Beamten hierzu vom Senator für Inneres gemäß § 57 Abs. 2 OWiG ermächtigt sind.

5.5 Abgrenzung

Ob eine Maßnahme der Verfolgung von Ordnungswidrigkeiten oder der Gefahrenabwehr dient, richtet sich nach dem Zweck der Maßnahme. Die Unterscheidung ist wie bei der Strafverfolgung vor allem wegen der unterschiedlichen Rechtsgrundlagen, des Verfahrens und des Rechtsweges wichtig.

Eine Maßnahme kann auch beiden Zwecken dienen.

Anhang 6

Ordnungs- und Zwangsmittel im Verhältnis zur Gefahrenabwehr

Von der Strafe im Strafverfahren und dem Bußgeld im Ordnungswidrigkeitenverfahren sowie den Maßnahmen zur Gefahrenabwehr sind die Ordnungs- und Zwangsmittel zu unterscheiden:

6.1 Ordnungsmittel

Repression

Ordnungsmittel sind repressive Folgen für vorangegangene Ordnungsverstöße. Sie sind in bestimmten Verfahrensordnungen wegen Nichtbeachtung bestimmter verfahrensrechtlicher Mitwirkungspflichten oder Anordnungen vorgesehen (z. B. Verletzung von Zeugnispflichten, § 70 Abs. 1 StPO; Mißachtung des Gerichts, § 178 GVG). Als repressive Folge ist Ordnungsgeld oder Ordnungshaft vorgesehen.

6.2 Zwangsmittel

Zwangsmittel sind Beugemittel.

Willensbeugung

Um bestimmte Pflichten, die einem Betroffenen obliegen (z. B. die Zeugnispflicht nach der StPO, die Verpflichtung zum persönlichen Erscheinen nach § 73, 74 OWiG oder die Verpflichtung, aufgrund einer Maßnahme der Gefahrenabwehr eine Gefahr zu beseitigen) durchzusetzen, gibt es verschiedene Beuge- oder Zwangsmittel (z. B. § 70 Abs. 1 StPO, § 74 Abs. 2 Satz 2 OWiG, § 9 VwVG: Zwangsgeld, Ersatzvornahme, unmittelbarer Zwang).

keine Repression

Diese Beuge- oder Zwangsmittel dienen allein der Durchsetzung künftigen Verhaltens des Betroffenen; die Erzwingungsmaßnahme kann nicht mehr durchgesetzt werden, wenn der Betroffene seiner Pflicht genügt hat; sie stellt also keine repressive Unrechtsfolge dar, kann aber kostenpflichtig sein.

6.3 Kumulation

Neben einer Zwangs- oder Beugemaßnahme (insbesondere bei der Gefahrenabwehr) kann bei Vorliegen der jeweiligen Voraussetzungen gleichzeitig oder später eine repressive Maßnahme (Ordnungsgeld/Ordnungshaft; Bußgeld; Kriminalstrafe) getroffen werden.

Anhang 7

Dienst- und Fachaufsicht, Übertragung polizeilicher Befugnisse

7.1 Fachaufsicht

Vorbehaltsaufgaben

Soweit die Aufgabe der Gefahrenabwehr nicht einem Mitglied des Senats obliegt, sind die Behörden der Gefahrenabwehr zweistufig aufgebaut. Hierbei führen die Mitglieder des Senat die Fachaufsicht über die nachgeordneten Ordnungsbehörden und die Polizei. Die den Bezirksämtern zugewiesenen Ordnungsaufgaben sind nach § 6 Abs. 2 ASOG übertragene Vorbehaltsaufgaben; die DVO-AZG gilt für Aufgaben der Gefahrenabwehr nach § 1 Abs. 2 DVO-AZG nicht.

Aufsichtsbehörde

Die Aufsicht über die recht- und ordnungsmäßige Erfüllung der Aufgaben und die zweckentsprechende Handhabung des Verwaltungsermessens (Fachaufsicht über die nach außen wirkende Tätigkeit nach § 7 Abs. 1 ASOG) führt:

1. Über die nachgeordneten Ordnungsbehörden: Das fachlich zuständige Mitglied des Senats (§ 6 Abs. 2 Satz 2, Abs. 3 ASOG);
2. Über die Polizei:
   Der Senator für Inneres (§ 6 Abs. 1 Satz 1 ASOG);
3. Über die Polizei in Ordnungsangelegenheiten: Die Mitglieder des Senats innerhalb ihrer Zuständigkeitsbereiche (§ 6 Abs. 1 Satz 2 i. V. m. §§ 2, Abs. 2 ASOG und § 15 DVO-ASOG.

Inhalt

Die Fachaufsicht umfaßt das Informationsrecht, das Weisungsrecht und das Eintrittsrecht (§ 7 Abs. 2 ASOG). Die nachgeordneten Ordnungsbehörden und die Polizei haben eine Informationspflicht (§ 7 Abs. 3 ASOG).

7.2 Dienstaufsicht

Die Aufsicht über Aufbau, innere Ordnung, allgemeine Geschäftsführung und Personalangelegenheiten (Dienstaufsicht) führt der Senator für Inneres über die Polizei (§ 6 Abs. 1 Satz 1 ASOG), die zuständigen Mitglieder des Senats über die nachgeordneten

Ordnungsbehörden (§ 6 Abs. 3 ASOG). Die Dienstaufsicht über die Bezirksämter ist in Art. 59 Abs. 2 Verfassung von Berlin (VvB) geregelt.

7.3 Übertragung von Befugnissen

behörden-intern

Die Befugnisse des ASOG werden der jeweils zuständigen Behörde eingeräumt. Wie diese ihre Befugnisse unter ihre Mitarbeiter aufteilt, ist ihr überlassen; in der Regel gibt darüber der Geschäftsverteilungsplan Auskunft. In Ausnahmefällen können Eingriffsbefugnisse auch Angestellten übertragen werden. So sind z. B. den Polizeiangestellten im Verkehrsüberwachungs- und Sicherheits- und Ordnungsdienst einzelne Eingriffsbefugnisse durch Dienstanweisungen übertragen worden. Der Wachpolizei stehen mangels Übertragung nur die Jedermann-Rechte zu. Sie hat gegenwärtig nur die Aufgaben einer Wach- und Schließgesellschaft und ist kraft alliierter Anordnung nur wegen der Bewaffnung der Polizei angegliedert worden. Sie soll künftig einige pol. Befugnisse erhalten.

Hilfs-polizei

Darüber hinaus schafft § 5 ASOG die Möglichkeit, polizeiliche Hilfsdienste einzurichten. Nach Abs. 1 kann der Senat einzelne Angehörige des öffentlichen Dienstes, die nicht der Polizei angehören, mit bestimmten (d. h. einzelnen) Befugnissen der Polizei ausstatten. So sind z. B. durch Senatsbeschluß dem Grenzzolldienst einzelne polizeiliche Befugnisse übertragen worden. Personen außerhalb des öffentlichen Dienstes können ebenfalls polizeiliche Befugnisse übertragen werden. Voraussetzung nach Abs. 2 ist, daß sie damit einverstanden sind und ihre Heranziehung zu polizeilichen Aufgaben gesetzlich vorgesehen ist. Das ist z. B. in dem Gesetz über die Freiwillige Polizei-Reserve geschehen.

Allgemeines Gesetz

zum Schutz der öffentlichen Sicherheit und Ordnung in Berlin (Allgemeines Sicherheits- und Ordnungsgesetz – ASOG Bln)

Vom 11. Februar 1975 (GVBl. S. 688)

Das Abgeordnetenhaus hat das folgende Gesetz beschlossen:

Inhaltsübersicht

Erster Abschnitt

Aufgaben, Zuständigkeit und Organisation

§ 1

Aufgaben und Behörden

(1) Die Ordnungsbehörden und die Polizei haben die Aufgabe, Gefahren für die öffentliche Sicherheit oder Ordnung abzuwehren.

(2) Ordnungsbehörden sind die Mitglieder des Senats.

(3) Nachgeordnete Ordnungsbehörden sind
die Bezirksämter,
die Berliner Feuerwehr,
die Berliner Forsten,
das Fischereiamt,
das Landesamt für Arbeitsschutz und technische Sicherheit,
das Landesamt für das Meß- und Eichwesen,
das Pflanzenschutzamt,
das Preisamt.

(4) Polizei im Sinne dieses Gesetzes ist der Polizeipräsident in Berlin.

§ 2

Sachliche Zuständigkeit der Ordnungsbehörden

(1) Für die Gefahrenabwehr (§ 1 Abs. 1) sind die Ordnungsbehörden zuständig (Ordnungsaufgaben).

(2) Die Zuständigkeit der Ordnungsbehörden wird durch Rechtsverordnung des Senats bestimmt. Der Senat kann auch der Polizei durch Rechtsverordnung Ordnungsaufgaben übertragen.

(3) Die Befugnis des Senats zur Gestattung von Umzügen und Versammlungen unter freiem Himmel innerhalb der Bannmeile (§ 1 Abs. 2 des Gesetzes über die Befriedung des Tagungsortes des Abgeordnetenhauses von Berlin in der Fassung vom 30. Oktober 1952, GVBl. S. 1064) bleibt unberührt.

(4) Bei Gefahr im Verzuge können die Befugnisse einer nachgeordneten Ordnungsbehörde von der Fachaufsichtsbehörde wahrgenommen werden.

(5) Die Ordnungsbehörden haben ferner die Aufgaben zu erfüllen, die ihnen durch andere Rechtsvorschriften übertragen sind.

§ 3

Hilfszuständigkeit der Berliner Feuerwehr

(1) Die Berliner Feuerwehr ist bei der Gefahrenabwehr (§ 1 Abs. 1) neben den nach den §§ 2 und 4 zuständigen Behörden, sofern diese nicht rechtzeitig tätig werden, auch für die Maßnahmen zuständig, die im Zusammenhang mit den ihr obliegenden Aufgaben unaufschiebbar notwendig erscheinen. Sie hat die zuständige Behörde unverzüglich von allen Ereignissen zu unterrichten, die deren Eingreifen erfordern.

(2) Die Berliner Feuerwehr leistet anderen Berliner Behörden durch Anwendung unmittelbaren Zwanges Vollzugshilfe (§§ 30 bis 32).

§ 4

Sachliche Zuständigkeit der Polizei

(1) Die Polizei ist bei der Gefahrenabwehr (§ 1 Abs. 1) für Maßnahmen zuständig, die unaufschiebbar notwendig erscheinen. Die Polizei hat die zuständige Behörde unverzüglich von allen Ereignissen zu unterrichten, die deren Eingreifen erfordern.

(2) Der Schutz privater Rechte obliegt der Polizei nach Absatz 1 nur dann, wenn gerichtlicher Schutz nicht rechtzeitig zu erlangen ist und wenn ohne polizeiliche Hilfe die Verwirklichung des Rechts vereitelt oder wesentlich erschwert werden würde.

(3) Die Polizei leistet anderen Berliner Behörden durch Anwendung unmittelbaren Zwanges Vollzugshilfe (§§ 30 bis 32).

(4) Die Polizei hat ferner die Aufgaben zu erfüllen, die ihr durch andere Rechtsvorschriften übertragen sind. Sie hat insbesondere Straftaten und Ordnungswidrigkeiten zu verfolgen.

§ 5

Übertragung polizeilicher Befugnisse

(1) Der Senat kann einzelne Angehörige des öffentlichen Dienstes des Landes Berlin oder Gruppen von ihnen mit bestimmten Befugnissen der Polizei ausstatten.

(2) Der Senat kann sonstigen Personen durch Rechtsverordnung bestimmte Befugnisse der Polizei nur übertragen, wenn sie damit einverstanden sind und ihre Heranziehung zu polizeilichen Aufgaben gesetzlich vorgesehen ist.

§ 6

Aufsichtsbehörden

(1) Die Dienst- und Fachaufsicht über die Polizei führt der Senator für Inneres. Die Fachaufsicht über die Polizei in Ordnungsaufgaben führen die Mitglieder des Senats innerhalb ihrer Zuständigkeitsbereiche.

(2) Die den Bezirksämtern zugewiesenen Ordnungsaufgaben sind übertragene Vorbehaltsaufgaben (Artikel 51 Abs. 2 Satz 3 der Verfassung von Berlin). Die Fachaufsicht über die Bezirksämter in Ordnungsangelegenheiten führt das zuständige Mitglied des Senats.

(3) Die Dienst- und Fachaufsicht über die sonstigen nachgeordneten Ordnungsbehörden führt das zuständige Mitglied des Senats.

(4) Die Aufsichtsbehörden können im Bereich ihrer Zuständigkeit Verwaltungsvorschriften erlassen.

§ 7

Ausübung der Fachaufsicht

(1) Die Fachaufsicht erstreckt sich auf die recht- und ordnungsmäßige Erledigung der Aufgaben der nachgeordneten Ordnungsbehörden und der Polizei und auf die zweckentsprechende Handhabung des Verwaltungsermessens.

(2) In Ausübung der Fachaufsicht kann die Aufsichtsbehörde

1. Auskünfte, Berichte, die Vorlage der Akten und sonstigen Unterlagen fordern und Prüfungen anordnen (Informationsrecht),
2. Einzelweisungen erteilen (Weisungsrecht),
3. eine Angelegenheit an sich ziehen, wenn eine erteilte Einzelweisung nicht befolgt wird (Eintrittsrecht).

(3) Die nachgeordneten Ordnungsbehörden und die Polizei sind verpflichtet, die Aufsichtsbehörden von allen wichtigen Wahrnehmungen zu unterrichten (Informationspflicht).

Zweiter Abschnitt

Eingriffsmaßnahmen

Erster Unterabschnitt

Allgemeine Vorschriften

§ 8

Grundsatz der Verhältnismäßigkeit

(1) Von mehreren möglichen und geeigneten Maßnahmen ist diejenige zu treffen, die den einzelnen und die Allgemeinheit voraussichtlich am wenigsten beeinträchtigt.

(2) Eine Maßnahme darf nicht zu einem Nachteil führen, der zu dem erstrebten Erfolg erkennbar außer Verhältnis steht.

(3) Eine Maßnahme ist nur so lange zulässig, bis ihr Zweck erreicht ist oder sich zeigt, daß er nicht erreicht werden kann.

§ 9

Ermessen, Wahl der Mittel

(1) Die zuständige Behörde trifft ihre Maßnahmen nach pflichtgemäßem Ermessen.

(2) Kommen bei einer Maßnahme mehrere Mittel in Betracht, so genügt es, wenn eines davon bestimmt wird. Dem Betroffenen ist auf Antrag zu gestatten, ein anderes ebenso wirksames Mittel anzuwenden, sofern die Allgemeinheit dadurch nicht stärker beeinträchtigt wird. Ist dem Betroffenen eine Frist gesetzt, so ist der Antrag nur bis zum Ablauf dieser Frist zulässig.

§ 10

Verantwortlichkeit für das Verhalten von Personen

(1) Verursacht eine Person eine Gefahr, so sind die Maßnahmen gegen sie zu richten.

(2) Ist die Person noch nicht 14 Jahre alt, wegen Geisteskrankheit oder Geistesschwäche entmündigt oder unter vorläufige Vormundschaft gestellt, können Maßnahmen auch gegen die Person gerichtet werden, die zur Aufsicht über sie verpflichtet ist.

(3) Verursacht eine Person, die zu einer Verrichtung bestellt ist, die Gefahr in Ausführung der Verrichtung, so können Maßnahmen auch gegen die Person gerichtet werden, die die andere zu der Verrichtung bestellt hat.

§ 11

Verantwortlichkeit für den Zustand von Sachen

(1) Stellt der Zustand einer Sache eine Gefahr dar, so sind die Maßnahmen gegen den Inhaber der tatsächlichen Gewalt zu richten.

(2) Maßnahmen können auch gegen den Eigentümer oder einen anderen Berechtigten gerichtet werden. Das gilt nicht, wenn der Inhaber der tatsächlichen Gewalt diese ohne den Willen des Eigentümers oder Berechtigten ausübt.

§ 12
Unmittelbare Ausführung einer Maßnahme

(1) Die zuständige Behörde kann eine Maßnahme selbst oder durch einen Beauftragten unmittelbar ausführen, wenn der Zweck der Maßnahme durch Inanspruchnahme der nach den §§ 10 oder 11 Verantwortlichen nicht oder nicht rechtzeitig erreicht werden kann. Der von der Maßnahme Betroffene ist unverzüglich zu unterrichten.

(2) Entstehen der zuständigen Behörde durch die unmittelbare Ausführung einer Maßnahme Kosten, so sind die nach den §§ 10 oder 11 Verantwortlichen zum Ersatz verpflichtet. Sind mehrere Personen nebeneinander verantwortlich, so haften sie als Gesamtschuldner. Die Kosten können im Verwaltungszwangsverfahren beigetrieben werden.

(3) Wird eine Maßnahme durch einen Beauftragten ausgeführt, so bestehen die Kosten in dem Betrag, den die Behörde an den Beauftragten zu zahlen hat. Wird eine Maßnahme durch die zuständige Behörde selbst ausgeführt, so bestehen die Kosten in ihren durch die Maßnahme unmittelbar entstehenden zusätzlichen personellen und sächlichen Aufwendungen.

§ 13
Inanspruchnahme nicht verantwortlicher Personen

(1) Die zuständige Behörde kann Maßnahmen gegen andere Personen als die nach den §§ 10 oder 11 Verantwortlichen richten, wenn

1. eine gegenwärtige erhebliche Gefahr abzuwehren ist,
2. Maßnahmen gegen die nach den §§ 10 oder 11 Verantwortlichen nicht oder nicht rechtzeitig möglich sind,
3. sie die Gefahr nicht selbst oder durch Beauftragte abwehren kann und
4. die Personen ohne erhebliche eigene Gefährdung und ohne Verletzung höherwertiger Pflichten in Anspruch genommen werden können.

(2) Die Maßnahmen nach Absatz 1 dürfen nur aufrechterhalten werden, solange die Abwehr der Gefahr nicht auf andere Weise möglich ist.

Zweiter Unterabschnitt

Befugnisse

§ 14
Allgemeine Befugnisse

(1) Die zuständige Behörde kann die notwendigen Maßnahmen treffen, um eine im einzelnen Falle bestehende Gefahr für die öffentliche Sicherheit oder Ordnung (Gefahr) abzuwehren, soweit nicht die §§ 15 bis 29 ihre Befugnisse besonders regeln.

(2) Zur Erfüllung der Aufgaben, die der Polizei durch andere Rechtsvorschriften zugewiesen sind (§ 4 Abs. 4), hat sie die dort vorgesehenen Befugnisse. Soweit solche Rechtsvorschriften Befugnisse der Polizei nicht regeln, hat sie die Befugnisse, die ihr nach diesem Gesetz zustehen. Das gilt auch für Ordnungsbehörden bei der Erfüllung von Aufgaben der Gefahrenabwehr.

§ 15
Identitätsfeststellung und Prüfung von Berechtigungsscheinen

(1) Die zuständige Behörde kann die Identität einer Person feststellen,

1. zur Abwehr einer Gefahr,
2. zur Aufklärung einer Straftat oder Ordnungswidrigkeit,
3. an Orten, an denen erfahrungsgemäß Personen Straftaten verabreden, vorbereiten oder verüben, sich Personen ohne erforderliche Aufenthaltserlaubnis treffen, Straftäter sich verstecken oder an denen Personen der Prostitution nachgehen, oder
4. wenn sie sich in oder in unmittelbarer Nähe von Verkehrs- oder Versorgungsanlagen, Verkehrs- oder Versorgungseinrichtungen, öffentlichen Verkehrsmitteln, Amtsgebäuden, Vertretungen anderer Staaten oder anderen besonders gefährdeten Objekten aufhält und Tatsachen die Annahme rechtfertigen, daß in oder an Objekten dieser Art Straftaten begangen werden sollen.

(2) Die zuständige Behörde kann zur Feststellung der Identität die erforderlichen Maßnahmen treffen. Sie kann den Betroffenen insbesondere anhalten und verlangen, daß er mitgeführte Ausweispapiere vorzeigt und aushändigt. Der Betroffene kann von der Polizei zur Dienststelle gebracht und festgehalten werden, wenn die Identität auf andere Weise nicht oder nur unter erheblichen Schwierigkeiten festgestellt werden kann.

(3) Die zuständige Behörde kann verlangen, daß ein Berechtigungsschein vorgezeigt und ausgehändigt wird, wenn der Betroffene auf Grund einer Rechtsvorschrift verpflichtet ist, diesen Berechtigungsschein mitzuführen.

§ 16
Erkennungsdienstliche Maßnahmen

(1) Die Polizei kann erkennungsdienstliche Maßnahmen vornehmen, wenn

1. die Identität des Betroffenen auf andere Weise nicht oder nur mit unverhältnismäßig großem Aufwand festgestellt werden kann,
2. der Betroffene ohne festen Wohnsitz oder Aufenthalt umherzieht oder
3. das zur Verhütung von Straftaten erforderlich ist.

(2) Sind die Voraussetzungen nach Absatz 1 entfallen, sind die erkennungsdienstlichen Unterlagen auf Antrag zu vernichten.

(3) Erkennungsdienstliche Maßnahmen sind insbesondere

1. die Abnahme von Finger- und Handflächenabdrücken,
2. die Aufnahme von Lichtbildern,
3. die Feststellung äußerer körperlicher Merkmale,
4. Messungen.

§ 17
Vorladung

(1) Die zuständige Behörde kann eine Person schriftlich oder mündlich vorladen, wenn

1. Tatsachen die Annahme rechtfertigen, daß die Person sachdienliche Angaben machen kann, die für die Erfüllung einer bestimmten ordnungsbehördlichen oder polizeilichen Aufgabe erforderlich sind, oder
2. das zur Durchführung erkennungsdienstlicher Maßnahmen erforderlich ist.

(2) Bei der Vorladung soll deren Grund angegeben werden. Bei der Festsetzung des Zeitpunktes soll auf den Beruf und die sonstigen Lebensverhältnisse des Betroffenen Rücksicht genommen werden.

(3) Leistet ein Betroffener der Vorladung ohne hinreichenden Grund keine Folge, so kann sie von der Polizei zwangsweise durchgesetzt werden,

1. wenn die Angaben zur Abwehr einer Gefahr für Leib, Leben oder Freiheit einer Person erforderlich sind, oder
2. zur Durchführung erkennungsdienstlicher Maßnahmen.

(4) Personen, die auf Vorladung als Zeugen erscheinen oder die als Sachverständige herangezogen werden, erhalten eine Entschädigung in entsprechender Anwendung des Gesetzes über die Entschädigung von Zeugen und Sachverständigen.

§ 18
Gewahrsam

Die Polizei kann eine Person in Gewahrsam nehmen, wenn

1. auf andere Weise eine gegenwärtige erhebliche Gefahr nicht abgewehrt werden kann oder
2. das zum Schutz der Person gegen eine Gefahr für Leib oder Leben erforderlich ist, insbesondere weil die Person sich erkennbar in einem die freie Willensbestimmung ausschließenden Zustand oder sonst in hilfloser Lage befindet.

§ 19
Richterliche Entscheidung

(1) Wird eine Person auf Grund von § 15 Abs. 2 Satz 3, § 17 Abs. 3 oder § 18 nicht nur kurzfristig festgehalten, hat die Polizei unverzüglich eine richterliche Entscheidung über Zulässigkeit und Fortdauer der Freiheitsentziehung herbeizuführen. Der Richter darf eine Freiheitsentziehung auf Grund von § 15 Abs. 2 Satz 3, § 17 Abs. 3 oder § 18 längstens bis zum Ende des Tages nach dem Ergreifen anordnen.

(2) Für die Entscheidung nach Absatz 1 ist das Amtsgericht zuständig, in dessen Bezirk sich der Festgehaltene befindet. Der Senat wird ermächtigt, durch Rechtsverordnung die Zuständigkeit einem Amtsgericht für die Bezirke mehrerer Amtsgerichte zuzuweisen, sofern die Zusammenlegung für die sachliche Förderung oder schnellere Erledigung der Verfahren zweckmäßig ist; der Senat kann die Ermächtigung auf den Senator für Justiz übertragen. Das Verfahren richtet sich nach den Vorschriften des Gesetzes über das gerichtliche Verfahren bei Freiheitsentziehungen.

§ 20
Behandlung festgehaltener Personen

(1) Wird eine Person auf Grund von § 15 Abs. 2 Satz 3, § 17 Abs. 3 oder § 18 festgehalten, ist ihr unverzüglich der Grund bekanntzugeben. Wird eine Person nicht nur kurzfristig festgehalten, ist sie darüber zu belehren, daß sie eine richterliche Entscheidung nach § 13 des Gesetzes über das gerichtliche Verfahren bei Freiheitsentziehungen verlangen kann.

(2) Der festgehaltenen Person ist unverzüglich Gelegenheit zu geben, einen Angehörigen oder eine Person ihres Vertrauens zu benachrichtigen, soweit dadurch der Zweck der Freiheitsentziehung nicht gefährdet wird. Die Polizei soll die Benachrichtigung übernehmen, wenn die festgehaltene Person nicht dazu in der Lage ist, von dem Recht nach Satz 1 Gebrauch zu machen und die Benachrichtigung ihrem mutmaßlichen Willen nicht widerspricht. Ist die festgehaltene Person minderjährig, entmündigt oder unter vorläufige Vormundschaft gestellt, so ist in jedem Falle derjenige zu benachrichtigen, dem die Sorge für die Person obliegt.

(3) Die festgehaltene Person soll gesondert, insbesondere ohne ihre Einwilligung nicht in demselben Raum mit Straf- und Untersuchungsgefangenen untergebracht werden. Männer und Frauen sollen getrennt untergebracht werden. Der festgehaltenen Person dürfen nur solche Beschränkungen auferlegt werden, die der Zweck der Freiheitsentziehung oder die Ordnung im Gewahrsam erfordert.

§ 21
Dauer der Freiheitsentziehung

Die Polizei hat eine festgehaltene Person zu entlassen,

1. sobald der Grund für die Maßnahme weggefallen ist,
2. wenn die Fortdauer der Freiheitsentziehung durch richterliche Entscheidung für unzulässig erklärt wird,
3. in jedem Falle spätestens bis zum Ende des Tages nach dem Eingreifen, wenn nicht vorher die Fortdauer der Freiheitsentziehung auf Grund eines anderen Gesetzes durch richterliche Entscheidung angeordnet ist.

§ 22
Durchsuchung von Personen

(1) Die zuständige Behörde kann eine Person durchsuchen, wenn

1. sie nach diesem Gesetz oder anderen Rechtsvorschriften festgehalten werden kann,
2. Tatsachen die Annahme rechtfertigen, daß sie Sachen mit sich führt, die sichergestellt werden dürfen,
3. das zur Feststellung ihrer Identität erforderlich ist und die Person sich erkennbar in einem die freie Willensbestimmung ausschließenden Zustand oder sonst in hilfloser Lage befindet,
4. sie sich an einem der in § 15 Abs. 1 Nr. 3 genannten Orte aufhält oder
5. sie sich in oder in unmittelbarer Nähe von Objekten im Sinne des § 15 Abs. 1 Nr. 4 aufhält und Tatsachen die Annahme rechtfertigen, daß in oder an Objekten dieser Art Straftaten begangen werden sollen.

(2) Personen dürfen nur von Personen gleichen Geschlechts oder Ärzten durchsucht werden; das gilt nicht, wenn die sofortige Durchsuchung zum Schutz gegen eine Gefahr für Leib oder Leben erforderlich erscheint.

§ 23
Durchsuchung von Sachen

(1) Die zuständige Behörde kann eine Sache durchsuchen, wenn

1. sie von einer Person mitgeführt wird, die nach § 22 Abs. 1 durchsucht werden darf,
2. Tatsachen die Annahme rechtfertigen, daß sich eine Person, die in Gewahrsam genommen werden darf, in der Sache befindet,
3. Tatsachen die Annahme rechtfertigen, daß sich in ihr eine andere Sache befindet, die sichergestellt werden darf oder
4. sich die Sache in oder in unmittelbarer Nähe von Objekten im Sinne des § 15 Abs. 1 Nr. 4 befindet und Tatsachen die Annahme rechtfertigen, daß in oder an Objekten dieser Art Straftaten begangen werden sollen.

(2) Bei der Durchsuchung von Sachen ist dem Inhaber der tatsächlichen Gewalt zu gestatten, anwesend zu sein, sofern die Durchsuchung dadurch nicht gestört wird. Ist er nicht anwesend, so soll sein Vertreter oder ein anderer Zeuge hinzugezogen werden. Dem Inhaber der tatsächlichen Gewalt ist auf Verlangen eine Bescheinigung über die Durchsuchung und ihren Grund zu erteilen.

§ 24
Betreten und Durchsuchung von Wohnungen

(1) Die zuständige Behörde kann eine Wohnung ohne Einwilligung des Inhabers nur zur Abwehr einer gegenwärtigen erheblichen Gefahr betreten und durchsuchen. Die Wohnung umfaßt die Wohn- und Nebenräume, Arbeits-, Betriebs- und Geschäftsräume sowie anderes befriedetes Besitztum.

(2) Außer bei Gefahr im Verzuge darf eine Durchsuchung nur durch das Amtsgericht angeordnet werden, in dessen Bezirk die Wohnung liegt. Der Senat wird ermächtigt, durch Rechtsverordnung die Zuständigkeit einem Amtsgericht für die Bezirke mehrerer Amtsgerichte zuzuweisen, sofern die Zusammenlegung für die sachliche Förderung oder schnellere Erledigung der Verfahren zweckmäßig ist; der Senat kann die Ermächtigung auf den Senator für Justiz übertragen. Für das Verfahren gelten die Vorschriften des Gesetzes über die Angelegenheiten der freiwilligen Gerichtsbarkeit entsprechend.

(3) Wohnungen, in denen erfahrungsgemäß Personen Straftaten verabreden, vorbereiten oder verüben, sich Personen ohne erforderliche Aufenthaltserlaubnis treffen oder

Straftäter sich verstecken, oder Wohnungen, die der Prostitution dienen, dürfen zum Zwecke der Gefahrenabwehr (§ 1 Abs. 1) jederzeit betreten werden.

(4) Arbeits-, Betriebs- und Geschäftsräume sowie andere Räume und Grundstücke, die der Öffentlichkeit zugänglich sind oder den Anwesenden zum weiteren Aufenthalt zur Verfügung stehen, dürfen zum Zwecke der Gefahrenabwehr (§ 1 Abs. 1) während der Arbeits-, Geschäfts- oder Aufenthaltszeit betreten werden.

§ 25

Verfahren bei der Durchsuchung von Wohnungen

(1) Bei der Durchsuchung einer Wohnung hat der Wohnungsinhaber das Recht, anwesend zu sein. Ist er abwesend, so ist, wenn möglich, sein Vertreter oder ein erwachsener Angehöriger, Hausgenosse oder Nachbar zuzuziehen.

(2) Dem Wohnungsinhaber oder seinem Vertreter ist der Grund der Durchsuchung unverzüglich bekanntzugeben, soweit dadurch der Zweck der Maßnahme nicht gefährdet wird.

(3) Über die Durchsuchung ist eine Niederschrift zu fertigen. Sie muß die verantwortliche Diensstelle, Grund, Zeit und Ort der Durchsuchung und das Ergebnis der Durchsuchung enthalten. Die Niederschrift ist von einem durchsuchenden Beamten und dem Wohnungsinhaber oder der zugezogenen Person zu unterzeichnen. Wird die Unterschrift verweigert, so ist hierüber ein Vermerk aufzunehmen. Dem Wohnungsinhaber oder seinem Vertreter ist auf Verlangen eine Abschrift der Niederschrift auszuhändigen.

(4) Ist die Anfertigung der Niederschrift oder die Aushändigung einer Abschrift nach den besonderen Umständen des Falles nicht möglich oder würde sie den Zweck der Durchsuchung gefährden, so sind dem Betroffenen lediglich die Durchsuchung unter Angabe der verantwortlichen Dienststelle sowie Zeit und Ort der Durchsuchung schriftlich zu bestätigen.

§ 26

Sicherstellung

Die zuständige Behörde kann eine Sache sicherstellen,

1. um eine gegenwärtige Gefahr abzuwehren,
2. wenn eine mißbräuchliche Verwendung durch eine Person, die nach diesem Gesetz oder anderen Rechtsvorschriften festgehalten wird, nicht ausgeschlossen werden kann, oder
3. um den Eigentümer oder den rechtmäßigen Inhaber der tatsächlichen Gewalt vor Verlust oder Beschädigung einer Sache zu schützen.

§ 27

Verwahrung

(1) Sichergestellte Sachen sind in amtliche Verwahrung zu nehmen. Läßt die Beschaffenheit der Sachen das nicht zu oder erscheint die amtliche Verwahrung unzweckmäßig, sind die Sachen auf andere geeignete Weise aufzubewahren oder zu sichern. In diesem Falle kann die Verwahrung auch einem Dritten übertragen werden.

(2) Dem Betroffenen ist eine Bescheinigung auszustellen, die den Grund der Sicherstellung erkennen läßt und die sichergestellten Sachen bezeichnet. Kann nach den Umständen des Falles eine Bescheinigung nicht ausgestellt werden, so ist über die Sicherstellung eine Niederschrift aufzunehmen, die auch erkennen läßt, warum eine Bescheinigung nicht ausgestellt worden ist. Der Eigentümer oder der rechtmäßige Inhaber der tatsächlichen Gewalt ist unverzüglich zu unterrichten.

(3) Wird eine sichergestellte Sache amtlich oder durch einen Dritten in amtlichem Auftrag verwahrt, so ist nach Möglichkeit Wertminderungen vorzubeugen. Das gilt nicht, wenn die Sache durch den Dritten auf Verlangen eines Berechtigten verwahrt wird.

(4) Die verwahrten Sachen sind zu verzeichnen und so zu kennzeichnen, daß Verwechslungen vermieden werden.

§ 28

Verwertung, Vernichtung

(1) Die Verwertung einer sichergestellten Sache ist zulässig, wenn

1. ihr Verderb oder eine wesentliche Wertminderung droht,
2. ihre Verwahrung, Pflege oder Erhaltung mit unverhältnismäßig hohen Kosten oder Schwierigkeiten verbunden ist,
3. sie infolge ihrer Beschaffenheit nicht so verwahrt werden kann, daß weitere Gefahren für die öffentliche Sicherheit oder Ordnung ausgeschlossen sind,
4. sie nach einer Frist von einem Jahr nicht an einen Berechtigten herausgegeben werden kann, ohne daß die Voraussetzungen der Sicherstellung erneut eintreten würden, oder
5. der Berechtigte sie nicht innerhalb einer ausreichend bemessenen Frist abholt, obwohl ihm eine Mitteilung über die Frist mit dem Hinweis zugestellt worden ist, daß die Sache verwertet wird, wenn sie nicht innerhalb der Frist abgeholt wird.

(2) Der Betroffene, der Eigentümer und andere Personen, denen ein Recht an der Sache zusteht, sollen vor der Verwertung gehört werden. Die Anordnung sowie Zeit und Ort der Verwertung sind ihnen mitzuteilen, soweit die Umstände und der Zweck der Maßnahmen es erlauben.

(3) Die Verwertung erfolgt durch Versteigerung nach § 979 Abs. 1 in Verbindung mit § 383 Abs. 3 des Bürgerlichen Gesetzbuches. Bleibt die Versteigerung erfolglos, erscheint sie von vornherein aussichtslos oder würden die Kosten der Versteigerung voraussichtlich den zu erwartenden Erlös übersteigen, so kann die Sache freihändig verkauft werden. Der Erlös tritt an die Stelle der verwerteten Sache. Läßt sich innerhalb angemessener Frist kein Käufer finden, so kann die Sache einem gemeinnützigen Zweck zugeführt werden.

(4) Sichergestellte Sachen können unbrauchbar gemacht oder vernichtet werden, wenn

1. im Falle einer Verwertung die Gründe, die zu ihrer Sicherstellung berechtigten, fortbestehen oder Sicherstellungsgründe erneut entstehen würden, oder
2. die Verwertung aus anderen Gründen nicht möglich ist.

Absatz 2 gilt sinngemäß.

§ 29

Herausgabe sichergestellter Sachen oder des Erlöses, Kosten

(1) Sobald die Voraussetzungen für die Sicherstellung weggefallen sind, sind die Sachen an denjenigen herauszugeben, bei dem sie sichergestellt worden sind. Ist die Herausgabe an ihn nicht möglich, ohne daß erneut die Voraussetzungen für eine Sicherstellung eintreten würden, können sie an einen anderen herausgegeben werden, der seine Berechtigung glaubhaft macht.

(2) Sind die Sachen verwertet worden, ist der Erlös herauszugeben. Ist ein Berechtigter nicht vorhanden oder nicht zu ermitteln, ist der Erlös nach den Vorschriften des Bürgerlichen Gesetzbuches zu hinterlegen.

(3) Die Kosten der Sicherstellung fallen den nach den §§ 10 oder 11 Verantwortlichen zur Last. Sind mehrere Personen nebeneinander verantwortlich, so haften sie als Gesamtschuldner. Die Herausgabe der Sache kann von der Zahlung der Kosten abhängig gemacht werden. Ist eine Sache verwertet worden, können die Kosten aus dem Erlös gedeckt werden. Die Kosten können im Verwaltungs-

zwangsverfahren beigetrieben werden. Der Anspruch auf Herausgabe des Erlöses erlischt drei Jahre nach Ablauf des Jahres, in dem die Sache verwertet worden ist.

(4) § 983 des Bürgerlichen Gesetzbuches bleibt unberührt.

Dritter Abschnitt

Vollzugshilfe

§ 30

Begriff und Voraussetzungen der Vollzugshilfe

(1) Die Polizei leistet anderen Berliner Behörden auf Ersuchen Vollzugshilfe, wenn unmittelbarer Zwang gegen Personen anzuwenden ist und die anderen Behörden über keine oder nicht genug dazu befugte Dienstkräfte verfügen oder ihre Maßnahmen nicht auf andere Weise selbst durchsetzen können.

(2) Die Berliner Feuerwehr leistet nach Absatz 1 Vollzugshilfe, soweit diese im Zusammenhang mit den ihr obliegenden Aufgaben steht.

(3) Die Polizei und die Berliner Feuerwehr sind nur für die Art und Weise der Durchführung verantwortlich.

(4) Im übrigen gelten die Grundsätze der Amtshilfe entsprechend.

§ 31

Verfahren

(1) Vollzugshilfeersuchen sind schriftlich zu stellen; sie haben den Grund und die Rechtsgrundlage der Maßnahme anzugeben.

(2) In Eilfällen kann das Ersuchen formlos gestellt werden. Es ist jedoch auf Verlangen unverzüglich schriftlich zu bestätigen.

(3) Die ersuchende Behörde ist von der Ausführung des Ersuchens zu verständigen.

§ 32

Freiheitsentziehung

(1) Hat das Vollzugshilfeersuchen eine Freiheitsentziehung zum Inhalt, ist auch die richterliche Entscheidung über die Zulässigkeit der Freiheitsentziehung vorzulegen oder in dem Ersuchen zu bezeichnen.

(2) Ist eine vorherige richterliche Entscheidung nicht ergangen, ist die festgehaltene Person zu entlassen, wenn die ersuchende Behörde diese nicht übernimmt oder die richterliche Entscheidung nicht unverzüglich nachträglich beantragt.

(3) Die §§ 20 und 21 gelten entsprechend.

Vierter Abschnitt

Verordnungen zur Gefahrenabwehr

§ 33

Ermächtigung

Der Senat kann Rechtsverordnungen zur Abwehr von Gefahren für die öffentliche Sicherheit oder Ordnung (§ 1 Abs. 1) erlassen.

§ 34

Inhalt

(1) Verordnungen zur Gefahrenabwehr dürfen nicht lediglich den Zweck haben, die der zuständigen Behörde obliegende Aufsicht zu erleichtern. Von mehreren möglichen und geeigneten allgemeinen Geboten oder Verboten sind diejenigen zu wählen, die den einzelnen oder die Allgemeinheit am wenigsten beeinträchtigen. Eine Verordnung zur Gefahrenabwehr darf nicht zu einem Nachteil führen, der zu dem angestrebten Erfolg erkennbar außer Verhältnis steht.

(2) Verordnungen zur Gefahrenabwehr müssen in ihrem Inhalt bestimmt sein. Hinweise auf Anordnungen außerhalb von Verordnungen zur Gefahrenabwehr sind unzulässig, soweit diese Anordnungen Gebote oder Verbote von unbeschränkter Dauer enthalten. In Verordnungen zur Gefahrenabwehr, die überwachungsbedürftige oder sonstige Anlagen betreffen, an die bestimmte technische Anforderungen zu stellen sind, kann hinsichtlich der technischen Vorschriften auf Bekanntmachungen besonderer sachverständiger Stellen unter Angabe der Fundstelle verwiesen werden.

§ 35

Bußgeldvorschriften

In Verordnungen zur Gefahrenabwehr können für den Fall einer Nichtbefolgung Geldbuße und Einziehung nach Maßgabe des Gesetzes über Ordnungswidrigkeiten angedroht werden.

§ 36

Geltungsdauer

Verordnungen zur Gefahrenabwehr sollen eine Beschränkung hinsichtlich ihrer Geltungsdauer enthalten. Die Geltung darf nicht über zehn Jahre hinaus erstreckt werden. Verordnungen zur Gefahrenabwehr, die keine Beschränkung der Geltungsdauer enthalten, treten zehn Jahre nach ihrem Erlaß außer Kraft. Eine Verlängerung lediglich der Geltungsdauer ist unzulässig.

Fünfter Abschnitt

Schadensausgleich, Erstattungs- und Ersatzansprüche

§ 37

Zum Schadensausgleich verpflichtende Tatbestände

(1) Erleidet jemand

1. infolge einer rechtmäßigen Inanspruchnahme nach § 13,
2. als unbeteiligter Dritter durch eine rechtmäßige Maßnahme der Ordnungsbehörde oder der Polizei oder
3. bei der Erfüllung einer ihm nach § 330 c des Strafgesetzbuches obliegenden Verpflichtung zur Hilfeleistung

einen Schaden, ist ihm ein angemessener Ausgleich zu gewähren.

(2) Das gleiche gilt, wenn jemand durch eine rechtswidrige Maßnahme der zuständigen Behörde einen Schaden erleidet.

(3) Der Ausgleich ist auch Personen zu gewähren, die mit Zustimmung der zuständigen Behörde bei der Gefahrenabwehr (§ 1 Abs. 1), mit Zustimmung der Polizei oder der Berliner Feuerwehr auch bei der Erfüllung von Aufgaben, die diesen Behörden nach anderen Rechtsvorschriften obliegen (§ 2 Abs. 5 und § 4 Abs. 4), freiwillig mitgewirkt oder Sachen zur Verfügung gestellt haben und dadurch einen Schaden erlitten haben.

(4) Weitergehende Ersatzansprüche, insbesondere aus Amtspflichtverletzung, bleiben unberührt.

§ 38

Inhalt, Art und Umfang des Schadensausgleichs

(1) Der Ausgleich nach § 37 wird grundsätzlich nur für Vermögensschäden gewährt. Für entgangenen Gewinn, der über den Ausfall des gewöhnlichen Verdienstes oder Nutzungsentgeltes hinausgeht, und für Nachteile, die nicht in unmittelbarem Zusammenhang mit der Maßnahme der zuständigen Behörde stehen, ist ein Ausgleich nur zu gewähren, wenn und soweit das zur Abwendung unbilliger Härten geboten erscheint.

(2) Bei einer Verletzung des Körpers oder der Gesundheit oder bei einer Freiheitsentziehung ist auch der Scha-

den, der nicht Vermögensschaden ist, angemessen auszugleichen; dieser Anspruch ist nicht übertragbar und nicht vererblich, es sei denn, daß er rechtshängig geworden oder durch Vertrag anerkannt worden ist.

(3) Der Ausgleich wird in Geld gewährt. Hat die zum Ausgleich verpflichtende Maßnahme die Aufhebung oder Minderung der Erwerbsfähigkeit oder eine Vermehrung der Bedürfnisse oder den Verlust oder die Beeinträchtigung eines Rechts auf Unterhalt zur Folge, so ist der Ausgleich durch Entrichtung einer Rente zu gewähren. § 760 des Bürgerlichen Gesetzbuches ist anzuwenden. Statt der Rente kann eine Abfindung in Kapital verlangt werden, wenn ein wichtiger Grund vorliegt. Der Anspruch wird nicht dadurch ausgeschlossen, daß ein anderer dem Verletzten Unterhalt zu gewähren hat.

(4) Stehen dem Ausgleichsberechtigten auf Grund der Maßnahme, auf der die Verpflichtung zum Ausgleich beruht, Ansprüche gegen Dritte zu, so ist, soweit diese Ansprüche nach Inhalt und Umfang dem Ausgleichsanspruch entsprechen, der Ausgleich nur gegen Abtretung dieser Ansprüche zu gewähren.

(5) Bei der Bemessung des Ausgleichs sind alle Umstände zu berücksichtigen, insbesondere Art und Vorhersehbarkeit des Schadens und ob der Betroffene oder sein Vermögen durch die Maßnahme der zuständigen Behörde geschützt worden ist. Haben Umstände, die der Geschädigte zu vertreten hat, auf die Entstehung oder Verschlimmerung des Schadens eingewirkt, so hängen die Verpflichtung zum Ausgleich sowie der Umfang des Ausgleichs insbesondere davon ab, inwieweit der Schaden vorwiegend von dem Geschädigten oder durch die zuständige Behörde verursacht worden ist.

(6) Verursacht jemand bei der Erfüllung einer ihm nach § 330 c des Strafgesetzbuches obliegenden Verpflichtung zur Hilfeleistung oder infolge einer Inanspruchnahme nach § 13 oder in den Fällen des § 37 Abs. 3 einen Schaden, so trifft die Verantwortlichkeit das Land Berlin. Bei Vorsatz oder grober Fahrlässigkeit bleibt der Rückgriff vorbehalten. Bei Vorliegen grober Fahrlässigkeit kann von dem Rückgriff ganz oder teilweise abgesehen werden, wenn besondere Umstände des Einzelfalles beim Eintritt des Schadens oder die besonderen persönlichen Verhältnisse des Ersatzpflichtigen das angezeigt erscheinen lassen. Der Rückgriff entfällt, wenn der Verpflichtete nach Weisung gehandelt hat.

§ 39
Ansprüche mittelbar Geschädigter

(1) Im Falle der Tötung sind im Rahmen des § 38 Abs. 5 die Kosten der Bestattung demjenigen auszugleichen, dem die Verpflichtung obliegt, diese Kosten zu tragen.

(2) Stand der Getötete zur Zeit der Verletzung zu einem Dritten in einem Verhältnis, auf Grund dessen er diesem gegenüber kraft Gesetzes unterhaltspflichtig war oder unterhaltspflichtig werden konnte, und ist dem Dritten infolge der Tötung das Recht auf den Unterhalt entzogen, so kann der Dritte im Rahmen des § 38 Abs. 5 insoweit einen angemessenen Ausgleich verlangen, als der Getötete während der mutmaßlichen Dauer seines Lebens zur Gewährung des Unterhalts verpflichtet gewesen wäre. § 38 Abs. 3 Satz 3 bis 5 ist entsprechend anzuwenden. Der Ausgleich kann auch dann verlangt werden, wenn der Dritte zur Zeit der Verletzung erzeugt, aber noch nicht geboren war.

§ 40
Verjährung des Ausgleichsanspruchs

Der Anspruch auf Ausgleich verjährt in drei Jahren von dem Zeitpunkt an, in welchem der Verletzte, im Falle des § 39 der Anspruchsberechtigte, von dem Schaden und dem zum Ausgleich Verpflichteten Kenntnis erlangt, ohne Rücksicht auf diese Kenntnis in dreißig Jahren von dem Eintritt des schädigenden Ereignisses an.

§ 41
Ausgleichspflichtiger, Erstattungsansprüche

(1) Ausgleichspflichtig ist das Land Berlin.

(2) Hat ein Beamter des Landes Berlin für eine andere Körperschaft des Landes gehandelt, so ist diese ausgleichspflichtig.

(3) Ist in den Fällen des Absatzes 2 ein Ausgleich nur wegen der Art und Weise der Durchführung der Maßnahme zu gewähren, so kann die ausgleichspflichtige Körperschaft vom Land Berlin Erstattung ihrer Aufwendungen verlangen, es sei denn, daß sie selbst die Verantwortung für die Art und Weise der Durchführung trägt.

§ 42
Rückgriff gegen den Verantwortlichen

(1) Die nach § 41 ausgleichspflichtige Körperschaft kann von den nach den §§ 10 oder 11 Verantwortlichen Ersatz ihrer Aufwendungen verlangen, wenn sie auf Grund des § 37 Abs. 1 oder 3 einen Ausgleich gewährt hat.

(2) Sind mehrere Personen nebeneinander verantwortlich, so haften sie als Gesamtschuldner.

§ 43
Rechtsweg

Für Ansprüche auf Schadensausgleich ist der ordentliche Rechtsweg, für Ansprüche auf Erstattung und Ersatz von Aufwendungen nach § 41 Abs. 3 oder § 42 der Verwaltungsrechtsweg gegeben.

Sechster Abschnitt
Übergangs- und Schlußbestimmungen

§ 44
Zuständigkeit zum Erlaß von Widerspruchsentscheidungen

Das zuständige Mitglied des Senats entscheidet über den Widerspruch gegen einen der Anfechtung nach den §§ 68 ff der Verwaltungsgerichtsordnung unterliegenden Verwaltungsakt einer nachgeordneten Ordnungsbehörde oder der Polizei.

§ 45
Überleitung von Zuständigkeiten

Werden in Gesetzen oder Verordnungen die Polizei oder Polizeibehörden zur Durchführung von Aufgaben, die nach Inkrafttreten dieses Gesetzes den Ordnungsbehörden obliegen, als zuständig bezeichnet, so nehmen die Ordnungsbehörden im Rahmen ihres jeweiligen Aufgabenbereiches diese Aufgaben wahr.

§ 46
Zuständigkeit zum Erlaß von Verwaltungsvorschriften

Die Verwaltungsvorschriften zur Ausführung dieses Gesetzes erläßt der Senator für Inneres im Einvernehmen mit den zuständigen Mitgliedern des Senats, wenn die Vorschriften den Geschäftsbereich mehrerer Mitglieder des Senats betreffen. Die Verwaltungsvorschriften zur Ausführung dieses Gesetzes erläßt das zuständige Mitglied des Senats im Einvernehmen mit dem Senator für Inneres, wenn die Vorschriften nur den Geschäftsbereich des Mitglieds des Senats betreffen.

§ 47
Einschränkung von Grundrechten

Durch dieses Gesetz werden die Grundrechte auf

Freiheit der Person (Artikel 2 Abs. 2 Satz 2 des Grundgesetzes, Artikel 9 Abs. 1 Satz 1 der Verfassung von Berlin) und auf

Unverletzlichkeit der Wohnung (Artikel 13 des Grundgesetzes, Artikel 19 Abs. 2 Satz 1 der Verfassung von Berlin)

eingeschränkt.

§ 48
Änderung von Rechtsvorschriften

(1)* Das Gesetz über das Verfahren der Berliner Verwaltung (Verwaltungsverfahrensgesetz – VwVerfG) vom 2. Oktober 1958 (GVBl. S. 951), zuletzt geändert durch Gesetz vom 10. Juli 1969 (GVBl. S. 884), wird wie folgt geändert:

1. § 3 Abs. 4 wird aufgehoben.

2. § 14 Abs. 2 erhält folgende Fassung:

„(2) Verwaltungsakte sind schriftlich zu erlassen. In Eilfällen können sie mündlich erlassen werden, sind jedoch unverzüglich schriftlich zu bestätigen. Verwaltungsakte nach dem Allgemeinen Sicherheits- und Ordnungsgesetz vom 11. Februar 1975 (GVBl. S. 688) in der jeweils geltenden Fassung können mündlich, schriftlich oder durch Zeichen erlassen werden."

3. Nach § 14 Abs. 3 Satz 1 wird folgender Satz eingefügt:

„Das gilt auch für schriftlich erlassene Verwaltungsakte nach dem Allgemeinen Sicherheits- und Ordnungsgesetz vom 11. Februar 1975 (GVBl. S. 688) in der jeweils geltenden Fassung."

(2) § 18 des Gesetzes über die Freiwillige Polizei-Reserve (FPRG) vom 25. Mai 1961 (GVBl. S. 671), geändert durch Gesetz vom 12. Dezember 1962 (GVBl. S. 1285), wird aufgehoben.

(3) Das Gesetz über den Brandschutz und die Hilfeleistungen bei Notlagen (Feuerwehrgesetz – FwG) in der Fassung vom 2. Juli 1974 (GVBl. S. 1562), geändert durch Gesetz vom 26. November 1974 (GVBl. S. 2746), wird wie folgt geändert:

1. § 1 Abs. 1 erhält folgende Fassung:

„(1) Die Feuerwehr hat Gefahren für die öffentliche Sicherheit oder Ordnung abzuwehren, die durch Brände, Explosionen, Überschwemmungen, Unfälle und ähnliche Ereignisse entstehen (§ 1 Abs. 1, § 3 Abs. 1 des Allgemeinen Sicherheits- und Ordnungsgesetzes)."

2. Die §§ 12 und 13 werden aufgehoben.

3. § 14 Abs. 1 Satz 2 wird aufgehoben.

4. § 15 erhält folgende Fassung:

„In den Fällen des § 14 richtet sich die Entschädigung nach den §§ 38 bis 43 des Allgemeinen Sicherheits- und Ordnungsgesetzes."

5. § 16 Abs. 1 erhält folgende Fassung:

„(1) Ordnungswidrig handelt, wer vorsätzlich oder fahrlässig

a) entgegen § 11 die Feuerwehr oder die Polizei nicht unverzüglich unterrichtet,

b) entgegen § 14 Abs. 1 den Angehörigen der Feuerwehr den Zutritt verweigert,

c) entgegen § 14 Abs. 2 das Anbringen von Einrichtungen der Berliner Feuerwehr nicht duldet,

d) ohne an den Hilfsmaßnahmen beteiligt zu sein, den Einsatz behindert oder den Anweisungen des Einsatzleiters und seiner Beauftragten nicht nachkommt."

6. § 18 erhält folgende Fassung:

„Durch dieses Gesetz wird das Grundrecht der Unverletzlichkeit der Wohnung (Artikel 13 Abs. 1 des Grundgesetzes, Artikel 19 Abs. 2 der Verfassung von Berlin) und das Grundrecht des Eigentums (Artikel 14 Abs. 1 des Grundsetzes, Artikel 15 Abs. 1 der Verfassung von Berlin) eingeschränkt."

§ 49
Bekanntmachung der Neufassung des Feuerwehrgesetzes**

Der Senator für Inneres wird ermächtigt, das Feuerwehrgesetz in der sich aus diesem Gesetz ergebenden Fassung mit neuem Datum und in fortlaufender Paragraphenfolge bekanntzumachen und dabei Unstimmigkeiten des Wortlauts zu beseitigen.

§ 50
Inkrafttreten, Aufhebung entgegenstehender Vorschriften

(1) Dieses Gesetz tritt am 1. September 1975, § 19 Abs. 2 Satz 2 und § 24 Abs. 2 Satz 2 treten am Tage nach der Verkündung im Gesetz- und Verordnungsblatt für Berlin in Kraft.

(2) Gleichzeitig treten außer Kraft:

1. Polizeiverwaltungsgesetz in der Fassung vom 2. Oktober 1958 (GVBl. S. 961), zuletzt geändert durch Gesetz vom 26. November 1974 (GVBl. S. 2746);

2. Gesetz über die Zuständigkeit der Berliner Polizei- und Ordnungsbehörden (Polizeizuständigkeitsgesetz – PolZG) vom 2. Oktober 1958 (GVBl. S. 959), zuletzt geändert durch Gesetz vom 26. November 1974 (GVBl. S. 2746).

(3) Rechtsverordnungen, die auf Grund der nach Absatz 2 aufgehobenen Gesetze erlassen sind, gelten fort.

(4) Enthalten geltende Vorschriften eine Verweisung auf nach Absatz 2 aufgehobene Vorschriften, so tritt an ihre Stelle eine Verweisung auf die entsprechenden Vorschriften dieses Gesetzes.

* Das bezeichnete VwVerfG ist durch das Gesetz über das Verfahren der Berliner Verwaltung vom 8. 12. 1976 (GVBl. S. 2735) unter Übernahme des Verwaltungsverfahrensgesetzes (VwVfG) vom 25. 5. 1976 (BGBl. I S. 1253/GVBl. S. 1173) ersetzt worden.

** vgl. jetzt Neufassung vom 26. 9. 1975 (GVBl. S. 2522)

Anhang 9: Verwaltungs-Vollstreckungsgesetz* (VwVG).

Vom 27. April 1953.**

Der Bundestag hat mit Zustimmung des Bundesrates das folgende Gesetz beschlossen:

ERSTER ABSCHNITT

Vollstreckung wegen Geldforderungen

§ 1

Vollstreckbare Geldforderungen

(1) Die öffentlich-rechtlichen Geldforderungen des Bundes und der bundesunmittelbaren juristischen Personen des öffentlichen Rechts werden nach den Bestimmungen dieses Gesetzes im Verwaltungswege vollstreckt.

(2) Ausgenommen sind solche öffentlich-rechtlichen Geldforderungen, die im Wege des Parteistreites vor den Verwaltungsgerichten verfolgt werden oder für die ein anderer Rechtsweg als der Verwaltungsrechtsweg begründet ist.

(3) Die Vorschriften der Abgabenordnung, des Sozialversicherungsrechts einschließlich der Arbeitslosenversicherung und der Justizbeitreibungsordnung bleiben unberührt.

§ 2

Vollstreckungsschuldner

(1) Als Vollstreckungsschuldner kann in Anspruch genommen werden,

a) wer eine Leistung als Selbstschuldner schuldet;

b) wer für die Leistung, die ein anderer schuldet, persönlich haftet.

(2) Wer zur Duldung der Zwangsvollstreckung verpflichtet ist, wird dem Vollstreckungsschuldner gleichgestellt, soweit die Duldungspflicht reicht.

§ 3

Vollstreckungsanordnung

(1) Die Vollstreckung wird gegen den Vollstreckungsschuldner durch Vollstreckungsanordnung eingeleitet; eines vollstreckbaren Titels bedarf es nicht.

(2) Voraussetzungen für die Einleitung der Vollstreckung sind:

a) der Leistungsbescheid, durch den der Schuldner zur Leistung aufgefordert worden ist;

b) die Fälligkeit der Leistung;

c) der Ablauf einer Frist von einer Woche seit Bekanntgabe des Leistungsbescheides oder, wenn die Leistung erst danach fällig wird, der Ablauf einer Frist von einer Woche nach Eintritt der Fälligkeit.

(3) Vor Anordnung der Vollstreckung soll der Schuldner ferner mit einer Zahlungsfrist von einer weiteren Woche besonders gemahnt werden.

(4) Die Vollstreckungsanordnung wird von der Behörde erlassen, die den Anspruch geltend machen darf.

§ 4

Vollstreckungsbehörden

Vollstreckungsbehörden sind:

a) die von einer obersten Bundesbehörde im Einvernehmen mit dem Bundesminister des Innern bestimmten Behörden des betreffenden Verwaltungszweiges;

b) die Vollstreckungsbehörden der Bundesfinanzverwaltung, wenn eine Bestimmung nach Buchstabe a nicht getroffen worden ist.

§ 5

Anzuwendende Vollstreckungsvorschriften

(1) Das Verwaltungszwangsverfahren und der Vollstreckungsschutz richten sich im Falle des § 4 nach den Vorschriften der Abgabenordnung (§§ 77, 249 bis 258, 260, 262 bis 267, 281 bis 317, 318 Abs. 1 bis 4, §§ 319 bis 327).

(2) Wird die Vollstreckung im Wege der Amtshilfe von Organen der Länder vorgenommen, so ist sie nach landesrechtlichen Bestimmungen durchzuführen.

ZWEITER ABSCHNITT

Erzwingung von Handlungen, Duldungen oder Unterlassungen

§ 6

Zulässigkeit des Verwaltungszwanges

(1) Der Verwaltungsakt, der auf die Herausgabe einer Sache oder auf die Vornahme einer Handlung oder auf Duldung oder Unterlassung gerichtet ist, kann mit den Zwangsmitteln nach § 9 durchgesetzt werden, wenn er unanfechtbar ist oder wenn sein sofortiger Vollzug angeordnet oder wenn dem Rechtsmittel keine aufschiebende Wirkung beigelegt ist.

(2) Der Verwaltungszwang kann ohne vorausgehenden Verwaltungsakt angewendet werden, wenn der sofortige Vollzug zur Verhinderung einer rechtswidrigen Tat, die einen Straf- oder Bußgeldtatbestand verwirklicht, oder zur Abwendung einer drohenden Gefahr notwenig ist und die Behörde hierbei innerhalb ihrer gesetzlichen Befugnisse handelt.

§ 7

Vollzugsbehörden

(1) Ein Verwaltungsakt wird von der Behörde vollzogen, die ihn erlassen hat; sie vollzieht auch Beschwerdeentscheidungen.

(2) Die Behörde der unteren Verwaltungsstufe kann für den Einzelfall oder allgemein mit dem Vollzug beauftragt werden.

---

* Gilt auch für das Vollstreckungsverfahren der Behörden Berlins in der jeweils geltenden Fassung gem. § 5 Abs. 2 des Ges. über das Verfahren der Berliner Verwaltung v. 8. 12. 1976 (GVBl. S. 2735)

** BGBl. I S. 157. Geändert durch Ges. v. 12. 4. 61 (BGBl. I S. 429); Ges. v. 23. 6. 70 Art. 4 (BGBl. I S. 805); EGStGB. Art. 36 v. 2. 3. 74 (BGBl. I. S. 469); EGAO 1977 Art. 40 v. 14. 12. 76 (BGBl. I S. 3341).

§ 8

Örtliche Zuständigkeit

Muß eine Zwangsmaßnahme außerhalb des Bezirks der Vollzugsbehörde ausgeführt werden, so hat die entsprechende Bundesbehörde des Bezirks, in dem sie ausgeführt werden soll, auf Ersuchen der Vollzugsbehörde den Verwaltungszwang durchzuführen.

§ 9

Zwangsmittel

(1) Zwangsmittel sind:

a) Ersatzvornahme (§ 10),

b) Zwangsgeld (§ 11),

c) unmittelbarer Zwang (§ 12).

(2) Das Zwangsmittel muß in einem angemessenen Verhältnis zu seinem Zweck stehen. Dabei ist das Zwangsmittel möglichst so zu bestimmen, daß der Betroffene und die Allgemeinheit am wenigsten beeinträchtigt werden.

§ 10

Ersatzvornahme

Wird die Verpflichtung, eine Handlung vorzunehmen, deren Vornahme durch einen anderen möglich ist (vertretbare Handlung), nicht erfüllt, so kann die Vollzugsbehörde einen anderen mit der Vornahme der Handlung auf Kosten des Pflichtigen beauftragen.

§ 11

Zwangsgeld

(1) Kann eine Handlung durch einen anderen nicht vorgenommen werden und hängt sie nur vom Willen des Pflichtigen ab, so kann der Pflichtige zur Vornahme der Handlung durch ein Zwangsgeld angehalten werden. Bei vertretbaren Handlungen kann es verhängt werden, wenn die Ersatzvornahme untunlich ist, besonders, wenn der Pflichtige außerstande ist, die Kosten zu tragen, die aus der Ausführung durch einen anderen entstehen.

(2) Das Zwangsgeld ist auch zulässig, wenn der Pflichtige der Verpflichtung zuwiderhandelt, eine Handlung zu dulden oder zu unterlassen.

(3) Die Höhe des Zwangsgeldes beträgt mindestens drei Deutsche Mark und höchstens zweitausend Deutsche Mark.

§ 12

Unmittelbarer Zwang

Führt die Ersatzvornahme oder das Zwangsgeld nicht zum Ziel oder sind sie untunlich, so kann die Vollzugsbehörde den Pflichtigen zur Handlung, Duldung oder Unterlassung zwingen oder die Handlung selbst vornehmen.

§ 13

Androhung der Zwangsmittel

(1) Die Zwangsmittel müssen, wenn sie nicht sofort angewendet werden können (§ 6 Abs. 2), schriftlich angedroht werden. Hierbei ist für die Erfüllung der Verpflichtung eine Frist zu bestimmen, innerhalb der der Vollzug dem Pflichtigen billigerweise zugemutet werden kann.

(2) Die Androhung kann mit dem Verwaltungsakt verbunden werden, durch den die Handlung, Duldung oder Unterlassung aufgegeben wird. Sie soll mit ihm verbunden werden, wenn der sofortige Vollzug angeordnet oder den Rechtsmitteln keine aufschiebende Wirkung beigelegt ist.

(3) Die Androhung muß sich auf ein bestimmtes Zwangsmittel beziehen. Unzulässig ist die gleichzeitige Androhung mehrerer Zwangsmittel und die Androhung, mit der sich die Vollzugsbehörde die Wahl zwischen mehreren Zwangsmitteln vorbehält.

(4) Soll die Handlung auf Kosten des Pflichtigen (Ersatzvornahme) ausgeführt werden, so ist in der Androhung der Kostenbetrag vorläufig zu veranschlagen. Das Recht auf Nachforderung bleibt unberührt, wenn die Ersatzvornahme einen höheren Kostenaufwand verursacht.

(5) Der Betrag des Zwangsgeldes ist in bestimmter Höhe anzudrohen.

(6) Die Zwangsmittel können auch neben einer Strafe oder Geldbuse angedroht und so oft wiederholt und hierbei jeweils erhöht oder gewechselt werden, bis die Verpflichtung erfüllt ist. Eine neue Androhung ist erst dann zulässig, wenn das zunächst angedrohte Zwangsmittel erfolglos ist.

(7) Die Androhung ist zuzustellen. Dies gilt auch dann, wenn sie mit dem zugrunde liegenden Verwaltungsakt verbunden ist und für ihn keine Zustellung vorgeschrieben ist.

§ 14

Festsetzung der Zwangsmittel

Wird die Verpflichtung innerhalb der Frist, die in der Androhung bestimmt ist, nicht erfüllt, so setzt die Vollzugsbehörde das Zwangsmittel fest. Bei sofortigem Vollzug (§ 6 Abs. 2) fällt die Festsetzung weg.

§ 15

Anwendung der Zwangsmittel

(1) Das Zwangsmittel wird der Festsetzung gemäß angewendet.

(2) Leistet der Pflichtige bei der Ersatzvornahme oder bei unmittelbarem Zwang Widerstand, so kann dieser mit Gewalt gebrochen werden. Die Polizei hat auf Verlangen der Vollzugsbehörde Amtshilfe zu leisten.

(3) Der Vollzug ist einzustellen, sobald sein Zweck erreicht ist.

§ 16

Ersatzzwangshaft

(1) Ist das Zwangsgeld uneinbringlich, so kann das Verwaltungsgericht auf Antrag der Vollzugsbehörde nach Anhörung des Pflichtigen durch Beschluß Ersatzzwangshaft anordnen, wenn bei Androhung des Zwangsgeldes hierauf hingewiesen worden ist. Das Grundrecht des Artikels 2 Abs. 2 Satz 2 des Grundgesetzes wird insoweit eingeschränkt.

(2) Die Ersatzzwangshaft beträgt mindestens einen Tag, höchstens zwei Wochen.

(3) Die Ersatzzwangshaft ist auf Antrag der Vollzugsbehörde von der Justizverwaltung nach den Bestimmungen der §§ 904 bis 911 der Zivilprozeßordnung zu vollstrecken.

§ 17

Vollzug gegen Behörden

Gegen Behörden und juristische Personen des öffentlichen Rechts sind Zwangsmittel unzulässig, soweit nicht etwas anderes bestimmt ist.

§ 18

Rechtsmittel

(1) Gegen die Androhung eines Zwangsmittels sind die Rechtsmittel gegeben, die gegen den Verwaltungsakt zulässig sind, dessen Durchsetzung erzwungen werden soll. Ist die Androhung mit dem zugrunde liegenden Verwaltungsakt verbunden, so erstreckt sich das Rechtsmittel zugleich auf den Verwaltungsakt, soweit er nicht bereits Gegenstand eines Rechtsmittel- oder gerichtlichen Verfahrens ist. Ist die Androhung nicht mit dem zugrunde liegenden Verwaltungsakt verbunden und ist dieser unanfechtbar geworden, so kann die Androhung nur insoweit angefochten werden, als eine Rechtsverletzung durch die Androhung selbst behauptet wird.

(2) Wird ein Zwangsmittel ohne vorausgehenden Verwaltungsakt angewendet (§ 6 Abs. 2), so sind hiergegen die Rechtsmittel zulässig, die gegen Verwaltungsakte allgemein gegeben sind.

DRITTER ABSCHNITT

Kosten

§ 19

Kosten

(1) Für Amtshandlungen nach diesem Gesetz werden Kosten (Gebühren und Auslagen) gemäß § 337 Abs. 1, §§ 338 bis 346 der Abgabenordnung erhoben. Für die Gewährung einer Entschädigung an Auskunftspflichtige, Sachverständige und Treuhänder gelten §§ 107 und 318 Abs. 5 der Abgabenordnung.

(2) Für die Mahnung nach § 3 Abs. 3 wird eine Mahngebür erhoben. Sie beträgt eins vom Hundert des Mahnbetrages bis 100 Deutsche Mark einschließlich, ein halbes vom Hundert von dem Mehrbetrag, mindestens jedoch 1,50 Deutsche Mark und höchstens 100 Deutsche Mark. Die Mahngebühr wird auf 10 Deutsche Pfennige aufgerundet.

VIERTER ABSCHNITT

Übergangs- und Schlußvorschriften

§ 20

Außerkrafttreten früherer Bestimmungen

Soweit die Vollstreckung in Bundesgesetzen abweichend von diesem Gesetz geregelt ist, sind für Bundesbehörden und bundesunmittelbare juristische Personen des öffentlichen Rechts die Bestimmungen dieses Gesetzes anzuwenden; § 1 Abs. 3 bleibt unberührt.

§ 21

Berlin

Dieses Gesetz gilt nach Maßgabe der §§ 13 und 14 des Dritten Überleitungsgesetzes vom 4. Januar 1952 (Bundesgesetzbl. I S. 1) auch im Lande Berlin.

§ 22

Inkrafttreten

Dieses Gesetz tritt am 1. Mai 1953 in Kraft.

Anhang 10: UZwG Bln

Gesetz

über die Anwendung unmittelbaren Zwanges bei der Ausübung öffentlicher Gewalt durch Vollzugsbeamte des Landes Berlin (UZwG Bln)

Vom 22. Juni 1970 (GVBl. S. 921); Änderungsgesetze vom 13. 7. 73 (GVBl. S. 1015) und vom 26. 2. 74 (GVBl. S. 2746).

Übersicht

Das Abgeordnetenhaus hat das folgende Gesetz beschlossen:

Erster Abschnitt

Allgemeine Vorschriften

§ 1
Zulässigkeit der Anwendung unmittelbaren Zwanges

(1) Die Vollzugsbeamten des Landes Berlin dürfen in rechtmäßiger Ausübung ihres Dienstes unmittelbaren Zwang anwenden, soweit die Anwendung gesetzlich, insbesondere durch § 16 Abs. 2 des Gesetzes über das Verfahren der Berliner Verwaltung (Verwaltungsverfahrensgesetz)*, zugelassen ist.

(2) Die Art und Weise der Anwendung unmittelbaren Zwanges richtet sich nach den Vorschriften dieses Gesetzes.

(3) Soweit andere Gesetze Vorschriften über die Art und Weise der Anwendung unmittelbaren Zwanges enthalten, bleiben sie unberührt.

§ 2
Begriffsbestimmungen

(1) Unmittelbarer Zwang ist die Einwirkung auf Personen oder Sachen durch körperliche Gewalt, durch Hilfsmittel der körperlichen Gewalt und durch Waffen.

(2) Körperliche Gewalt ist jede unmittelbare körperliche Einwirkung auf Personen oder Sachen.

(3) Hilfsmittel der körperlichen Gewalt sind insbesondere Fesseln, Diensthunde, Dienstpferde, Dienstfahrzeuge, Wasserwerfer und technische Sperren.

(4) Waffen sind die dienstlich zugelassenen

1. allgemeinen Waffen:
   a) Schußwaffen: Pistolen, Gewehre, Karabiner, Maschinenpistolen,
   b) Hiebwaffen: Schlagstöcke,
   c) Reizstoffe: Tränengas;
2. besonderen Waffen:
   a) Maschinengewehre,
   b) Handgranaten.

§ 3
Vollzugsbeamte des Landes Berlin

Vollzugsbeamte des Landes Berlin im Sinne dieses Gesetzes sind

1. die Polizeivollzugsbeamten,
2. die Bediensteten im Justizvollzugsdienst,
3. die Justizwachtmeister,
4. die Hilfsbeamten der Staatsanwaltschaft, soweit nicht für sie das Gesetz über den unmittelbaren Zwang bei Ausübung öffentlicher Gewalt durch Vollzugsbeamte des Bundes gilt,
5. die Angehörigen der Freiwilligen Polizei-Reserve nach Heranziehung zur Dienstleistung im Polizeivollzugsdienst,
6. die Bediensteten oder Gruppen von Bediensteten anderer Berliner Behörden, die der Senat mit bestimmten Befugnissen der Polizeibehörde ausgestattet hat,
7. die sonstigen Bediensteten, die mit der Anwendung des Verwaltungszwanges beauftragt sind.

§ 4
Grundsatz der Verhältnismäßigkeit

(1) Bei der Anwendung unmittelbaren Zwanges sind von den möglichen und geeigneten Maßnahmen diejenigen zu treffen, die den einzelnen und die Allgemeinheit am wenigsten beeinträchtigen. Jede Maßnahme darf nur so lange und so weit durchgeführt werden, wie ihr Zweck es erfordert.

(2) Eine Maßnahme des unmittelbaren Zwanges darf nicht durchgeführt werden, wenn der durch sie zu erwartende Schaden erkennbar außer Verhältnis zu dem beabsichtigten Erfolg steht.

§ 5
Hilfeleistung für Verletzte

Den bei der Anwendung unmittelbaren Zwanges Verletzten ist Beistand zu leisten und ärztliche Hilfe zu verschaffen, sobald es die Lage zuläßt.

§ 6
Handeln auf Anordnung

(1) Die Vollzugsbeamten sind verpflichtet, unmittelbaren Zwang so anzuwenden, wie er im Vollzugsdienst von den Vorgesetzten oder von sonst dazu befugten Personen angeordnet wird. Dies gilt nicht, wenn die Anordnung die Menschenwürde verletzt oder nicht zu dienstlichen Zwecken erteilt worden ist.

* jetzt § 5 Abs. 2 des Ges. über das Verfahren der Berliner Verwaltung v. 8. 12. 1976 (GVBl. S. 2735)

(2) Eine Anordnung darf nicht befolgt werden, wenn dadurch eine Straftat begangen werden würde. Hat der Vollzugsbeamte eine solche Anordnung trotzdem befolgt, so trifft ihn eine Schuld nur, wenn er erkannt hat oder wenn es nach den ihm bekannten Umständen offensichtlich gewesen ist, daß er durch die Befolgung ein Verbrechen oder Vergehen begehen werde.

(3) Bedenken gegen die Rechtmäßigkeit der Anordnung hat der Vollzugsbeamte den Anordnenden gegenüber vorzubringen, soweit ihm dies nach den Umständen möglich ist.

(4) § 22 Abs. 2 und 3 des Landesbeamtengesetzes ist nicht anzuwenden.

§ 7

Einschränkung von Grundrechten

Durch dieses Gesetz werden die Grundrechte der körperlichen Unversehrtheit (Artikel 2 Abs. 2 Satz 1 des Grundgesetzes), der Freiheit der Person (Artikel 2 Abs. 2 Satz 2 des Grundgesetzes; Artikel 9 Abs. 1 Satz 1 der Verfassung von Berlin) und der Unverletzlichkeit der Wohnung (Artikel 13 Abs. 1 des Grundgesetzes; Artikel 19 Abs. 2 Satz 1 der Verfassung von Berlin) eingeschränkt.

Zweiter Abschnitt

Vorschriften über den Gebrauch der allgemeinen Schußwaffen und der besonderen Waffen

§ 8

Befugnis zum Gebrauch der allgemeinen Schußwaffen und der besonderen Waffen

(1) Der Gebrauch der allgemeinen Schußwaffen und der besonderen Waffen ist nur den Vollzugsbeamten gestattet, die dienstlich damit ausgerüstet sind.

(2) Der Gebrauch der allgemeinen Schußwaffen (§ 2 Abs. 4 Nr. 1 Buchst. a) ist nur unter den besonderen Voraussetzungen der §§ 9 bis 17 zulässig.

(3) Der Gebrauch der besonderen Waffen (§ 2 Abs. 4 Nr. 2) ist nur unter den Voraussetzungen des § 18 zulässig.

(4) Das Recht zum Gebrauch von Schußwaffen auf Grund anderer gesetzlicher Vorschriften bleibt unberührt.

§ 9

Allgemeine Vorschriften für den Schußwaffengebrauch

(1) Schußwaffen dürfen nur gebraucht werden, wenn andere Maßnahmen des unmittelbaren Zwanges erfolglos angewendet sind oder offensichtlich keinen Erfolg versprechen. Gegen Personen ist ihr Gebrauch nur zulässig, wenn der Zweck nicht durch Waffeneinwirkung auf Sachen erreicht wird.

(2) Zweck des Schußwaffengebrauchs darf nur sein, angriffs- oder fluchtunfähig zu machen. Der Schußwaffengebrauch ist unzulässig, wenn dadurch erkennbar Unbeteiligte mit hoher Wahrscheinlichkeit gefährdet werden; dies gilt nicht, wenn sich deren Gefährdung beim Einschreiten gegen eine Menschenmenge (§ 16) oder eine bewaffnete Gruppe nicht vermeiden läßt.

(3) Gegen Personen, die sich dem äußeren Eindruck nach im Kindesalter befinden, dürfen Schußwaffen nicht gebraucht werden.

§ 10

Androhung

Der Gebrauch von Schußwaffen ist anzudrohen. Als Androhung gilt auch die Abgabe eines Warnschusses.

§ 11

Schußwaffengebrauch zur Verhinderung rechtswidriger Taten

Ein Vollzugsbeamter darf auf einzelne Personen schießen, um sie an der unmittelbar bevorstehenden Ausführung oder der Fortsetzung einer rechtswidrigen Tat zu hindern, die sich den Umständen nach als

a) ein Verbrechen
oder

b) ein Vergehen unter Anwendung oder Mitführung von Schußwaffen oder Explosivmitteln

darstellt.

§ 12

Schußwaffengebrauch zum Anhalten flüchtender Verdächtiger

Ein Vollzugsbeamter darf auf einzelne Personen schießen, um sie anzuhalten, wenn sie sich ihrer Festnahme oder Feststellung durch die Flucht zu entziehen versuchen und sie dringend verdächtig sind

a) eines Verbrechens
oder

b) eines Vergehens und Anhaltspunkte dafür vorhanden sind, daß sie auf der Flucht Schußwaffen oder Explosivmittel mit sich führen.

§ 13

Schußwaffengebrauch zum Anhalten flüchtender Straftäter

Ein Vollzugsbeamter darf auf einzelne Personen schießen, die zu Freiheitsstrafe verurteilt sind oder deren Sicherungsverwahrung angeordnet ist und gegen die ein Vorführungs- oder Haftbefehl oder ein Steckbrief zur Vollstreckung der verhängten Freiheitsstrafe oder zum Vollzug der Sicherungsverwahrung erlassen worden ist, wenn sie sich ihrer Festnahme durch die Flucht zu entziehen versuchen.

§ 14

Schußwaffengebrauch gegen Ausbrecher

Ein Vollzugsbeamter darf auf einzelne Personen schießen, um ihre Flucht zu vereiteln oder sie wiederzuergreifen, wenn sie sich in amtlichem Gewahrsam befinden oder befanden

a) zur Verbüßung einer Freiheitsstrafe,

b) zum Vollzug der Unterbringung in einer sozialtherapeutischen Anstalt oder der Sicherungsverwahrung,

c) auf Grund eines strafrichterlichen Haftbefehls oder eines Steckbriefes,

d) wegen des dringenden Verdachts eines Verbrechens oder

e) wegen des dringenden Verdachts eines Vergehens, wenn Anhaltspunkte dafür vorhanden sind, daß sie Schußwaffen oder Explosivmittel mit sich führen.

§ 15

Schußwaffengebrauch bei Befreiungsversuchen

Ein Vollzugsbeamter darf auf einzelne Personen schießen, die gewaltsam einen Gefangenen oder jemanden,

a) dessen Unterbringung in einem psychiatrischen Krankenhaus (§§ 63, 71 des Strafgesetzbuches, § 126a der Strafprozeßordnung),

b) dessen Unterbringung in einer Entziehungsanstalt (§§ 64, 71 des Strafgesetzbuches, § 126a der Strafprozeßordnung),

c) dessen Unterbringung in einer sozialtherapeutischen Anstalt (§§ 65, 71 des Strafgesetzbuches, § 126a der Strafprozeßordnung) oder

d) dessen Sicherungsverwahrung (§ 66 des Strafgesetzbuches)

angeordnet ist, aus dem amtlichen Gewahrsam zu befreien versuchen.

§ 16

Schußwaffengebrauch gegen eine Menschenmenge

(1) Schußwaffen dürfen gegen eine Menschenmenge nur dann gebraucht werden, wenn von ihr oder aus ihrer Mitte Gewalttaten begangen werden oder unmittelbar bevorstehen und andere Maßnahmen gegen sie oder einzelne nicht zum Ziele führen.

(2) Die Androhung des Schußwaffengebrauchs (§ 10) ist gegenüber einer Menschenmenge zu wiederholen.

§ 17
Schußwaffengebrauch
im Bereich der Demarkationslinie

(1) Im Bereich der Demarkationslinie dürfen Schußwaffen gebraucht werden, wenn über die Demarkationslinie herüber geschossen wird und dadurch Leib oder Leben von Personen gefährdet werden. Vor der Abgabe gezielter Schüsse sind Warnschüsse (Einzelfeuer) abzugeben, sofern es die Lage noch zuläßt.

(2) Tritt eine solche Gefährdung nicht ein, ist der Schußwaffengebrauch auf Warnschüsse zu beschränken.

(3) Der Zweck des Schußwaffengebrauchs ist erreicht, wenn das Feuer über die Demarkationslinie eingestellt wird.

§ 18
Gebrauch der besonderen Waffen

(1) Besondere Waffen dürfen nur gebraucht werden, wenn es zur Abwehr einer drohenden Gefahr für die freiheitliche demokratische Grundordnung erforderlich ist.

(2) Über die Freigabe des Gebrauchs der besonderen Waffen entscheidet das zuständige Mitglied des Senats.

(3) Auch nach Freigabe des Gebrauchs der besonderen Waffen dürfen sie nur verwendet werden, wenn
a) Personen, gegen die unmittelbarer Zwang angewendet werden soll, von der Schußwaffe Gebrauch gemacht haben und
b) der vorherige Gebrauch der allgemeinen Waffen erfolglos bleibt.

(4) Wenn und soweit besondere Waffen verwendet werden dürfen, gelten die Vorschriften des § 8 Abs. 2, des § 9 Abs. 1, Abs. 2 Satz 1, der §§ 10 bis 16 und des § 21 nicht.

Dritter Abschnitt

Vorschriften über den Gebrauch von Hiebwaffen, Reizstoffen und Hilfsmitteln der körperlichen Gewalt

§ 19
Allgemeine Vorschriften

Der Gebrauch von Hiebwaffen, Reizstoffen und der in § 2 Abs. 3 einzeln genannten Hilfsmittel der körperlichen Gewalt ist nur den Vollzugsbeamten gestattet, die dienstlich damit ausgerüstet sind.

§ 20
Fesselung von Personen

(1) Personen, die im Gewahrsam von Vollzugsbeamten sind, dürfen gefesselt werden, wenn
a) die Gefahr besteht, daß sie Personen angreifen, Sachen beschädigen oder tätlichen Widerstand leisten;
b) sie zu fliehen versuchen oder besondere Umstände die Besorgnis begründen, daß sie sich aus dem Gewahrsam befreien werden oder von anderen Personen befreit werden sollen;
c) die Gefahr der Selbsttötung oder der Selbstbeschädigung besteht.

(2) Bei Überführungen, Vorführungen und Ausführungen von Gefangenen, die wegen eines Verbrechens zu Freiheitsstrafe von 1 Jahr oder darüber verurteilt sind, und von Sicherungsverwahrten gelten die Voraussetzungen des Absatzes 1 Buchst. b. als erfüllt.

§ 21
Androhung gegenüber einer Menschenmenge

Der Gebrauch von Hiebwaffen, Reizstoffen und Hilfsmitteln der körperlichen Gewalt mit Ausnahme der technischen Sperren gegen eine Menschenmenge ist wiederholt anzudrohen.

Vierter Abschnitt

Zwangsuntersuchung, Zwangsbehandlung und Zwangsernährung

§ 22
Zwangsuntersuchung und Zwangsbehandlung

(1) Gefangene und Untergebrachte dürfen auch gegen ihren Willen durch einen Arzt untersucht werden.

(2) Sie dürfen gegen ihren Willen medizinisch nur behandelt werden, wenn für sie selbst oder ihre Umgebung Gefahr für Leib oder Leben besteht. Untergebrachte dürfen medizinisch auch behandelt werden, soweit es dem Zweck der Unterbringung entspricht.

(3) Die erforderlichen Maßnahmen dürfen nur auf Anordnung und unter Leitung eines Arztes getroffen werden. Ist ein Arzt nicht erreichbar und ein Aufschub mit Lebensgefahr verbunden, so dürfen Maßnahmen nur durchgeführt werden, wenn sie zumutbar und nicht mit Lebensgefahr verbunden sind.

§ 23
Zwangsernährung

(1) Die in § 22 Abs. 1 genannten Personen dürfen gegen ihren Willen nur ernährt werden, wenn für sie Gefahr für Leib oder Leben besteht.

(2) Für die erforderlichen Maßnahmen gilt § 22 Abs. 3 entsprechend.

Fünfter Abschnitt

Schlußvorschriften

§ 24
Verwaltungsvorschriften

Verwaltungsvorschriften zur Ausführung dieses Gesetzes erläßt für die Polizeivollzugsbeamten das nach § 4 Abs. 1 Satz 1 des Polizeizuständigkeitsgesetzes* zuständige Mitglied des Senats. Im übrigen erläßt das jeweils zuständige Mitglied des Senats die Verwaltungsvorschriften im Einvernehmen mit dem nach Satz 1 zuständigen Senatsmitglied.

§ 25
Übergangsfassung der §§ 13, 14 und 15**

§ 26
Inkrafttreten

Dieses Gesetz tritt am 1. September 1970 in Kraft.

* jetzt § 6 Abs. 1 ASOG
** Die Übergangsfassung ist nach der Strafrechtsreform am 1. 1. 1975 außer Kraft getreten.

Register

FSC
www.fsc.org
MIX
Papier | Fördert gute Waldnutzung
FSC® C083411

Kolibri 360 GmbH
Ferdinand-Jühlke-Straße 7
99095 Erfurt, Deutschland
produktsicherheit@kolibri360.de